Zeichnung: Ilse Eckart, Berlin

Eberhard Bethge

In Zitz gab es keine Juden

Erinnerungen
aus meinen ersten vierzig Jahren

Chr. Kaiser

CIP-Kurztitelaufnahme der Deutschen Bibliothek
Bethge, Eberhard:
In Zitz gab es keine Juden: Erinnerungen aus meinen ersten vierzig Jahren / Eberhard Bethge. – München: Kaiser, 1989
ISBN 3-459-01825-9

Umschlag: Ingeborg Geith, München
Redaktion: Ulrich Kabitz, München
Zeichnungen: Ilse Eckart, Berlin
Foto: Das Dorf Zitz in der DDR
Aufnahme aus Privatbesitz
Satz: Breklumer Druckerei Manfred Siegel KG
Druck und Bindung: Franz Spiegel Buch GmbH, Ulm

Inhalt

Inhalt

Vorwort

Dieses Buch wurde mir entlockt. Der altbefreundete Verlag hatte die seit mehreren Jahren gehegte Hoffnung nicht vollends aufgeben wollen, daß ich noch zur Niederschrift eigener Lebenserinnerungen käme. Wer mag solchen Gedanken widerstehen? Ich hatte tatsächlich auch schon einen Anlauf dazu unternommen; ständige Nötigungen zu anderem Engagement haben mich jedoch daran gehindert, einem solchen Vorhaben die nötige Zeit und Konzentration zu widmen. Nun kam es zu einer Verabredung: Wir wollten versuchen, aus verstreuten Publikationen und in der Schublade verbliebenen Schriftstücken einen kleinen Memoirenband zusammenzustellen. Der Verlag stellte mir seine Ruheständler an die Seite, Fritz Bissinger und Ulrich Kabitz, die beiden Geburtshelfer bei unseren ersten Bonhoeffer-Editionen und manchen späteren Büchern, letzteren als unersetzlichen Redaktor. Und siehe da, bald wurde die Lust am Unternehmen stärker als die Bedenken.

Es fanden sich in bereits veröffentlichten Aufsätzen und Vorträgen einige autobiographische Partien, die hier für sich stehen konnten. Ferner gab es Stücke, die aufgrund von bestimmten Aufträgen entstanden waren, wie das zum 150jährigen Jubiläum der Gossner Mission. Eines Tages erinnerte ich mich wieder an eigene Aufzeichnungen, die 1944 in Italien sowie in der Gefängniszelle verfaßt worden sind, als ich Zeit hatte, meiner jungen Frau Elternhaus und Jugendjahre zu schildern, da sie jene ländliche Pfarrhauswelt gar nicht kannte. Schließlich hatte ich bald nach der Befreiung 1945 den Angehörigen von der letzten Zeit des Zusammenseins mit den Ermordeten zu erzählen. Allmählich zeichnete sich auf diese Weise eine Gliederung ab, in die nur noch hier und da ein Zwischenglied einzufügen war wie das Bild der Mutter, die Beschreibung von meinem Eintritt in die »neue Welt« und ein Kapitel zum Abschluß, das vom Übergang in die Existenz nach 1945 mit ihren verschiedenen Aufgabenstellungen handelt.

Dabei zeigte sich, daß die so aneinandergefügten Erinnerungen ziemlich genau die ersten vier Jahrzehnte meines Lebens umfassen. Es ist ein Weg vom Rande versunkener Dörflichkeit durch Stadien der Urbanisierung während des Kirchenkampfes bis in den Umkreis von Zentren des politischen Widerstands. Der innere Aufbau aus Erzählungen von den Herkünften, den Aufbrüchen, den unerprobten Wegen bis zu den disparaten neuen Aufgaben aus den Verpflichtungen des verschont Gebliebenen wird in stilistisch wie strukturell sehr unterschiedlichen Stükken vermittelt. Dabei wechseln auch noch ausgesprochene Erinnerungsketten mit eingestreuten Momenten des kritischen Überdenkens aus der heutigen Rückschau.

Diese Bedingungen für das Entstehen des kleinen Bandes und der vorgegebene Bestand an Quellen – oder auch der Nichtbestand – verleihen der Wahl der Berichtstücke einen zuweilen sprunghaften Charakter. Der Kundige kann fragen: Wo sind neben den Freunden der Jugendzeit (hier erscheinen nur solche, die nicht mehr leben) und neben den Mithäftlingen im letzten Kriegsjahr (auch sie überlebten nicht) die Freunde aus den dreißiger Jahren geblieben? Denn diese haben doch die spätere Überlieferung unseres Anteils an Kirchenkampf und Widerstand mitgeschaffen oder gar erst ermöglicht. Aber von diesem Stück unserer gemeinsamen Geschichte steht die Hauptsache schon in der Dietrich Bonhoeffer-Biographie, und außerdem müßten sie ihren Platz in einer erträumten Fortsetzung über die weiteren vierzig Jahre finden. Jetzt fasziniert mich jedenfalls der Rückblick auf den Weg zwischen Zitz und Reichshauptstadt.

Die Daten der Entstehung (zwischen 1944 und 1989), die Auftraggeber bzw. die Adressaten und der Zweck der einzelnen Texte sind im Anhang nachgewiesen. Ohne die beiden oben genannten Helfer wäre dieser Band nicht zustande gekommen. Zudem versuchte meine Frau mich immer wieder auf den Boden nüchterner Fakten zurückzulenken und trug Wichtiges bei, wie das schon bei früheren Ausarbeitungen geschah. Ihnen gilt mein Dank, daß sie mir diese Festfreude gönnten und möglich machten.

Wachtberg, Ostern 1989 — Eberhard Bethge

Daten

1909	Am 28. August geboren. Die Eltern: Pastor Wilhelm Bethge (1867–1923) Elisabeth geb. Nietzschmann (1879–1964) Die Geschwister: Martin (1903–1908) Hans, geb. 1905 Margret, geb. 1913 Christoph, geb. 1920
1920–1929	Humanistisches Gymnasium ›Kloster Unser Lieben Frauen‹ in Magdeburg.
1929–1933	Studium der Theologie in Königsberg, Berlin, Wien, Tübingen, Halle-Wittenberg.
1933	Im Oktober Erstes theol. Examen vor dem Konsistorium in Magdeburg.
1933/34	Vikariat beim Superintendenten in Ziesar.
1934	Im Oktober Predigerseminar Wittenberg, am 29. Oktober auf Weisung des Reichsbischofs relegiert.
1934/35	Vikariat in Lagendorf (Altmark) bei Bekenntnispfarrer Henheik.

1935	Im April Predigerseminar der Bekennenden Kirche der ApU in Zingst, dann in Finkenwalde.
1935–1937	Mitglied des ›Bruderhauses‹ Finkenwalde.
1936	Im März Zweites theol. Examen vor dem Bruderrat der Bekennenden Kirche der Provinz Sachsen in Magdeburg, anschließend Ordination durch Bruderratsmitglied Sup. Staemmler in Stendal.
1937–1940	Studieninspektor in Bonhoeffers Sammelvikariat Groß- Schlönwitz/Sigurdshof. (Auflösung von Finkenwalde durch die Gestapo September 1937, von Sigurdshof März 1940)
1940	Im Sommer zusammen mit Dietrich Bonhoeffer Visitator im Auftrag der Bekennenden Kirche der ApU, vor allem in Ostpreußen.
1940–1945	Im Herbst 1940 Missionsinspektor bei der Gossner Mission in Berlin, bis Sommer 1943 uk-gestellt.
1943	Im Mai Heirat mit Renate Schleicher, der Nichte von Dietrich Bonhoeffer. Drei Kinder: Dietrich, Sabine, Gabriele. Im Juli eingezogen zur Wehrmacht.
1944	Ende Oktober an der italienischen Front verhaftet und als politischer Gefangener im Zusammenhang mit dem Putschversuch vom 20. Juli 1944 in das Gestapo-Gefängnis Lehrter Str. 3 in Berlin verbracht.
1945	Am 25. April befreit. Ab Ende Mai ›Persönlicher Referent‹ bei Bischof Dibelius.

1945/53	Ab Winter 1945/46 Studentenpfarrer an der Humboldt-Universität unter Beibehaltung des Referentenstatus.
1949	Zusätzlich das Studentenpfarramt an der Technischen Universität übernommen. Dietrich Bonhoeffers ›Ethik‹ erschienen; 1951 ›Widerstand und Ergebung‹.
1953–1961	Auslandspfarramt in London.
1957/58	Beurlaubt für ein Stipendiatsjahr an der Harvard Divinity School, zu Vorarbeiten für die Edition der ›Gesammelten Schriften‹ Dietrich Bonhoeffers.
1961–1976	Leiter des Rheinischen Pastoralkollegs in Rengsdorf.
1967	Bonhoeffer-Biographie erschienen.
1976	Emeritierung; seitdem im Ruhestand in Wachtberg bei Bonn.

Die Titelabkürzungen bei Hinweisen auf Schriften Dietrich Bonhoeffers entsprechen der allgemein üblich gewordenen Form: GS = Gesammelte Schriften, WEN = Widerstand und Ergebung, Neuausgabe und DB = E. Bethge, Dietrich Bonhoeffer. Theologe, Christ, Zeitgenossen.

Herkünfte

Warchau

Ich bin erzogen worden in einem uniert-lutherischen Pfarrhaus, in einem kleinen, abgelegenen Dorf des protestantisch-bäuerlichen Landstrichs zwischen Magdeburg und Brandenburg.

Zwei Jahre war ich alt, als die Eltern 1911 die Pfarrstelle wechselten und von Warchau nach Zitz zogen. So habe ich keine direkte Erinnerung an meinen Geburtsort. Ich wollte sie auch gar nicht haben. Jedermann weiß etwas von Warschau. Wer schon von Warchau.

Lange Jahre habe ich in Formularen und Lebensläufen nie einfach »Warchau« hingeschrieben. Hartnäckig fügte ich stets »Regierungsbezirk Magdeburg« hinzu. Dann müßte man sich doch eine Vorstellung machen können und nicht mehr meinen, das »s« sei flüchtig vergessen. Und so fand ich immer, daß meine jüngeren Geschwister Margret und Christoph mit »Zitz« sehr viel besser dran waren als ich. Den Geburtsort wird man jedoch nicht los.

Aber nun weiß ich nicht nur viel von der Kindheit in Zitz, sondern auch einiges von Warchau. Von Zitz aus waren nämlich immer wieder Besuche in Warchau vorzunehmen. Und da sind drei Eindrücke haftengeblieben, welche die entschiedene Parteinahme für Zitz und gegen Warchau im kindlichen Gemüt befestigt haben.

Zunächst: Das winzige Guts- und Tagelöhnerdorf Warchau hatte nicht eine einzige gepflasterte Straße. Grundlose Ackerwagenspuren füllten sich mit dem Herbstregen. Wie die Eltern den Kinderwagen zur Kirche, zum Dorfladen und zum ›Schloß‹ bugsiert haben, bleibt mir ein Rätsel. Als ich jüngst ungarische Dorfstraßen in winterlichem Morast zu sehen bekam, erinnerte ich mich wieder, daß mein Geburtsort gar nicht anders ausgesehen hatte. An der Südseite der Straße, an welcher Pfarrhaus und Pfarrgarten lagen, standen unermeßlich hohe alte Laubbäume vom Park – heute würde ich sie schön finden –, die ließen unsere Straße überhaupt nicht austrocknen und hielten uns im Dunkeln. Das blieb ein Grundgefühl. Und es verstärkte noch die Rätselhaftigkeit, was wohl hinter den düsteren Bäumen vor sich gehen mochte. Zitz dagegen, ein richtiges Bauerndorf mit seinem soliden, wiewohl rumpligen Straßenpflaster, war voller Helligkeit und Durchsichtigkeit angesichts der offenstehenden Hoftore.

Zum zweiten: Das Unbehagen erhielt noch eine gewisse Verstärkung durch das, was auf der anderen Seite der Baumwand lag und vor sich ging, falls man überhaupt etwas davon mitbekam. Ob den Leuten im Gutshaus, das für uns nur ›das Schloß‹ war, alles übrige fernab lag: das Dorf der Gutsarbeiter, die für mich im Gegensatz zu Zitz nie ein Gesicht bekommen haben, und das Pfarrhaus, dessen Bewohner vom Britzkeschen Patronat abhingen? Ich habe bis heute kein Gefühl dafür, ob das Schloß schön war oder häßlich; nur daß es sehr groß war und seine Räume ungemütlich hoch. Ich mußte immer wieder einmal einen Besuch bei Frau von Britzke machen. Von ihm, dem Schloßherrn, war nie etwas zu sehen. Meine Eltern hatten die Patronatsherrin zu einer meiner Taufpatinnen gemacht. Sie schenkte regelmäßig, aber ich erinnere mich an kein Stück. Dagegen sind mir jene obligaten Dankesbesuche im steifen Anzug gegenwärtig. Wie sollte man sich benehmen, was über die Lippen bringen? Alle Natürlichkeit war dahin. Als ich in Dostojewskijs ›Idiot‹ von Fürst Myschkins Pech mit der kostbaren Vase im Salon las, wirkte das auf mich wie ein Déjà-vu. Der Horror vor dem Anstandsbesuch bei so unterschiedlichem Lebensstil wich nicht bis in die Erwachsenenjahre. Der Dorfjunge blieb lange zufrieden mit sich selbst, und der ungezwungene, herzliche Umgang der verzweigten Bethge-Familie miteinander – alle waren eigentlich nur in Dörfern zu Hause – verschaffte einem natürlich auch nicht die nötige Gewandtheit. Und ›gewandt‹ wollte ich eben nicht sein.

Wahrscheinlich waren die Britzkes sogar sehr nett. Jahrzehntelang bekam meine Mutter immer wieder Briefe von der gefürchteten Patentante aus Warchau. Vielleicht war jedoch schon das Patronatsverhältnis für meinen Vater eine Belastung, und wir Kinder haben etwas davon verspürt. Für ihn bedeutete Zitz sicher eine Erleichterung. Dort gab es kein Gut mit Patronatsrechten und dem uns später erst bewußt gewordenen Jargon »mein Inspektor«, »mein Lehrer«, »mein Pastor«. Wir hätten ihn eigentlich schon bei der Lektüre von Fritz Reuter, den der Vater so liebte, bemerken können. Zitz bestand aus lauter größeren und kleineren Bauernhöfen, und der Vater unterlag keinen Weisungen aus einem ›Schloß‹, er war der höflich gegrüßte Vorsitzende eines respektablen Gemeindekirchenrates. Die Kirche hatte keine hochschwebende Patronatsloge, sondern im Chorgestühl gegenüber den Sitzen der Pfarrfamilie hatten lauter ansehnliche Bauern ihren angestammten Platz.

Der dritte Eindruck, der ›Warchau‹ bestimmt, ist unheimlich. Jedesmal, wenn wir Kinder das Familienalbum durchblätterten, waren auf den ersten Seiten die Fotos unseres ältesten Bruders zu sehen: »Das ist Martin.« Mit fünf Jahren war er ums Leben gekommen, noch vor meiner Geburt. So hat man uns die schlimme Geschichte erzählt: Der Vater war mit Martin ins Dachgeschoß des Pfarrhauses gestiegen. Er hatte in der hinteren Ecke zu hantieren. Hinter seinem Rücken war Martin ans Fenster gegangen, hatte sich hinausgelehnt, und ehe sich's der Vater versah, war er über die Brüstung in die Tiefe gestürzt. Bald nach dem Unglück ist er seinen Verletzungen erlegen.

Wie reagiert ein kindliches Gemüt, wenn ihm Unglück so nahe kommt? Da war das kleine Grab auf dem Warchauer Friedhof. Unsicher meldeten sich widerstreitende Gefühle: ein Sog, sich immer von neuem in Einzelheiten des schrecklichen Ablaufs das Unvorstellbare vorzustellen, und die Blockierung, deshalb an den Vater eine Frage zu richten. Rätselhaft blieb, was ich davon halten sollte, daß mein Erscheinen ein Trost für den Verlust Martins gewesen sei, wie man mir sagte. Dieser Gedanke kam bei den Möglichkeiten meines kindlichen Denkens nicht ganz an; ich blieb unsicher, ob ich mich darüber zu freuen oder traurig zu sein hatte. Auf der anderen Seite hatten die Eltern trotz allem eine beruhigende Art, mit diesem Geschick der Familie umzugehen. Heute weiß ich, was das heißt, daß sie vermieden, uns eine bedrückende Datenheiligung anläßlich von Martins Geburts- oder Todestag aufzuerlegen. Es war wohl ihre Weise einer Befiehl-du-deine-Wege-Frömmigkeit, welche das schreckliche Ereignis mit seinem Bereich möglicher Schuldgefühle aushaltbar und eben auch mitteilbar gemacht hat.

Mit dem Nachfolger auf der Warchauer Pfarrstelle, Pastor Hoffmann, entwickelte sich eine dauerhafte Freundschaft, nicht nur zwischen den Kollegen, sondern auch zwischen den Pfarrfrauen. An zweiten Feiertagen radelte man zu Kaffee und Kuchen hinüber; ließ jeden Zentimeter, den man wieder gewachsen war, von Frau Hoffmann bewundern und fand das zugleich schmeichelhaft wie albern. Man absolvierte nicht nur den Pflichtbesuch bei Frau von Britzke – ich glaube, daß meine Geschwister gar nicht mit hinüber mußten; denn ich war ja das Patenkind –, sondern man spielte auch mit Rudi Hoffmanns traumhafter Eisenbahn, die eine mit Spiritus geheizte Dampflokomotive besaß. Merkwürdig, wie unbesorgt die Eltern uns damit hantieren ließen.

Der Vater

Herbst 1917. Eben hatte der ›Ziesarer Anzeiger‹ den Sieg über Rußland und Frieden im Osten gemeldet. Aber ich war unzufrieden mit dem Vater und grollte ihm.

Mit den Jungen des Dorfes kletterten wir eiligst auf den Kirchturm und begannen, die noch verbliebene Glocke zu läuten. Zwischen dem dicken, vom Schmieren der Lager schwarz glänzenden Gebälk turnten wir herum und traten aus Leibeskräften auf das Schwingbrett, einer nach dem andern bis zum Ermüden. Und wir ermüdeten in unserem stolzen Jubel lange nicht. Der Vater ließ uns gewähren, er hatte uns ja den Schlüssel gegeben. Aber ich spürte deutlich, daß er sich nur gedämpft freute; so deutlich, daß sich das Mißbehagen über den Gegensatz unseres stürmischen Läutens und dem zurückhaltenden Vater unauslöschlich einprägte. Ich nahm ihm übel, daß er weiter sah.

Er hatte jedes Opfer auf sich genommen, wo er eine Möglichkeit des Einsatzes für das Vaterland sah. Unablässig ging er in die Häuser und ermunterte die Leute. Auf ihm lag die Pflicht, die Todesnachrichten von der Front in die Familien zu bringen. Mit der Mutter zusammen rief er die Frauen des Dorfes zu gemeinsamen Handarbeiten für die Soldaten ins Haus; er organisierte die Sammlungen von Material, Stoffen und Pflanzen. Und er sorgte dafür, daß in unserem Hause ein Vorbild vaterländischen Sparens gegeben wurde. Das geschah alles mit unaufdringlichem Ernst.

Es muß ihm wehgetan haben, unsere ungebrochene Begeisterung zu sehen, wenn wir mit dem neuesten ›Anzeiger‹ in der Hand in sein Zimmer gelaufen kamen. Jubelnd riefen wir ihm die neue Überschrift vom Feldmarschall Hindenburg und von den vielen tausenden Gefangenen entgegen, die wir mit den eben erworbenen Lesefertigkeiten entziffert hatten. Und beim Spielen hörte er, wie wir uns mit den so merkwürdig klingenden Schlachtennamen aus der Zeitung riefen: »Herr Cambrai!« und »Frau Piave!«

Als dann eintrat, was er zu unserem Verdruß gefürchtet hatte, die Niederlage und der Umsturz, erlebte er zu seiner Freude, daß in seiner Gemeinde der Aufruhr keinen Widerhall fand. Er erfuhr keine Schmähung seines Amtes und seiner Person. Die Einheit des christlichen Glaubens und der Vaterlandsliebe brach noch nicht auseinander. Bis zu seinem Ende sah er jeden Sonntag all die Männer unter seiner Kanzel sitzen, mit denen er die Sorgen des Krieges im Dorfe beraten und angefaßt hatte. Dort gehörten ihnen im Kirchenstuhl die ererbten Plätze; auf dem Pult lagen die alten großen Gesangbücher, auf denen die Familiennamen in Goldlettern zu lesen standen. Für uns war es sehr interessant, von unserem Platz gegenüber der Bank der Ältesten zu beobachten, wer aus den großen Bauernfamilien kam, im langen Gehrock und mit dem Zylinder, den man zum Eingangsgebet vor das Gesicht hielt, sich dann umständlich auf das ausgebreitete Taschentuch hinsetzte und das erste Lied aufschlug. Nachher wurde für uns der Gottesdienst lang und unsere Augen zogen müde die Muster an der Rückwand des Altarraumes nach, die den seltsam gehörnten Moses umschlangen.

Bald arbeitete der Vater darauf hin, daß die im Krieg Gefallenen würdig geehrt wurden. Dabei achtete er besonders darauf, daß die Stätte schlicht und einfach von den Handwerkern des Dorfes selbst gebaut wurde, beim Schmiedemeister Kersten und dem Stellmacher Friedrich, angemessen dem Ort und der Zeit; und weiter, daß mit ihr kein neuer Altar im Dorfe errichtet wurde. So wurde in Beratung mit der Gemeinde das Denkmal an der Außenwand der Kirche angebracht, mitten im Friedhof. Der Vater weihte es selbst noch ein.

Wer dem Vater einen Kummer bereitete, dessen Tun fiel schwer auf den Täter zurück. Sein Wohlwollen oder Mißfallen spielte eine große Rolle. ›Vaters Freund‹ zu sein, überwand bei Tisch selbst den Widerwillen gegen die Schmorgurken.

Es war der erste Adventssonntag. Wie üblich sollte nachmittags der Spaziergang in den Rogäsener Wald gemacht werden, um das kleine Kiefernbäumchen zu holen, an dem mit der anbrechenden Dunkelheit das erste Licht entzündet wurde. Ich hatte aber an diesem Morgen die Mutter belogen. Nun wurde der Vater vom Adventsgottesdienst aus Rogäsen zurückerwartet. Mit Bangen sah ich dem Strafgericht entgegen. Es traf härter als jedes bisherige. Außer der Züchtigung, die er mit spürbarem Widerstreben vollzog, kündigte er den Ausfall des Spazierganges an. Nun traf es die ganze Familie, und ich war daran schuld, daß es heute keine Advents- und Weihnachtslieder gab. Mit inständigen Bitten suchte ich ihn später zu erweichen. Aber er blieb bei seiner Entscheidung. In meinem Gewissen blieb dieser erste Advent ein wirklicher Gerichtssonntag.

Im Sommer streifte ich mit allen Schuljungen des Dorfes am Sonntagnachmittag durch die Wiesen und Wälder, um irgendeine Heldentat zu vollbringen. Einmal hatten wir den Plan, hinter einem Kornfeld ein allgemeines Rauchen zu veranstalten. Willi Köpke, ein guter Spielkamerad von mir, wußte mich schnell auf den Gedanken zu bringen, dazu doch meine Sparbüchse zu plündern, den schönen Matrosenkopf aus grauem Ton. Die Eltern mußten jetzt ruhen. Während ich hochrot die Büchse nach allen Richtungen schüttelte, damit die Pfennige durch den Schlitz zum Vorschein kamen, trat plötzlich die Mutter ein. Nach hartnäckigem Leugnen und vielen Ausflüchten war der Tatbestand schließlich doch am Tage. Das Gericht erging, und wieder blieb es nicht bei mir stehen. Zum Zeichen für die ganze Schar, unter denen ja auch des Vaters Konfirmanden waren, wurde dem armen Willi Köpke für ein halbes Jahr das Betreten unseres Hauses verboten, und wir durften in dieser Zeit nicht zusammen spielen. Mir war diese Maßnahme wieder und wieder schrecklich peinlich, und ich wollte sie nicht verstehen.

Ich kann mich aber nicht entsinnen, je gehört zu haben, daß dieser Schritt von einem Beteiligten lächerlich gemacht wurde. Auch das Verhältnis zu der betroffenen Familie war in keiner Weise gestört, sondern blieb so herzlich wie zuvor. Lange nach Vaters Tod erzählte mir noch der Bruder von Willi Köpke von dem Eindruck, den der Unterricht des Vaters bei ihm hinterlassen hatte.

In der Gemeinde, in der er sich mit dem Willen der Ältesten und der Eltern seiner Konfirmanden eins wußte, konnte er getrost solche Maßnahmen treffen, die den Ernst seiner Predigt und seines Unterrichts bewiesen.

In seinen Kindern riefen diese seltenen harten Strafen keine Spur eines bleibenden Trotzes wach. Zu deutlich spürte man seinen eigenen Schmerz, uns strafen zu müssen. Nie bezweifelten wir die Gerechtigkeit seiner Handlungen.

Das Schönste war, wenn der Vater sich Zeit für uns nahm und mit uns scherzte, was er ausgezeichnet verstand.

Es war für uns ein großes Ereignis, einmal bei seiner Arbeit dabei sein oder gar helfen zu dürfen. Gelegentlich geschah das im Studierzimmer; dort gab es so viel Interessantes unter dem Kunterbunt des Schreibtisches oder zwischen den Bildern in den vielen Büchern auf den Regalen. In einer Pause durften wir uns dem Vater auf die großen Füße setzen, und er schleppte uns auf diese geruhsame Weise in der Runde des Zimmers herum. Immer waren wir aber willkommen in der geliebten Werkstatt, wo uns die Hobelbank anzog und die bunten Bienenkästen entstanden. Das Holzhacken auf dem Hof, das Graben im Garten – alles ging in seinem Beisein viel kurzweiliger vom Fleck.

Der Sonnabend – und erst recht der Abend dieses Tages – verbannte uns freilich ganz aus seiner Nähe. Es gefiel uns nicht, aber wir respektierten, daß der Vater mit seiner Predigt beschäftigt war. Nach meiner Erinnerung hat er jede Predigt in gründlicher Arbeit vorbereitet. So wurde für uns das Wochenende nie der schönste Abend der Woche. Dazu kam, daß wir den unendlich großen Garten und die Straße zwischen Haus und Kirchhof zum Sonntag harken mußten – und das oft ein zweites Mal, weil wir es zu schnell und flüchtig geschafft hatten. Unvergeßlich blieb dabei aber doch, daß das ganze Dorf mit uns vor Haus und Höfen kehrte und vor allem am Abend vor den großen Festen ein sonntägliches Kleid anlegte, mit dem Maienschmuck an den Torwegen zum Pfingstfest.

Aufs Höchste begeisterte es uns, wenn der Vater im Winter die Schlittschuhe hervorholte und mit uns in den Fiener Bruch wanderte, um uns auf den weiten überschwemmten Wiesen das Holländern vorzumachen. Im Sommer suchte man auf den gleichen Wiesen die Champignons. Abends lehrte er uns auf der breiten Verandatreppe den Kanon von den »Fischgräten, die so stechen täten«, bis die Gänse von Stufe zu Stufe heraufstiegen und mit schiefgelegtem Kopfe unseren Künsten zuhörten.

Außer den beliebten Besorgungsfahrten nach Ziesar, wobei es regelmäßig ein besonders gutes Schinkenbrot zur Wegzehrung gab, wurden ein- oder zweimal im Jahr große Radausflüge in die Laub- und Nadelwälder von Magdeburgerforth oder nach Gränert an die Havelseen zum Baden unternommen, wo man auf dem Rücken des Vaters die Scheu vor der Tiefe des dunklen Wassers überwinden mußte. Als der Krieg das Radfahren fast unmöglich machte, er aber meinen Kummer sah, stopfte er in stundenlanger Arbeit zwei alte Radmäntel mit geflochtenen Strohbändern aus; auf ihnen lernte ich das Radfahren und fuhr viele Monate stolz rumpelnd über das holprige Dorfpflaster.

Viel Geduld brachte der Vater auf, uns etwas zu erzählen. Die Krone der Erinnerungen ist die Geschichte vom

Mann mit der Bohne. Zwei- bis dreimal konnte er sie uns morgens bei sich im Bett erzählen. Unter stets gleichbleibender Spannung erlebten wir eine Station nach der anderen: von der Bohne zu dem Hahn, vom Hahn zum Schwein, zu der Kuh, dem Mädchen, das die Kartoffelstippe roch, und schließlich zu dem grausamen Schluß. Immer wieder hörte er an einem Abschnitt auf, wartete und fuhr von neuem fort, wenn wir fragten: »Und dann ...?« Wir wußten ja alles schon auswendig, aber er ließ uns das Spiel auskosten: »Und dann?«

Zum letzten Mal sah ich meinen Vater, als im September 1923 die Herbstferien zu Ende gingen. Mein Bruder Hans und ich sollten wieder in das rauhere Alumnatsleben nach Magdeburg zurückkehren. Wie schon so oft, begleitete er uns auf dem ersten Teil der Reise.

Auf Fahrrädern, vorn und hinten beladen mit vielem Gepäck, Büchern, Wäsche, vor allem den tröstlichen Lekkerbissen der Mutter, legten wir mit ihm die acht Kilometer nach Kade zurück. Den Hauptteil der Last trug sein altmodisches hohes Rad. Er hatte es mit viel Sorgfalt und Geschick durch die langen Kriegsjahre zu erhalten gewußt. Nach dem Mittagessen waren wir aufgebrochen, und Vater setzte sich an die Spitze des Zuges, damit wir nicht im Übermut eine ermüdende Anfangsgeschwindigkeit anschlugen; hinter mir mußte Hans darauf achten, daß die Habe gut und fest auf den Haltern saß.

Nun ging es, natürlich im Gegenwind, nach Karow. Mit der Feldmarkgrenze verschwand das erste Stück des engsten ›Zu Hause‹. Bis hierhin kannten wir jedes Feld mit seiner Fruchtfolge Roggen – Kartoffeln – Rüben und wieder Roggen. Kurz vor dem Grenzstein lagen die Breiten des ›Pastorackers‹. Da pflügten sicher gerade Körners Pferde die letzten Stoppelfelder. Jeder, der uns der Reihe nach auf der Chaussee kommen sah, zog weit vom Feld herüber die Mütze. Das hatte uns immer sehr stolz gemacht, wenn die Leute den Vater grüßten und mit ihm redeten. Jeder kannte ihn schon von weitem in seiner übergroßen schlanken Erscheinung, mit dem dunklen Hut auf dem Kopf. Wir wußten kaum, was Krieg und Revolution an anderen Orten verändert hatten. Wir kannten nur die gleich gebliebene Achtung und die freundliche Ehrerbietung der Zitzer Leute vor dem Vater, ihrem Pfarrer. Des Vaters Genuß an den Gängen durch das grüßende Dorf war allerdings geringer als der unsere.

In Karow war Vater geboren. Aber ich kann mich nicht entsinnen, daß er uns bei den häufigen Durchfahrten durch den Ort oder bei Besuchen in der dortigen Pfarre die Stätten seiner Herkunft gezeigt hätte, wo die Bethges einst Stellmachermeister gewesen waren. Seine ganze Liebe, die er auch auf uns zu übertragen wußte, galt ›Großmutters Hüseken‹ in Kade. Dorthin hatte er uns früher oft zu den Großeltern in das alte Schulhaus und später in das eigene neue Häuschen am Ende des Dorfes gebracht. Anderthalb Stunden Fußmarsch waren es damals auf dem sandigen Weg ›durch den Berg‹ von Zitz nach Kade. Wenn wir müde an seiner Hand gingen und durchaus wissen wollten, wie lange wir noch gehen müßten, tröstete er uns endlich mit dem roten Vorschein des Daches, das durch die letzten Bäume des Waldes auftauchte. Da wohnten der Großvater und die Großmutter, und der Rauch vom Kaffeekochen war schon über dem Schornstein zu sehen. Was gab es dann alles zu betrachten und zu hören von den vielen Onkeln und Tanten, die meist da waren. –

Jetzt ging es hinter Karow in den uns unheimlich umfangenden Wald hinein. Auf dem umgekehrten Weg in die Ferien waren wir froh, wenn wir abends das dunkle Laubdach hinter uns hatten und der hohe Zitzer Kirchturm zum ersten Male in der Ferne auftauchte. Auf der Steigung bei Elisenau mußte abgestiegen werden. Nun begann das aufregende Kunststück, das schwere Rad zwischen den Bäumen und der tiefen sandigen Fahrrinne glücklich hindurchzubringen. Der letzte Engpaß hatte schon manche Hautabschürfung gekostet oder die ganze teure Last vom Rade geschleudert. Aber an derselben Stelle hatte es auch die schönen wilden Stiefmütterchen gegeben, die wir früher schnell noch der Großmutter pflückten. Endlich hatten wir die Klippe bewältigt, und der Vater konnte seine blaubemützte Jungenskolonne in frischem Tempo hinter dem Park herum nach Kade hineinfahren lassen, Tante Sophie und dem Kuchen entgegen.

Die Freude auf die Kaffeestunde bei Tante Sophie, Großmutters Schwester, ließ uns bis hierhin den Abschied fast vergessen. Sie war nach dem Tode der Großeltern der Mittelpunkt für alle Geschwister des Vaters. Die Atmosphäre, die ihre umsorgende Liebe und Gastfreiheit verbreiteten, liebten wir sehr. Hier wurde musiziert und zwischendurch der Garten beurteilt und mit dem eigenen verglichen. Von Tante Luise Malinkrodt, die merkwürdigerweise jedesmal da war, wenn wir abreisen mußten, gab es eine Tafel Schokolade, und dann zog der Vater die Uhr.

Zwei Kilometer waren es noch zum Bahnhof. Er hegte manche Sorge im Herzen. Ein Jahr lang hatte er mich selbst unterrichtet. Jetzt hatten die Söhne viele Dinge im Kopf, die sie in Magdeburg gelernt hatten: Fußball spielen und Telefone basteln, Latein und Französisch weniger.

Dann kam der Zug. Hans schaffte sein Rad in den Gepäckwagen; gleich dahinter half uns der Vater mit allen Sachen in die vierte Klasse. Der Zug hat in Kade immer wenig Zeit, und bald hinter der Schranke machen die Schienen eine Biegung. So nahm das Winken ein schnelles Ende.

Von seiner Kanzel weg legte sich mein Vater auf sein letztes kurzes Krankenlager. Er hatte gerade noch die Sonntagspredigt beenden können. Er starb 53 Jahre alt am 23. Oktober 1923 nach einer Blinddarmoperation im Krankenhaus von Genthin. Ich war vierzehn Jahre alt. Damals versprach ich mich seinem Beruf. Es gab später Phasen, in denen ich das bereute, weil es die Freiheit zu Experimenten ausschloß. Aber ich erlaubte mir nicht, davon zurückzutreten.

Im Schatten des Zitzer Kirchturms wurde unser Vater begraben.

Die Mutter

Als ich vor bald 45 Jahren am Rande des Appenin die Erinnerungen an meinen Vater aufschrieb, lebte meine Mutter – sie war zwölf Jahre jünger als ihr Mann – noch in voller Rüstigkeit am Rande des Bethgeschen Heimatdorfes Kade und bangte um ihre vier Kinder: Hans, den Ältesten, in einem ausgelagerten Askania-Werk (Kreiselgeräte) in Prag; den Zweiten in Italien; Margret, die Tochter, mit ihren drei Kleinen aus dem zertrümmerten Stettin zu den Schwiegereltern nach Köslin geflüchtet; Christoph, den Jüngsten, auf einem Minensuchboot in der Nordsee. Alle vier haben den Krieg überlebt: die Prager überstanden die getrennte abenteuerliche Flucht, um endlich wieder vereint in Hannover seßhaft zu werden; die Stettinerin verlor ihren Mann Fritz Onnasch, einst mein Mitkandidat und Freund von Finkenwalde, im Kösliner Keller seiner Eltern von eindringenden Eroberern vor ihren Augen erschossen; der Matrose machte ein grauenhaftes Gefangenenchaos mit, bis er sich zur Mutter nach Kade durchschmuggeln konnte. 85jährig ist sie 1964 in Magdeburg bei meiner Schwester gestorben – nach über vierzigjähriger Witwenschaft.

Erst langsam habe ich mir klar machen können, was mit dieser frühen Verwitwung auf sie gefallen war. Ängste müssen sie geplagt haben um die moralische und charakterliche Erziehung ihrer Kinder, eine angemessene Ausbildung und ihre Finanzierung; sie, die doch so auf den Einfluß und die Entscheidungskraft ihres Mannes und auf sein sicheres Urteil angewiesen zu sein schien. Zwar hatte sie als zweite unter den drei Nietzschmann-Schwestern schon früh sparen und verzichten lernen müssen; denn die Älteste hatte zur Ermöglichung einer Eheschließung mit einem Offizier unter dem preußischen Standeskodex jener Zeit alle Mittel der Eltern für sich beansprucht. Aber nun griff es noch ganz anders nach ihr, als ihr die ganze Verantwortung für die vier Kinder abverlangt wurde. Außerdem fiel diese Verwitwung gerade in die Zeit, als sich meine Adoleszenz ankündigte mit allen Unsicherheiten unberechenbarer Selbständigkeitsregungen.

In der Tat, was meine Elternbeziehung betrifft, geriet meine Mutter bald in einen Nachteil gegenüber dem Vater. Denn die Periode der kritischen Ablösung oder gar Rebellion hatte es bei ihm noch nicht und damit nie gegeben. Das ehrfürchtig bewahrte Bild der jungenhaften Bewunderung blieb unangetastet bestehen, angefangen bei der imposanten Statur über die Stimme bis zu dem, was ich für seine allumfassende Weisheit hielt. Aber nun brach ein Weltdurst auf, und die Mutter mußte allein den heraufkommenden Formen der Kritik am Zuhause begegnen und den eifrigen Lobpreisungen anderer Lebenszentren, die zu überbrücken sie sich kaum in der Lage sah.

Ich weiß nicht, von wem sie ihre Methode hauszuhalten hatte. Bald waren die Fächer ihres Jugendstil-Schreibtischs vollgestopft mit Behältern von der Streichholzschachtel bis zur Zigarrenkiste. Darauf klebte sie Randstreifen von Briefmarkenbögen und schrieb darauf, welchem Zweck die darin aufbewahrte Geldsumme dienen sollte: Porto, Schulgeld, Zeitung (damals der *Auf*wärts von Bethel, nicht der *Vor*wärts), Nähzeug, Versicherung, Krankenkasse (gesund erhielt sie uns mit Acconit und Belladonna aus Schwabs braunen Homöopathiefläschchen) und manches mehr. »Ernährung« kam nur begrenzt vor, da sie diese aus dem sorgsam gepflegten und voll ausgenutzten Gartenstück bestritt. Zum Monatsanfang verteilte sie so den Anteil ihrer knappen Witwenpension, den auszugeben sie sich leisten konnte, ohne Schulden zu machen; es sei denn, ein Transfer aus der einen in die anders deklarierte Schachtel wurde möglich oder nötig.

Mit dergleichen Mitteln steuerte sie ihre Angst um das Fortkommen ihrer Kinder. Und sie erreichte ihre Ziele. Freilich, wenn der nächste Klosterball im Magdeburger Alumnat den Wunsch nach neuen Schuhen und dem passenden Anzug dringlich machte, konnte das zwischen Mutter und Sohn außergewöhnliche Belastungen schaffen. Nein, es funktionierte nicht alles nach Wunsch. Dafür hier ein Dokument, das sich erhalten hat. Mein Klassenlehrer in Untersekunda schrieb zu Weihnachten:

Sehr geehrte Frau Pastor! Magdeburg, d. 21. 12. 25

Nach der Zensur, die Ihr Sohn Eberhard mitgebracht hat, wäre eine Versetzung zu Ostern möglich. Aber schon die Bemerkung auf der Zensur ergibt, daß bei Verschlechterung der griechischen Leistungen die Versetzung in Frage gestellt ist. Nun sind Eberhards Kenntnisse in der griechischen Grammatik sehr gering. Wenn er nicht während der Ferien hart arbeitet, d.h. die Vokabeln und Grammatik aus U III und O III wiederholt, und wenn er nicht im kommenden Vierteljahr seine Gedanken zusammennimmt und schneller arbeitet, kann es doch noch ein Unglück geben.

Ich muß Eberhard den Vorwurf machen, daß er die Dinge zu sehr von der leichten Seite ansieht und immer Entschuldigungen für sich bereit hält. Sein Erzieher Dr. Helms (einer der drei Tutoren im Alumnat, EB) hatte ihm angeboten, mit ihm und anderen Alumnen unentgeltlich 3 Mal in der Woche griechische Lektüre zu treiben. Eberhard hat das Angebot ausgeschlagen, weil es ihm unangenehm ist, in ernster Arbeit seine Gedanken in scharfe Zucht zu nehmen und bestimmte Teile seiner Freizeit der wissenschaftlichen Schularbeit zu opfern. Eberhard hat diese Zeit lieber im Handwerkszimmer verbracht.

Da Ihr Sohn überhaupt keine sprachliche Begabung hat, rate ich Ihnen dringend, Ihren Sohn Ostern einen praktischen Beruf ergreifen zu lassen. Es empfiehlt sich vielleicht, ihn Kunst- oder Modelltischler werden zu lassen; denn er hat zeichnerische und künstlerische Fähigkeiten und ist in Handarbeiten geschickt. Herr Studiendirektor Heubner-Wittenberg hat bei gleicher Veranlagung seines Sohnes diesen Weg gewählt.

Eberhards Wunsch ist, Pfarrer zu werden. Um diesen Beruf ergreifen zu können, muß er das Abiturientenexamen und das sogenannte Hebraikum machen. Das sind für Eberhard zwei schwere Vorbedingungen; dann kommt das eigentliche Studium, das viel Arbeit und Geist erfordert. Und da ist es wieder die griechische und hebräische Sprache, deren Kenntnis beim theologischen Examen verlangt wird. Ob Eberhard diesen Anforderungen gewachsen ist, läßt sich heute natürlich noch nicht entscheiden, doch bezweifle ich es. Daß er seinem Wesen und seiner inneren Einstellung nach sich zum Pfarrer eignet, glaube ich gewiß.

Sehr geehrte Frau Pastor! Wollen Sie bitte meine Zeilen in Ruhe prüfen, um zu einem für Eberhard ersprießlichen Entschluß zu kommen.

Ihnen selbst aber und Ihrer werten Familie wünsche ich ein frohes Weihnachtsfest und ein glückliches Neujahr. Ihr ergebener

gez. Vondran, Studienassessor.

Die Mutter hat öfter einmal die Befürchtung befallen, ihre Kinder ließen es an Bescheidenheit fehlen, sie könnten zu hoch hinaus wollen. Unruhig und hart konnte sie werden, wenn wir unangemessene Wünsche äußerten. Jedes Jahr kämpfte sie erneut für uns beim Konsistorium um die Semesterstipendien. Wie durfte dort etwas ruchbar werden, daß wir zu große Sprünge machten. Als ich aus dem Wiener Semester 1930 an sie schrieb, sie möchte mir doch das vom Kartoffelroden ersparte Geld schicken, weil wir die Donau abwärts bis nach Konstantinopel wollten, verweigerte sie die Überweisung. Und als ich ein Jahr später mit dem alten Klassenkameraden Helmuth Ballerstedt ohne Mitteilung an sie die Pfingstferienwoche in Paris verbrachte und ihr danach einen minutiösen Bericht über jeden dort erlebten Tag aufgeschrieben hatte, ging sie darauf mit keinem Wort ein. Sie schämte sich für mich, und ich war zutiefst enttäuscht.

So hatte auch mein Hineinwachsen in das Berliner Milieu der Marienburger Allee für sie eine Sorgen erweckende Seite. Sie hatte schon ihre Not damit gehabt, die Entscheidungen unseres Freundeskreises im Kirchenkampf gegen die konsistorialen Instanzen jedesmal hinzunehmen – wobei ich gleich hinzufügen muß: sie hat nie versucht, uns umzustimmen. Auch wenn sie recht erschüttert schrieb, als sie 1937 Bernhard Riemer im Gefängnis des Magdeburger Polizeipräsidiums besucht hatte, ob das denn nötig sei, und daß sie Bernhards Worten, es ginge ihm dort gut, keinen Glauben schenken könne. Wie mußte sie da die Bonhoeffersche Welt mit ihren Dimensionen politischen Gegenhaltens und seiner etwaigen Folgen erst recht belasten. Aber die Sorge steigerte zugleich ihre Treue und ihre Findigkeit, uns im Rahmen ihrer Möglichkeiten beizustehen, wenn sie nach Kriegsende wieder und wieder die Unbilden der damals arg mitgenommenen Eisenbahn und die Willkür von Polizei und Besatzung überwand – mit ihrem Rucksack voller märchenhafter Raritäten vom Dorf für die ganze Familie. »Da kommt man schon durch«, versicherte sie uns in jenen Monaten. Hier war sie, die doch durch so viel Ängste um ihre Kinder gegangen war, frei von jeder Furcht.

Ehe die Mutter bei ihrer Tochter in Magdeburg starb, hatte sie noch Jahrzehnte gern mit ihrer Schwägerin, der jüngsten Schwester meines Vaters, in dem Häuschen am Rande von Kade gelebt. Diese schätzte die lebhafte Hausgenossin. »Else trällert wieder«, konnte sie bemerken, wenn oben aus der Küche Schuberts »In einem Bächlein helle« erklang. Nein, eine bedrückende Atmosphäre hat sie nicht verbreitet. Im Gegenteil, ein offenes Haus war ihr ein Bedürfnis. Wie brachte sie das nur fertig, daß wir jederzeit unangemeldet mitbringen konnten, wen wir wollten. So ist mir lebhaft in Erinnerung, wie wir zu sechs lautstarken Vettern und Freunden im Garten tagelang ein hitziges Tischtennisturnier ausgetragen haben. Die Mutter und die beliebte ›Tante Lene‹ machten alles möglich. Aber sie wollten dann auch keinen Scherz versäumen und mitlachen. Meine eigene Spiellust habe ich sicher von ihr geerbt.

Freunde

Karl (Körner)

Er war anderthalb Jahre jünger als ich und hatte große Augen. Diese stammten von seiner Mutter, die ein warmes Herz und gute Sachen für uns hatte. Das hinderte Karl nicht, nach ihr zu schlagen, wenn sie wirklich einmal schalt. Doch so hielten es die meisten Kinder im Dorf. Es gab also noch andere Erziehungsweisen als die bei uns zu Hause. Für ein Bauernkind war er reinlich. Bei uns hatte er zu jeder Tageszeit und in alle Zimmer, die wir betreten durften, Einlaß. Mitzuessen, das lehnte er allerdings stets verschämt ab. Aber ich nahm mir nicht das entsprechende Beispiel daran.

Die Neigung zueinander muß bald nach der Übersiedlung meiner Eltern von Warchau nach Zitz um 1912 entstanden sein. Sie blieb lebendig, bis uns nach meines Vaters Tod 1923 die Wege endgültig auseinander führten, den einen zur Schule und Universität, den anderen in die Fleischerei. Mein Herz hing indessen noch lange am Körner-Hof. Leider war ich nicht darauf geboren.

Unsere erste Begegnung, die in meiner Erinnerung haftengeblieben ist, war unliebenswürdig. Wir stehen auf der ausgetretenen Backsteintreppe, die Haus und Hof, Ober- und Unterküche miteinander verbindet. Auf ihrer Kante breitet sich die Reihe der Holzpantoffeln aus, innen blankgewetzt, außen mit den Spuren von mancherlei Hofmist behaftet, dazu die andere Reihe der Filzpantoffeln, mit denen man das Haus betritt. Von hier überblickt man den langen abfallenden Hof, Ställe, Scheune, Geräteschuppen und mitten drin den mächtigen Misthaufen. Da stehen wir, und ich weiß noch heute, wie verächtlich meine Augen auf ihm ruhten: er hat noch ein Kleid an! Die Entwicklung hat sich an mir gerächt. Zur Konfirmation schmückten ihn die langen Hosen, während ich kurzbehost herumsprang; er trug einen Hut und war bereits über mich hinausgewachsen. Und wenn wir durch das große Anwesen oder unseren noch größeren Garten streiften, hielt er schon ein Tesching (Kleinkalibergewehr) unter dem Arm, ich nur ein Luftgewehr. Insgeheim war ich stolz auf ihn. Denn wem wäre es sonst gelungen, die Elster im Fluge herunterzuschießen, und wem, die Katze genau zwischen die Augen zu treffen, die auf höheren Befehl möglichst barmherzig zu beseitigen war?

Das Interesse aneinander blieb auf allen Altersstufen wach, so lange wir sie gemeinsam erklommen. Jeder trat einmal als Gönner auf und schloß noch unbekannte oder gar verbotene Räume auf, welche die unerschöpfliche Welt des großen Hofes und des Pfarrhauses zu bieten hatte. So waren wir von dem Wert unserer Freundschaft überzeugt und fanden es nur in Ordnung, wenn man im Dorf davon Notiz nahm. Übrigens respektierten wir unbewußt den jeweils anderen Bereich, indem wir uns an dessen

Sprache hielten. So saß ich auf der Mauer zwischen unseren Grundstücken und schrie schier in einem Atemzug hinüber: »Karl, ick müt noa Hus, äten!« und herüber: »Ja, ich komme gleich!«

Zwischen den Pferden und den Kühen, an der Dreschmaschine wie am Göpel, beim Reparieren und beim Anspannen – überall war unser Platz. Getrost überließ Karls Vater uns Halfter und Leine, und wir trabten mit ›Fritz‹ und ›Liese‹ in den Stall. Er hat wohl seinen Spaß an uns gehabt, zumal an dem Eifer von ›Pastorsch Äberhard‹. Immer wieder ließ er sich die prompte Antwort geben: »Was willst du einmal werden?« – »Bauer.« Ich liebte ihn mit seinen kleinen freundlichen Augen und dem schön gezwirbelten Schnurrbart. Ich weidete mich an dem Anblick voller Würde, wenn er mit meinem Vater um unseren runden Rasenplatz schritt, wobei irgend etwas im Blick auf die Gemeinde oder unsere Wirtschaft zu beraten war.

Mein Eifer drohte jedoch gelegentlich zu schwinden, wenn abends die Kühe mit ihren dicken Köpfen und großen Hörnern gar so dicht an die Backsteintreppe herantrabten, um aus dem langen Steintrog zu saufen. Auch das lernte man, daß ihre besondere Langsamkeit keine Bosheit sein mußte. Es kam die Zeit, in der wir auch mit der Häckselmaschine, mit der Sense auf der Wiese und beim schweren Korn, mit Pflug und Jauchewagen umgehen durften. Schließlich gab es für unsere Wünsche kaum noch Einschränkungen, auch wenn es meinem Bruder Hans passierte, daß er beim Eggen am Ende der Breite den Wendebogen zu kurz nahm und der ganze Eggensatz sich überschlug, dabei fast die Pferde verletzt hätte, oder wenn ich im Fiener Bruch zwei vollbeladene Heufuhren beinahe in den Graben lenkte, weil ich, in eifrigem Gespräch nach rückwärts gewandt, ohne es zu merken, den rechten Zügel mehr und mehr anzog. Jedenfalls, was Karl in die Hand bekam, war auch für mich da.

Wie herrlich hätte ich es gefunden, wenn wir daheim auch einmal so gegessen hätten, wie es Körners taten. Vom Felde heimkehrend, schwang sich Karls Vater auf sein Rad und fuhr voraus; er konnte eine herrliche Kartoffelstippe machen. Wenn wir ankamen, die Pferde Heu und Wasser hatten, stand schon die große braune Schüssel voll Stippe auf dem Tisch, und ringsum auf dem Wachstuch lag der Wall von Pellkartoffeln. Bedächtig geschält, spießte man die Kartoffeln auf seine Messerspitze und tauchte sie tief in die Schüssel. Es schmeckte herrlich. Doch wenn es drüben fetten Schweinebauch gegeben hatte, wurde es für die Mutter eine unruhige Nacht mit uns.

Zum Feierabend kam der ›Zijesche‹ (Ziesarer) Anzeiger, und der alte Großvater drüben setzte sich auf die Bank vor dem Haus, nahm seine Brille mit den flachen Gläsern und las – der sonst nur Platt sprach – Artikel um Artikel laut in seinen breiten Backenbart, ob einer zuhörte oder nicht. Er war schwerhörig, und wenn wir dann und wann darüber lachten, lachte er mit. Merkwürdig fand ich, daß Karls Vater, sein Schwiegersohn, ihn stets in der altmodischen ›Ihr‹-Form anredete. In seiner Stube lief um den Ofen die Bank herum. Hund, Katze und wir Jungen hielten uns im Winter gern dort auf, bis es ihm zu viel wurde: »Nu joat ma na buten!«

Sonntags erschien wohl Besuch, Tante Eiserbeck oder die Körners aus Viesen, und ich rechnete mich natürlich zu den Gastgebern. Es mußte der ausführliche Rundgang durch alle Ställe vollzogen, alles gezeigt und beurteilt werden, angefangen beim ohrenbetäubenden Lärm der Schweine gleich hinter der Unterküche und endend bei dem großen Bullen, vor dem unser Respekt nicht nachlassen wollte. Der ›Anzeiger‹ verzeichnete unter ›Lokales und Provinzielles‹ getreulich alle besonderen Vorfälle auf den Höfen der Umgegend und belebte unsere Phantasie.

In den letzten Kriegsjahren war ich so stolz wie Karl, wenn dessen Bruder Paul oder sein Vater in bewunderter Uniform auf Urlaub kamen und vom Krieg erzählten. Sonst bestanden unsere Kriegserlebnisse ja nur in der Ankunft der ›Hamsterer‹ aus der Stadt, welche die Kleinbahn am Sonntag auf dem Rogäsener Bahnhof auslud (der Anblick und das Stampfen der ›Staatsbahn‹ in Großwusterwitz oder Kade gehörte übrigens zu den ganz seltenen, bis ins Mark wirkenden Erschütterungen). Mit Neugierde und einer Portion ungerechter Verachtung nahmen wir in unserer behüteten Abgeschlossenheit diese Anzeichen wachsender Not im Ersten Weltkrieg wahr.

Eines Tages brachte Karls Vater einen Wunderapparat mit heim, der unser höchstes Erstaunen hervorrief: ein Grammophon mit einem großen lila und rosa angestrichenen Schalltrichter. Das Urteil daheim, daß wir etwas so Geschmackloses bewunderten, konnte ich nicht begreifen. Es war ein Trumpf auf Karls Seite, dem ich nichts entgegensetzen zu können glaubte. Der Apparat stand in der verschlossenen Guten Stube, aber wir wußten uns Zutritt zu verschaffen und lauschten der ›Stimme seines Herrn‹. Nur eines verdroß mich: Karls ältere Geschwister Paul und Lieschen sangen manche Platten mit, während ich kein Wort, geschweige denn einen ganzen Satz aus dem Trichter verstehen konnte. Und wenn ich mit Nachhilfe schließlich etwas begriffen hatte, blieb mir der Sinn so dunkel wie zuvor. Was war ›Reeperbahn‹? Auch Vater und Mutter konnten keine erschöpfende Antwort geben. Doch seine Anziehungskraft behielt das Wunderwerk noch auf lange Zeit.

Etwas Landwirtschaft gab es freilich auch bei uns. Zuweilen hätte ich etwas darum gegeben, wenn wir alles genauso eingerichtet und gehandhabt hätten, wie das auf dem richtigen Hof üblich war. Hansens Meisterstück bestand darin, uns, an der Lattentür des Ziegenstalls aufgereiht, in hohem Bogen in den Mund zu melken. Das hatte er aus Detershagen mitgebracht, wo mir bei den unter Onkel Ottos Leitung Latein und Griechisch übenden Vettern ein kleines Paradies zu liegen schien. Dort schloß der Garten an einen breiten Bach, der noch viele andere Möglichkeiten bieten mußte. Bei uns gab es bloß den tiefen Brunnen, dessen unheimliches Loch nur dann und wann geöffnet wurde, wenn Karls Vater mit anderen Männern hinunterstieg, um den dicken Schlamm und ein paar riesige Kröten herauszuholen.

Was Karl nicht zu bieten hatte, das war eine große schwere Kutsche in unserer Remise. Mit ihrem Lederzeug, den Kästen, Lampen, einsetzbaren Fenstern und verstellbarem Gestänge entzog sie uns lange allen Blicken. Zu unserem Leidwesen kam es nur selten vor, daß wir in der Kutsche nach Kade fuhren. Den Bauern, die uns kutschierten, war sie für den Weg ›durch den Berg‹ zu schwer. Und gerade ihr Komfort war es meines Erachtens wert, aller Welt gezeigt zu werden.

Der eigentliche Reiz fing jedoch erst jenseits des kleinen Hofbereiches an. Zur Seite des Schreibtischs in Vaters Stube hing der mächtige Schlüssel, der meinen Freunden die Sehenswürdigkeiten des Kirchturms erschloß. Zuerst den Kirchenboden, dessen hohle Dunkelheit den Blasebalg der Orgel sowie Gerät und Bücher barg; mit einigem Bangen stiegen wir oberhalb des Kirchenraumes herum. Die Stockwerke des Turms zeigten noch die Spuren des splitternden Blitzschlags, den wir eines Nachts voller Schrecken erlebt hatten. Wie man sagte, war es ein ›kalter Schlag‹. Es war eines der schweren Gewitter gewesen, die sich den seltenen Weg vom Süden über den Fiener Bruch gebahnt hatten und vor denen wir den Schauder nie los geworden sind. Zeigte sich die dunkle Wolkenwand, so holten uns die Eltern aus den Betten, man zog sich an, und bis zum Ende des Gewitters kämpfte man darum: hinsehen oder den Kopf einziehen. Als wir eines Sommertages von einem Ausflug zu den Kaderschleuser Kiesgruben, die später dem Mittellandkanal zum Opfer fallen sollten, zurückkamen, wanderten wir während des abziehenden Gewitters vom Bahnhof in das Dorf. In der Ferne stand ein Feuerschein; als wir in den dunklen Garten heimkamen, gähnte neben dem Brunnen ein gewaltiges Loch, von Wassergüssen eingerissen. Ich fürchtete noch lange, es sei ein Blitz gewesen.

Jetzt gab es im Turm aber nur den Wind, der durch den Glockenstuhl strich, und das langsame harte Ticken der großen Uhr im obersten Stockwerk. Dort ließ sich im Zifferblatt eine handgroße Klappe von innen öffnen, und jeder mußte einmal draußen am kleinen Zeiger merken, daß man seine Kugel kaum umfassen konnte. Mit einem Mal begannen dann, von uns erwartet, die Zahnräder zu surren, und ehe es sich der Gast versah, fuhr er vom dröhnenden Stundenschlag zusammen.

Unter uns breitete sich unser Reich aus. Wir blickten

auf die Kreuze des Friedhofs hinab, hinter dem wir aufgewachsen waren und der für uns nichts Düsteres an sich hatte. Er war nur von hellen Bäumen bewachsen, nicht vom dunklen Wacholder der abseitigen Stadtfriedhöfe. Die Hühner unten auf dem Hof und in unserem Garten kamen uns wie Küken vor. Dabei standen wir kaum mehr als 25 bis 30 Meter hoch. Aber dieser Turm war für uns das Maß aller Höhen. Unser Flitzbogen erreichte ihn mit seinen Pfeilen nicht. Höchstens wenn ein größerer Vetter den mächtigen Bogen, der unter Onkel Konrads Trophäen im Hausflur hing, zu spannen vermochte, kam er hinauf. Onkel Konrad, der jüngste Bruder meines Vaters, war Stabsarzt in Kamerun gewesen.

Von der Höhe des Turmes konnten wir jedes Feldstück und dessen Eigentümer benennen. ›Das Holland‹ im Fiener Bruch, wo wir im Winter Schlittschuh liefen und dabei das trockene Riedgras über dem Eis anzündeten. Der ›Paster-Acker‹, wo nur Roggen und Kartoffeln wuchsen. Und ›Geuen Woort‹, wo der Weizen wogte. Hier konnten wir auch mit unserem historischen Wissen aufwarten: Im Süden war der dicke Burgturm von Ziesar zu sehen, der von den Quitzows aus Raubritterzeiten stammte. Im Fiener Bruch soll Friedrich der Große den Bau eines Knüppeldamms veranlaßt haben; bei der Kühle dort wollten keine Obstbäume gedeihen wie sonst an den Chausseen. Im Norden, vor der Warte des Gollwitzer Berges, verlief die alte grasüberwucherte Heerstraße, über die natürlich ein Bethge den Kaiser Napoleon kutschiert haben soll. Aber das war alles schon Ausland. Das Zitzer Gebiet endete hinter den hohen Pappeln, die die Grenze zu den anderen Kirchspielen markierten. Dort haben angeblich sagenhafte Schlachten zwischen den größeren Jungen der benachbarten Dörfer stattgefunden.

An Wintertagen hatte ich, ob erlaubt oder nicht, alles Spielzeug meiner Geschwister zu bieten: die Eisenbahn mit den zwei uhrfedergetriebenen Lokomotiven, dann Margrets Puppenstuben (unser Vater hatte selber das Puppenhaus gebaut) und das Klavier, an dessen Klängen wir uns berauschen konnten. Unübertroffen war, wenn Vater selbst uns aus dem geliebten, großen Liederbuch vorspielte und wenn er sich erbitten ließ, ›Heinrich der Vogler‹ oder ›Die beiden Grenadiere‹ zu singen. Vaters Stimme konnte uns fast zu Tränen rühren. Ferner gab es die Märchen- und Bilderbücher, vor allem die Bilderbibel von Schnorr von Carolsfeld, die wir mit Neugier und Erschauern betrachteten: etwa Isaaks Opferung oder den bethlehemitischen Kindermord. Doch dies alles wurde übertroffen, wenn unten aus Vaters Bücherregal der Prachtband der Kriege von 1864, 1866 und 1870/71 hervorgezogen werden durfte und wir Bild um Bild die Triumphe Preußens auskosteten bis zu dem einen, wie Napoleon III. dem Kaiser Wilhelm I. im Beisein Kronprinz Friedrichs und Bismarcks seinen Degen überreicht.

Später lasen wir einander vor. Dabei bestand Karl immer wieder auf den zwei Stücken, die uns schon vor Beginn lachen ließen. Das erste befand sich im ›Heimatkalender für das Land Jerichow‹: in diesem standen die plattdeutschen Geschichten vom ›Vieschen Kantor‹ (dem Kantor aus Viesen, Vaters zeitweisem Filialdorf), vornehmlich die vom Leierkastenmann und der ›Vieschen Füerwehr‹. Der Leierkastenmann spielte auf seinem alten Gerät ›Lobe den Herren‹, aber es fehlten ein paar Töne, die der Wind mit ›ff, ff‹ ersetzte. Nachts pflegte er es im Spritzenhaus unterzubringen. Nun gab es Feuer in Wollin und die Viesener Feuerwehr polterte in höchster Eile hinüber, um nicht als letzte an Ort und Stelle zu sein. Dort drehten sie im Durcheinander an der Kurbel, und mitten in den Lärm ertönte das ›Lobe den Herren, ff, ff . . .‹. Diese Geschichte fanden wir unvergleichlich.

Die zweite lasen wir in ›De Reis nah Belligen‹ von Fritz Reuter. »Ih bitens noch en Enning af«, das war die Devise, mit der der unverbesserliche Raucher und Tabakkauer Oll Witt, des Nachts im Traum an der nicht ziehenden Zigarre kauend, im Doppelbett dem Nahber Swart die große Zehe anbeißt. Solche Funde reizten uns zu manchen weiteren literarischen Streifzügen in Vaters vier grünen Reuter-Bänden.

Hans, meinen großen Bruder, hielt ich für ein wahres technisches Genie. Ich war der eifrigste Propagandist seiner Einfälle, und Karl ließ sich mitreißen. Aus Detershagen, später aus Magdeburg und schließlich aus Berlin brachte Hans immer neue Pläne mit. Ich konnte es freilich nicht erwarten, um das staunenswerte Erzeugnis vorzeigen zu können, und wurde ungeduldig, wenn er erst einmal alles messen, nachrechnen und einteilen mußte. Schließlich war aber doch ein Fotoapparat zustande gekommen. Der Bau eines Telefons mit Mikrofon und Hörer nahm lange Tage in Anspruch. Das Konstruieren war freilich spannender als hernach der Betrieb. Aber unsere Klingelleitungen versagten nicht. Endlich kam die Zeit, daß wir in unserem abgelegenen Dorf am ersten Rundfunkkasten drehten. In mühsamer Arbeit versenkten wir 1924 auf dem Hof zwei Meter tief eine ausgediente Badewanne und koppelten uns an diese ›Erde‹. In Sorge, ja nicht das von Hans gebastelte Wundergerät zu verderben, saßen Karl und ich an der Schalttafel und fanden die Welt, die der Kopfhörer einfing, weit interessanter als unser Dorf, wo es nur die Kleinbahn gab, den Schmied, den Stellmacher, den Schuster und lauter Bauern, sonst aber nichts.

Es muß aber auch Zeiten gegeben haben, in denen die Welle der Zuneigung nachließ, bis sie wieder anlief. Karl war ein wenig brav, so daß er bei den Schülerstreichen keine Rolle spielte. Es waren andere, mit denen ich von Kantor Bode Schläge bekam, als wir in der Singstunde Zündplättchen zum Knallen gebracht hatten. Und andere, als wir sonntags am Dorfausgang hinter den hohen Zackenmieten hockten, jeder einen Schreckschuß in der Hand. Bald kam der Kantor in seinem gelben Dockard, seine Frau daneben und die Honigeimer zu Füßen. Als er unsere Höhe erreicht hatte, knallte es los. Er brachte das scheuende Pferd zum Stehen, sah sich um und mußte ausgerechnet mich samt einem Kameraden erblicken, wie wir hinter einer Miete hervorlugten. Mit einem »Na wartet« begnügte er sich im Moment, und wir zwei Ertappten spielten den Tag über die Mutigen. Die Exekution am Tag darauf bescherte uns statt der üblichen drei die gesteigerte Portion von neun Stockschlägen vor aller Augen. Ich war auch allein, als ich Waschküchen-Arrest erhielt, weil ich die ganze Jungenschar in unsere reifen Himbeeren geholt hatte, die für den Weckapparat bestimmt waren. Indessen kam Karl getreulich mit, als mir aufgegeben war, den verlorenen Groschen auf dem Weg zu Kaufmann Kühne zu suchen.

Aber zur Schar der tobenden Dorfkinder zog es mich manchmal mehr als zu ihm. Die Suchspiele durch das ganze Dorf konnten mich faszinieren. Scheunen und Schober der anderen Bauern waren zu erkunden. Dabei verfiel man allerdings auch auf weniger schöne Scherze.

So mußten wir Kleineren unsere Hände vorstrecken, und die Älteren zogen uns alle zehn Finger lang. So oft es dabei in den Gelenken knackte, so viele Runden hatte man um das ganze Kirchengelände zu laufen.

Im Winter – wie lang waren damals die Jahreszeiten! – gab es die langen Schlitterbahnen vor der Schmiede. Schon ihretwegen war der Besitz von Holzpantoffeln vonnöten, und zwar von möglichst abgelaufenen. Zwei Bahnen waren streng voneinander geschieden für Speck und für Schinken. Vor den Älteren hatte man sich auszuweisen, ob die Pantoffeln auf die Speck- oder auf die Schinkenseite verwiesen. Rotes Pflaumen- und Kirschholz galt für Schinken, Eschenschale für Speck. Wehe, wer die falsche Bahn betrat!

Müde ging es im Dämmern nach Haus. Bei Körners klapperten die Futtereimer. Zwischen unserem Haus und der Kirchhofsmauer zur Rechten stand das Abendrot auf ›Geuens Woort‹. Es war so rot, weil Nikolaus den Honigkuchen buk. Und Weihnachten fand wohl auch Karl nirgends so schön wie in unserer Stube. Da stand Vaters Pyramide, die er kunstvoll erbaut hatte. In drei Stockwerken drehte sich um eine Achse die ganze Herrlichkeit, unten die Krippe, darüber die Hirten und oben, dicht unter den Antriebsflügeln, die sich von der Wärme der seitlichen Lichter sanft bewegten, die lobpreisenden Engel.

Bernhard (Riemer)

»Wo bist du jetzt?« »– – –?« »Das kannst du leicht herausbekommen.« »– – –?« In Magdeburg stand Vater mit mir auf der Straße und suchte mir die erste Orientierung in der großen Stadt beizubringen. »Wie heißt die Straße?« Woher sollte ich es wissen? Dabei stand es inmitten bunter Schilder an jeder Straßenecke: ›Annastraße‹. Ich schämte mich, diese Probe des mutig begrüßten Wechsels vom Land zur Stadt nicht bestanden zu haben.

Zehn Jahre war ich alt und sollte mit einer Prüfung in die Quinta des Klosters ›Unser Lieben Frauen‹ eintreten. Damit das neue Leben nicht gar zu unvermittelt über mich hereinbrach, kam ich für das erste Jahr in die Obhut von Onkel Ernst, der Nr. 5 am Körnerplatz wohnte, auf den die besagte Annastraße zulief. Die blaue Mütze der Klosterschüler trug ich also zunächst hier stolz spazieren und lernte städtische Spiele, vor allem Fußball kennen. Der weite Schulweg bot viele Überraschungen. Ganz hingenommen lief ich mit der Militärkapelle und merkte erst, als diese in ihre Kaserne auf dem Werder einbog, daß ich an das Ostende der Stadt statt in den Westen, die heimatliche Wilhelmstadt, geraten war. Die besorgte Tante mußte mit dem Essen lange warten. Noch in der späteren Alumnenzeit soll ich, so wird behauptet, bei der Kusine zur Klavierstunde angemeldet, zwar vom Kloster aufgebrochen, am Körnerplatz jedoch nie angekommen sein. Mein dortiger Vetter verstand den Schulweg lebhaft interessant zu machen. Er stieß meisterhaft mit der Stirn an die Laternenpfähle, indem er mit dem Fuß den dumpfen Anprall vortäuschte, und stellte sich im Gedränge der Passanten selber das Bein, um schimpfend hinzuschlagen. Wir sahen und spielten Zirkus und bauten Kasperletheater. Die Fortschritte, mit denen ich in den Ferien bei Karl Körner erschien, waren beachtlich. Umgekehrt wartete ich im Schrebergarten der Magdeburger Verwandten mit meinen Fertigkeiten bei der Erbsen- und Gurkenernte auf.

Unvergeßlich ist der Eindruck geblieben, als der Onkel mich zum ersten Mal zum Gottesdienst im Dom mitnahm und bei den Schritten ins Mittelschiff die Augen in die Höhe gerissen wurden und bald darauf der Chor in langen Schwingungen von oben zu hören war. Noch oft habe ich versucht, dieses erste Erschauern aufs neue zu verspüren, indem ich, ohne nach links oder rechts zu blicken, in die Mitte stürmte und dort erst die Augen richtig auftat.

Nach diesem ersten Jahr des Übergangs war ich stolz, in das Alumnat einziehen zu können und somit ein richtiger Klosterschüler zu sein. Das Prämonstratenserkloster ›Unser Lieben Frauen‹ hatte in jenem Jahr sein 900jähriges Bestehen gefeiert. Drei Tage lang nahm die Stadt Anteil an dem Fest der blauen Mützen. Die Primaner führten die ›Antigone‹ im Stadttheater auf. In der Kreuzhorst, dem alten Klosterforst, zwei Stunden südlich am Ostufer der Elbe, fiel nach altem Brauch unter ihren Axthieben eine alte Eiche. In anderen Jahren gehörte das Fest allein den Alumnatsinsassen. Nun war ich Vollbürger und hatte teil an den Klettertouren über Dächer und durch Gewölbe, an nächtlichen Ausflügen in den Kreuzgang oder auf den Turm, an Überfällen und Wasserschlachten.

Von nah besehen war man freilich erst ein ›Ulx‹[1], und zwar ein kleiner, zu allen Diensten verpflichtet. Das Privatleben zog sich ins Fach des Pultes zurück, in dem die Reihe vieler Namen von früheren Generationen zeugte. Nun kam zum Vorschein, daß mir das Rüstzeug fehlte, mich zu behaupten. In Zitz hatte ich meine Rolle durchaus zu spielen gewußt. Doch diese neuen Partner waren

1 Bezeichnung für alle Alumnen der unteren Klassen (bis Obertertia).

zahlreicher, gewiegter und verwirrend geübt, die Schwächen des anderen zu erspähen und lärmend auszuplaudern. Und es war jetzt auch kein Rückzug in die Familie mehr möglich. Sprache, Kleidung und Gewohnheiten des Neulings boten Angriffsflächen. Alle Verwandten lobten meine Mutter, wenn sie wieder mit Geschick den Anzug für mich selbst geschneidert hatte, nur ich litt unter der Façon, die dem Magdeburger Schick nicht entsprach. Und wurde man beim Schlagballspielen vom Indus-Boy mit hartem Wurf ins Kreuz getroffen, war niemand da, dem man erzählen konnte, daß man bislang auf Spiele mit den Großen wenig Wert gelegt hatte.

So schaute ich mich nach Verbündeten und Leidensgenossen um, die womöglich über einen besseren Haushalt an Abwehrkräften verfügten. Und so ein Bundesgenosse wurde Bernhard Riemer.

Seinem besonders kleinen Wuchs verdankte er den unausrottbaren Spitznamen ›Zander‹. Als wir auf einem Klosterball als Untersekundaner zum ersten Mal mittanzen durften, bekam er eine Riesendame zugeteilt, zu der er nie mehr eine Beziehung hatte; die hieß Zander, und so lernten ihn später viele auf lange Zeit nur als ›Herr Zander‹ kennen. Schmächtig von Aussehen, war er doch zäh von Natur und eigenständig. Er ließ sich nicht verwirren.

Er kam wie ich aus der friedlichen Geschlossenheit eines Dorfes, ein Pfarrerskind, das ebenfalls keine ausladenden Kniehosen mochte und die Börde-Mundart nicht verleugnete. Wie ich vor ihm, mußte auch er zur Aufnahme in das Gemeinwesen die ›Ulxkloppe‹ über sich ergehen lassen. Zwei starke Größere faßten einen abends bei den Händen und zwangen ihn, während sie selber vorwärtsliefen, die ganze Länge des abschüssigen Hofes rückwärts trippelnd hinunterzurennen, was man nur durch starke Vorlage des Oberkörpers gegen die Laufrichtung schaffen konnte. Dann nahm ein manchmal tröstender Tertianer den Kopf des Opfers in seinen Schoß, und jeder Ulx verabfolgte die ihm zustehenden drei Hiebe je nach Temperament. Nach kurzem Trommelfeuer leuchtete man dem Neuling ins Gesicht und sah, wie rühmlich er den Schmerz ertragen hatte. Tradition heiligte den Brauch, und keiner dachte daran, diese Exekution humaneren Betrachtungen zu unterziehen. Glücklich hindurch zu sein, verlieh einem den rechten Wert: die Zugehörigkeit zum eigentlichen Kern des Klosters. Mitleidig sahen wir auf die ›Stadtschüler‹ herab und wußten nichts mehr von dem Vorteil, die Jugendjahre im Elternhaus zu verbringen. Wir waren die ›Besitzer‹ des alten Gewirrs an Gebäuden, Gewölben, Türmen und Kreuzgang. Und wenn von der Stadt aus in unserer Kirche Hofmannsthals ›Spiel vom Jedermann‹ aufgeführt wurde, meinten wir beinahe, selber die Veranstalter und Akteure zu sein; jedenfalls vermochten wir ebenso durchdringend und Schauder erweckend das langgezogene ›Jeedermann – Jeedermann‹ durch alle Flure zu rufen.

Dieses Hochgefühl war freilich nicht immer vorhanden und im ersten ›Dienstjahr‹ als Ulx auch schwer zu behaupten. Bernhard besaß indessen manche Vorteile. Sein Vater war einst selber Alumne gewesen und jetzt der Mittelpunkt all jener, die ihrer weit zurückliegenden Gymnasiastenjahre im ›Klosterboten‹ und bei Altherrenzusammenkünften gedachten. Das verschaffte ihm sogleich einen gewissen Vorsprung. Außerdem trat er als Riemer IV auf, da bereits drei ältere Brüder das Alumnat bevölkerten, ja auch dieses oder jenes Amt der Selbstverwaltung innehatten. Das alles legte einen gewissen Schutzmantel von Interesse, Tradition und nicht zu überraschender Vertrautheit mit allen Bosheiten und Späßen der Alteingesessenen um ihn.

Mich traf die Begegnung mit der unbeschränkten Befehlsgewalt mehr oder weniger rücksichtsvoller Sekundaner und Primaner härter. Es fiel mir schwer, auf Unverschämtheit oder Neckerei die rechte Antwort zu finden; sie fiel mir immer erst ein, wenn die gegebene Situation schon vorüber war. So ließ ich mich teils ratlos, teils bewundernd auf das Neue ein, wie es sich in der alltäglichen Nähe zu den 70 Insassen darbot. Die Helden nächtlicher Kletterpartien und Überfälle, die Techniker des Schulbetrugs, Klavierspieler und Zeichenkünstler wurden von mir angestaunt. Über andere Leute habe ich nie so spotten, die Kirche nie derart verwerfen gehört. Welchen Eindruck machten auf mich jene, die voller Emphase den ›Faust‹ zitierten, bis man die Verse selber konnte:

Fluch sei dem Balsamsaft der Trauben!
Fluch jener höchsten Liebeshuld!
Fluch sei der Hoffnung! Fluch dem Glauben!
Und – Fluch vor allem der Geduld!

»Du Wirrkopf«, titulierte mich gelegentlich mein ›Tutor‹, ein Lehrer, der als eine Art Elternersatz dem Alumnen nach Wahl zu besonderer Betreuung zugeteilt wurde, aber meist nur das Taschengeld verwaltete.

Dazu kam die Möglichkeit, in den zwei Stunden Ausgang ohne jede Aufsicht zu erforschen, was die Großstadt bot. Dazu gehörten die Kinos mit ihren prächtigen Vorhallen, damals noch ganz verpönte Stätten, außer wenn es den patriotischen ›Fridericus‹-Film gab. Dort habe ich öfter mein Taschengeld gelassen, um dann gerade noch atemlos zur Arbeitsstunde heimzukommen und geistesabwesend die schleichenden 2 1/2 Stunden hinzubringen. Ähnlich anziehend wirkte auf dem Domplatz der bunte Rummel im Oktober, wenn die Messe einen sinnenverwirrend umfing.

Bernhard war viel weniger aus der Bahn zu werfen. Der Gedanke, vom regelmäßigen Kirchbesuch Abstand zu nehmen, focht ihn niemals an. Vom Segen des Beharrens bei überkommenen Formen war er einmal durch seine Herkunft, später aus eigenem Verständnis durchdrungen. Obwohl seine ganze Familie den ›Wurster‹[2], das alte Andachtsbuch, in manchen Formeln und komischen Ermahnungen schon auswendig wußte, war es in den Jahren, während ich später dort war und durch den Kirchenkampf überall die Formen der Hausandacht und dergleichen neu belebt wurden, ganz unmöglich, ein anderes Andachtsbuch in die Hand zu nehmen.

Wenn wir in den letzten Schuljahren der Meinung waren, in einem hochtrabenden literarischen Verein der Klasse kühne Werke der modernen Literatur, etwa von Klabund oder Georg Kaiser, lesen und verstehen zu müssen, so wußte er aufreizend schnell, daß das unnötig sei. Doch ließ er sich herbei, uns bei Aufführungen als zuverlässiger Souffleur zu dienen. Ich lief in Kunstausstellungen und Museen, suchte im Gewirr von Expressionisten und Kubisten – Feininger, Picasso, Nolde, Pechstein, Heckel – einen Sinn zu finden; er lachte nur darüber. Ihm war

2 Paul Wurster, Hausbrot, 1901, mit vielen weiteren Auflagen.

nicht beizukommen, und dennoch wurde unsere Freundschaft immer fester.

Im ersten Jahr unseres Zusammenseins kam einmal ›Toto‹, Bernhards ältester Bruder, zu Besuch. Er studierte Musik; noch niemanden sonst hatte ich so geläufig auf dem Klavier spielen gesehen. Zu seinem angekündigten Besuch faßten wir den Beschluß, ein Stück vierhändig zu proben und ihm vorzuführen. So geschah es dann auch. Ich weiß nicht mehr, was für ein Stück es war; aber die Erinnerung an das Hochgefühl bei unserer Darbietung im dunklen Zimmer vor dem Speisesaal mit seinen fast zwei Meter dicken Gewölbemauern ist mir noch ganz deutlich: die Anstrengung und gespannte Erwartung, ein Lob für unsere künstlerische Leistung zu ernten.

Das war der Anfang, und fortan gab es kaum ein Zusammensein, ohne vierhändig zu üben. In Badeleben, dem Pfarrdorf bei Helmstedt, oder in der Magdeburger Tauentzienstraße 12, bei seiner späteren Frau, durfte Beethovens Septett, ein bestimmter Satz aus seiner ›Fünften‹ oder einer der ›Spanischen Tänze‹ von Moszkowski auf dem Programm nicht fehlen. Als wir in Berlin im Studium wieder zusammen wohnten, wurde ein Klavier gemietet. Wir veranstalteten ein Fest und luden meine Mutter mit ihren Schwestern ein. Nach einem solennen Studentenabendbrot bestritten wir die Unterhaltung am Klavier. Erschöpft am Ende angelangt, hörten wir die gönnerhafte Bemerkung der einen Tante: »Reizend, wie das den Jungen Spaß macht!« Ich war erbittert und mochte diese niederschmetternde Belobigung nicht vergessen.

Bernhard hatte die ganze Schulzeit über Klavierstunde; vieles lernte ich durch ihn kennen und begann es ebenfalls zu üben. Daß er beliebig und ausführlich ›phantasieren‹ konnte, versetzte mich in Erstaunen. Von der Tertia an saß er sechs Jahre lang auf der Orgelbank der Aula, ohne je ein Notenblatt aufzulegen. Einmal stellte ihn ›Krakkel‹[3], ein geschätzter Lehrer, deshalb zur Rede; denn natürlich unterliefen dem Tertianer für ein geschultes Ohr noch manche Fehler. Indes war ich recht böse auf den vermeintlich kleinlichen Kritiker. Später nahmen wir zusammen Orgelstunde und traten uns gegenseitig den Blasebalg. Als ich das erste Mal in Kade einen Gottesdienst zu begleiten hatte, erstickte ich beinahe vor Angst. Die erste Predigt war vergleichsweise ein Leichtes gegen dieses Lampenfieber auf der Orgelbank.

Ein Alumnatsinspektor hatte den Einfall, das Mittagessen am Sonntag durch einen Klaviervortrag verschönern zu lassen. Endlich wagte auch ich mich vor und spielte das in meinem Sammelalbum ›Musik für alle‹ als ›Hoffnungswalzer von van Beethoven‹ betitelte Stück. Am Ende kam der Lehrer und meinte: »Das hat ja gar nicht wie ein Walzer geklungen.« Ich antwortete: »Das ist bei Beethoven etwas anderes.«

Dazu gehört der dritte Fall von Kritik, der sich etwas früher zugetragen hat und den ich nicht vergessen konnte. Aus Zitz in Kade zu Besuch, saß ich ein wenig am Klavier und versuchte mich mit ziemlicher Willkür und viel Gefühl am As-dur-Impromptu von Schubert, als ein Onkel alle Sympathien bei mir verscherzte: er trat herzu und schlug mir das Notenbuch zu: »Entweder übst du solche Sachen richtig, oder du vergreifst dich nicht mehr daran!« So zog ich mich zumeist auf Selbstgenuß zurück.

Bernhard konnte zu dem allen auch noch etwas Geige

3 Spitzname für Oberstudienrat Dr. Kratzenstein.

spielen. Als dieses ihm zum Eintritt in das bewunderte Orchester unserer Schule verhalf, peinigte mich doch der Neid, bis der geliebte Lehrer eines Tages den Entschluß bekanntgab, daß noch ein Harmonium hinzugezogen werden solle. Er wies mir diesen Platz zu, und fortan hielt ich mich an dem nicht ganz stilgerechten Instrument durchaus für gleichberechtigt. Wie gut, daß dieser Mann kein Stilfanatiker war. Wir liebten ihn, und wenn wir gar zu schleppend und langweilig spielten, sang er mit prachtvollem, alles übertönenden Tenor das betreffende Thema über uns hinweg und riß uns so mit. Er hat uns kräftig angeregt, so daß wir später selber zu spielen und zu singen wagten, wo immer Freunde, Basen oder Vettern sich dazu gewinnen ließen. Während des Studiums traten wir in die Chöre der Universität ein. Zur Zeit unserer Examensvorbereitung gründeten wir in Badeleben gleich einen winzigen Chor und sangen jeden Sonntag im Gottesdienst einen Bach-Choral. Mit der Selbstkritik war es allemal nicht so weit her wie mit unserem Eifer.

Neben der Musik gab es noch andere Dinge, die wir miteinander betrieben. Wir liefen Schlittschuh, turnten und schwammen mit gleicher Freude. Dem Fußballkult meiner ersten Jahre blieb er fern. Damit verbinden sich peinliche Erinnerungen. Mein Bruder Hans war zu meiner Aufsicht bestellt, einem mißlichen Geschäft. An meinem Schuhwerk gab es nichts zu verheimlichen, wie wenig folgsam ich war und wie es beim Spiel auf dem steinigen Hof zuging. Es kam zu ärgerlichen Konflikten, zumal während der Inflation. Bis sich die Eltern meiner Misere erbarmten und mir ein Paar Fußballstiefel kauften, damals ein ungeheures Geschenk.

In unserem Schülerturnverein ›S.T.V. Friesen‹ betätigten Bernhard und ich uns später als treueste Mitglieder und waren mächtig stolz, beim Friesenfest in einer Riege vor den geladenen Damen mitzuturnen und uns bei der hohen Schlußpyramide mitbeklatschen zu lassen.

Am Ende des oberen Klosterhofes befand sich eine schöne gotische Doppelpforte als Rest einer verschwundenen Kapelle; davor standen vier Barren, an denen wir die Pausen zuzubringen pflegten, wenn nicht eine unfertige Schularbeit diesen oder jenen in eine verborgene Ecke nötigte. Dort erntete der kleine sehnige Bernhard viel Bewunderung, wenn er die hohe Rolle schwang. Zwei Heilige flankierten die Madonna an der Kapellenpforte und sahen zu. Eines Tages traf ein Schlagball das Kind auf ihrem Arm, der Kopf brach ab. Jener ›Krackel‹, sonst ruhig und gemessen, geriet darüber in solche hemmungslose Wut, daß mir unsere sträfliche Mißachtung der unersetzlichen Kunstschätze unseres Klosters unauslöschlich bewußt wurde.

In der Oberprima hatten wir den langen kalten Winter von 1928/29. Wir bildeten uns sehr viel auf unseren Mut ein, trotz Abitur an keinem Tag der Eisbahn fernzubleiben. Unsere schwachen Punkte im Zeugnis hielten wir sowieso für unverbesserlich, und Bernhard hatte schon immer gute Nerven bewiesen. Vor jeder Prüfung ließ er nach dem Abendessen alle Arbeit liegen. Es ging uns gleichwohl gut dabei.

Sehr früh wußte er, daß er unter den fünf Brüdern die theologische Tradition fortzusetzen habe. Darauf stellte er sich ein. Eines Tages faßte er den Entschluß, in seinem Beisein keine Zweideutigkeit zu dulden, und führte das auch durch. Das war im bevölkerten Alumnat nicht einfach. Aber der sonst so unscheinbare junge Mann vermochte sich Ansehen und Einfluß zu verschaffen. So ausgelassen er sein konnte, so wenig paßte er seine Grundsätze der Umgebung an.

Dabei war er ganz außergewöhnlich für die Mathematik begabt. Wir waren mehrere, die darin gut abschnitten, aber er war der einzige geborene Rechenkünstler. Was wir uns bei einem vorzüglichen Lehrer von der Anschauung her aneigneten, darauf kam er schnell auf logischem Wege. Das wurde auch bemerkt und hervorgehoben. Aber er nutzte es nicht aus. Doch als Unteroffizier bei der Artillerie hat er noch in Rußland, ehe er fiel, dieses geradezu spielerische Talent anwenden können.

Nach dem Abitur trennten wir uns für die ersten beiden Semester, doch dann fanden wir uns wieder zusammen, zunächst zum Wandern in Wien, Berlin und Tübingen und dann zu ernsthafter Arbeit in Halle. Wir widmeten uns den alten gemeinsamen Künsten, sicherten uns rechtzeitig die Stipendien durch eine Seminararbeit zu Beginn und zogen die zweite Hälfte des Semesters durch die Gegend. Auch da hatten wir unsere altgewohnten Konflikte. Ironisch pries er mich, wenn ich wieder etwas zum Betrachten entdeckte, und blieb bei seinen Ablehnungen.

Einen schönen Sommer verbrachten wir 1933 in Badeleben mit Examensvorbereitungen. Dort erlebten wir auch den Anfang des Kirchenkampfes und unsere ersten Enttäuschungen, als wir fiebernd darauf warteten, daß uns der angegriffene Generalsuperintendent nach Magdeburg beorderte. Wir glaubten, er hätte jede Hilfe nötig, um sich der politischen Vergewaltigungen zu erwehren, und wenn man uns auch nur zu Botengängen brauchte. Doch niemand fragte nach uns.

Nun wußten wir nicht mehr, welcher Kirche und in welcherlei Gestalt wir ihr dienen sollten. Doch glaubten wir noch fest, daß die Umwälzungen nicht dauern konnten und an ihrer Ungeistlichkeit zunichte werden müßten. Wir ahnten nicht, in welche Zerreißproben die Kirche unserer Heimat noch geraten würde.

Dann entstand die Bekennende Kirche, und als ihr ›illegaler‹ Pfarrer nahm Bernhard all das auf sich, was diese – wenn auch bloß zaghaft – von ihren jungen Amtsdienern ohne Stempelrecht verlangte. Die Relegierung vom Wittenberger Predigerseminar, die uns 15 Kandidaten im ersten Hochgefühl der rechten Sache traf, die Ausweisung aus der Gemeinde Sommersdorf mit Frau und Kind und schließlich das umkämpfte Notpfarramt in Erfurt, das, von allen kirchlichen und unkirchlichen Instanzen angefochten, allein von der entrechteten Gemeinde durchgetragen wurde: nichts hat ihn unsicher machen können.

Am 9. 10. 43 ist Bernhard Riemer in Rußland gefallen.

Gerhard (Vibrans)

Gerhard Vibrans, den Vetter und Pfarrerssohn aus Wegeleben bei Halberstadt, lernte ich ziemlich spät kennen. Meine Begeisterung galt gar nicht ihm zuerst. Seine Schwestern kamen nach dem Ersten Weltkrieg zu uns nach Zitz. Mein Bruder Hans und ich begleiteten sie auf dem Rückweg nach Kade. Während wir die Straße so entlangmarschierten, entdeckte ich, was für anmutige Wesen große Mädchen sein können, und ich freute mich, daß dies meine Basen waren. Diese Gattung Mensch war bisher in meinem bäuerlichen Dasein unbemerkt geblieben.

Um Jahre später – ich war längst stolzer Alumne – sollte ich zum ersten Mal die großen Ferien nicht zu Hause sein und fuhr erwartungsvoll nach Wegeleben. Von Gerhard war noch nichts zu sehen, er schwamm wohl in der Bode. So nahm mich irgendwer zur Post hinauf mit, und dort erblickte ich eine der Basen hinter dem Schalterfenster, wobei die fast vergessene Begeisterung einen neuen zarten Anstoß bekam.

Am Abend kam der Vetter, lang und dünn, doch verabschiedete er sich schon wieder am nächsten Tage, um mit seinem Rad ›Mathilde‹ für 14 Tage auf Fahrt zu gehen. Das war schon lange geplant, und ich entbehrte auch noch nichts. Die Zurückgebliebenen hatten viel zu tun, einander ihre musikalischen Fähigkeiten vorzuführen. Es schmeichelte mir, so aufmerksame Zuhörerinnen gefunden zu haben, wenn ich die ›Wichtige Begebenheit‹ von Schumann oder Beethovens ›Sehnsuchtswalzer‹ zelebrierte. Und die beiden Basen sangen, wie ich noch nie zweistimmig hatte singen hören. Die Welt war schön und heiter. Auf dem Heidberg, in der Mitte zwischen Quedlinburg und Wegeleben, trafen sich die Vibrans beider Orte. Wir malten, und die Basen sangen das Lied von der verregneten Landpartie. Ich lernte einen Feldblumenstrauß schön zu finden.

Die Zitzer Freundschaft hing am Hofe; jetzt entdeckte ich im Spiegel des Vibransschen Hauses die eigene Pfarrhausherkunft. Dieses war lebendig und bewegt, und wie man dort dachte, reagierte, was man schön fand und erstrebte, erschien mir gut. Ich hielt diesen Aufenthalt für die schönsten aller Ferien. Schließlich kam Gerhard in seiner regenverwaschenen Windjacke. Und nun gab es lange Nachtgespräche und viele Freunde, die sich gern dort einfanden, wo er war. Wir setzten uns auf die Bodentreppe und sangen mit Stentorstimme in die Kirchenchorprobe hinein. Man gönnte uns den Heiterkeitserfolg.

Es war die Zeit, in der ein Junge gern Vereinsamung nennt, was doch nur aus der behüteten Gebundenheit langsam zur Selbständigkeit heranwachsen will; in der er sich – wenn auch nur vorübergehend – als tragische Figur versteht. Die Schule ist der Ort der Sklaverei und nicht erregender Entdeckungen. Wie gut, jetzt einen Freund zu haben.

Das Zuhören ist nicht jedermanns Sache. Gerhard konnte es und war vollauf anwesend. In Ernst und Humor erreichte ihn, was gesprochen worden war. Beschämung gab es nicht, obwohl er einen nach Kräften auslachen konnte. Dabei zog er die Schultern ein, den Zeigefinger an der großen Nase, mit einem Blick aus dem Augenwinkel brach er in breites Lachen aus und wappnete sich für den rächenden Überfall.

Kein Wunder, daß mancher seine Freundschaft suchte. Robuste und zarte Gemüter, die Altersgenossen vom Ort, die jungen Balten, die hier Zuflucht gefunden hatten, und eine Handvoll Vettern, doch nie einen Halberstädter Mitschüler traf man an. Es wurden Radfahrten zur Viktorshöhe und zum Hirschebrüllen unternommen. Auf der Bode schwamm ›Undine‹, das unter Leitung seines Vetters Achim gezimmerte und mit einem rauschenden Fest eingeweihte Boot.

Zwar spielten in dem großen Pfarrhaus noch andere Anziehungspunkte wie die schöne Haustochter ihre Rolle; aber sein kunterbuntes Zimmer mit den Büchern, Fotos, Säbeln und Stahlhelmen darin war schon ein besonderer Anziehungspunkt. Der Neuling unterließ es nicht, sich den englischen, französischen oder deutschen Stahlhelm aufzusetzen. Doch während er zum Spiegel trat, sauste schon ein Säbelhieb auf die dröhnende Kopfbedekkung. Die erschrockene Entrüstung erwiderte Gerhard mit höhnischem Gelächter. Es gab Leute, die solchen Ritterschlag nicht verwanden und nicht wiederkamen.

In dieser Zeit übten wir uns in Männlichkeit auch beim Samstags-Skat. Bei einer ›kalten Hundeschnauze‹ und Bohnenkaffee verspielten wir bei der Mutter seines Freundes Schlüter halbe Nächte. Als Novize in dieser Kunst bekam ich manchen Rüffel. Gerhard konnte vor Erregung auch die zweite Hälfte der Nacht nicht schlafen. Dennoch erschienen wir noch zum Predigtlied auf der ›Männerprieche‹, einer Empore der breit ausladenden, verbauten Stadtkirche, und stimmten laut mit ein.

Ein Jahr vor mir schon frei, kam 1929 der Tag heran, daß er mich ins Studentenleben einführte. Nun wurde es möglich, daß wir zusammenlebten.

Zuerst ging es auf die ›Insel‹ Ostpreußen. Gerhard sah das Semester in Königsberg für eine nationale Pflicht an. Wir schaukelten das erste Mal zur See nach Pillau hin, sahen die polnischen roten Briefkästen in Danzig und ließen uns vom Hund des polnischen Zollhauses an der Weichselfähre von Marienwerder an die Beine fahren. Wir radelten durchs Land und zankten uns über die Frage, ob dies ein Berg sei oder keiner, ob abzusteigen sei oder nicht. Er lachte, wenn ich laut ›Grieben‹ in Masuren eines der schönsten Schlösser Deutschlands suchte, kam mit und höhnte schadenfroh über die harmlosen Fassaden. Wir rutschten die Dünen der Nehrung hinab und verknipsten den Film vor Aufregung, die drei Elche aufzunehmen.

Trotz Seekrankheit waren wir stolz, endlich ein ›richtiges‹ Schiff in wildem Seegang erlebt zu haben, als wir uns eine Fahrt nach Gotland erspart hatten.

Dem Studium gegenüber verhielten wir uns noch lange wie Schüler; wir wollten die Welt besehen, und daneben war eben ein gewisser Berührungsgrad mit Vorlesungen und Professoren vonnöten. Da niemand uns eines Besseren belehrte, hielten wir das für ganz in Ordnung. Da ich als Humanist keine der drei erforderlichen Altsprachen mehr zu erledigen hatte – auch das Hebraicum war bereits mit dem Abitur geleistet –, stand mir zum ersten Semester das Vorlesungsangebot von Anfang an verwirrend offen. Ich lief in die viel besuchte Vorlesung von Julius Schniewind, ohne zu ahnen, was seine Bedeutung ausmachte. Ich wußte zunächst nicht einmal, was die Probleme seines Stoffes, nämlich der ›Synoptiker‹, besagten. Warum er darin so gut sei, hätte ich kaum beantworten können. Aber wir vermieden ja im schönen Sommer 1929 möglichst alle Situationen, in denen uns jemand so hätte fragen können.

Im Winter gab es in Berlin das Sechstagerennen und den Onkel Bolle[4]. Bei letzterem kam am Sonntag mittag der herrlichste Gänsebraten auf den Tisch. Und es gab einmal eine durchtanzte Nacht, als wir das Sechstagerennen mit »He-he-he«, Hetzjagd und Heuboden so begeistert geschildert hatten, daß wir engagiert wurden, die weitere Verwandtschaft hinzuführen. Das tat uns wohl und unse-

4 Vetter meiner Mutter und mein Patenonkel, ehemals Besitzer der Meierei Bolle, dann des Berliner Beerdigungsinstituts Grieneisen; als Leser von Dibelius' Kolumnen im Lokalanzeiger alsbald Mitglied der Lichterfelder Bekenntnisgemeinde.

rem Wechsel auch. In Wien aßen wir Rettich und Margarine, um den Sommer in Konstantinopel abzuschließen. Doch die dafür benötigte kleine Abrundung zum Lebensunterhalt wurde von zu Hause entrüstet verweigert, so daß wir nur bis in die Tokayer-Probierstube in Budapest gelangten.

In Halle zogen wir ins ›Kloster‹, das Konvikt, um angesichts des näher rückenden Examens intensiver an die Arbeit zu gehen. Aber er war auf seinem Zimmer selten allein. Mit der langen bunten Zigarettenspitze aus Ungarn rauchend saß er da, und man unterhielt sich in die Nächte hinein über Bücher, stritt über den Universitätskonflikt um Günther Dehn und schmiedete einen Plan, dem Stubennachbar das Zimmer umzukehren. All das bei Kerzenlicht. Dafür hatte er eine Schwäche, so daß wir ihm später zum Trost einen großen Leuchter aus Schweden mitbrachten, als er aus Sorge vor dem zweiten Examen die Fahrt des Finkenwalder Seminars dorthin nicht mitmachte. So wenig er von seinen wissenschaftlichen Leistungen hielt, so oft war gerade seine Bude die Stätte der Diskussionen. So war es auch später bei dem Junggesellen in dem großen kalten Pfarrhaus niemals still und einsam. Man kam nach Rosian und traf dort, wen man sonst nicht finden konnte. Der ›Vetterntag‹ war seine Schöpfung und niemand sonst die Triebkraft.

Die Vorübungen bildeten die Sonntagstouren der gesamten Hallenser Freund- und Vetternschaft nach Annarode, wo sein Vater zu der Zeit Pfarrer war. Von Sonnabend nachmittag bis Montag früh verwandelten wir das Pfarrhaus mit seinen gewaltigen Mauern in ein tönendes Heerlager. Jeder, der ein Instrument nur von ferne kannte und eine Stimme mithalten konnte, war willkommen. Zuvor hatten wir getrennt geübt, die Stimmen waren uns per Post zugeteilt worden; erst jetzt traktierten wir zusammen das Weihnachts- oder Passionsmusikprogramm, das am Sonntag in der Kirche uns selbst wohl am meisten entzückte. Der Lohn, ein freies Musizieren am Sonntag abend, fiel meist kläglich aus, weil vor Ermattung niemand mehr etwas zustande brachte. Es endete mit einem Spaziergang im Mondschein zum Hippachtal. Gerhards Mutter bestand noch auf ›Der Mond ist aufgegangen‹, und dann war leider Schluß. Doch wußten wir, daß die Vibrans bereits an den nächsten Annaröder Tag dachten und nicht an die eben überstandenen Strapazen.

Dieses jedem offene Pfarrhaus liebte Gerhard. Und ein solches wollte er auch selber verwirklichen. Inzwischen war die Kirchenrevolution über uns gekommen, und nach den zehn Tagen Wittenberger Seminar, durch Befehl des Reichsbischofs beendet, und dem schönen Jahr in Zingst und Finkenwalde ging er nach Rosian. Nicht anerkannt von der Behörde, um so mehr von einer an sich unkirchlichen Gemeinde geliebt.

Und nun konnte er nach seinem Sinn das Pfarrhaus füllen. »Bethge, geb. Vibrans« stellte er sich vor, als eines Sonntags 30 Vettern und Basen um seine Tafel saßen. Er wirbelte durcheinander, was sich fremd geworden war, und niemand konnte widerstehen, wenn er voller Temperament sein Programm durchführte.

Besonders wach war allezeit sein literarisches Interesse. Ein Buch erstehen hielt Gerhard für ein Fest. Wir strebten nicht nach dem Maß der Klassik. Entdeckungsfahrten in jene Richtung hatte die Schule zunächst reizlos gemacht. Wir kamen vielmehr erst in Wallung bei den aufregenden Erzeugnissen der Zeitgenossen von links wie von rechts, Expressionisten, Weltkriegsliteratur. Ihr oftmals zweifelhafter Inhalt genügte uns. Frank Thieß, der frühe, mußte vollständig gelesen sein, der neue Hesse, Hausmann oder Klabund erworben werden. Wer den Band gelesen hatte, schrieb seinen Namen auf das Vorsatzblatt und noch eine Bemerkung dazu, so daß der Schatz der Bücher seine persönliche Geschichte hatte. Bei unserem mageren Taschengeld schlossen wir viele Verträge, beim nächsten Geburtstag nichts zu schenken, und jedesmal wurde vor allem er vertragsbrüchig. Er hielt sogar den ›Eckart‹, in dem Schriftsteller und Theologen diskutierten, deuteten, erzählten. Die Hefte, die die Runde machten, kamen mit roten, blauen, schwarzen Strichen, Frage- und Ausrufungszeichen koloriert am Ende zu ihm zurück, um sorgfältig aufbewahrt zu werden.

Mit Vorliebe sammelte er Gedichte, neue Lyrik, und hatte die beneidenswerte Fähigkeit, die Verse leicht zu behalten. Eine Plage war für ihn, daß er ebenso einen schlechten Witz oder dummen Schlager, einmal im Kino gehört, nicht vergessen konnte.

So wenig diese Literatur unserer Herkunft entsprach, ja deren Gewohnheiten in Frage stellte, so eifrig spielten wir die Entdecker und hielten uns für berufen, die weitere Familie damit bekannt zu machen. Es gab heftige Debatten sowie heitere Konflikte. Lasen wir ein schwieriges Gedicht von Gottfried Benn vom Tod einer Blume vor, so schüttelte der Onkel nur den Kopf und rief: »Umtopfen!«

Bei jedem Fest sah man im allgemeinen Vorbereitungstrubel Gerhards Vater in einer Stubenecke sitzen. Auf einem alten Briefumschlag entwarf er das Gedicht zum Tage. Nicht jedes wurde ein Claudius, doch von der Wärme und dem Witz desselben hatten sie etwas abbekommen. Die leichte Feder hatte Gerhard von ihm geerbt. Am glücklichsten kam sie in seinen Briefen zum Vorschein. Nie wieder habe ich einen Menschen gefunden, der eine so umfangreiche Korrespondenz mit Freunden und Bekannten, seiner Familie und der halben Gemeinde bewältigen konnte. Dabei geriet ihm alles frisch und kurzweilig. Er konnte wunderbar beschreiben, was er erlebt hatte: den Kauf des Autos, die erste Pfarrkonferenz, den Vormarsch in Rußland. Die Leichtigkeit des Wortes minderte jedoch nicht die Mühe um die Predigt. Diese Verantwortung belastete ihn schwer, bewahrte ihn andererseits vor der Routine.

Er liebte die Familie und scheute keine Mühe, zu jeder Tages- oder Nachtzeit die Reise anzutreten. Morgens saß er auf dem Rad, freihändig fahrend, den Oberkörper weit zurückgelehnt und aus Leibeskräften ›schallernd‹. Später war er in seinem kleinen Auto von Rosian nach Annarode und Ballenstedt und wieder zurück nach Rosian unterwegs, die Karosse stets überladen mit Geschwistern, Leuten der Gemeinde und Kindern, die er auflas. Wenn er erschien, stieg die Lebenslust um ein paar Grad. Wohl gab es Gesetze, die er aus Liebe zu den Eltern fest vertrat; der Alkohol war ausgeschlossen, die kleinste Lüge verpönt und »Gott sei Dank« mit »Wem sei Dank?« erwidert; doch niemand fühlte sich bedrängt. ›Ich danke Gott und freue mich‹ war sein Lied. Er hat es im Finkenwalder Predigerseminar eingeführt und schließlich noch mit den letzten Kameraden im Eis von Bolchow gesungen. Dort ist er am 3. Februar 1942 gefallen.

In Zitz gab es keine Juden

Im Unterschied zu großstädtischer Umgebung traf man in Zitz keine Fremden mit ungewohnten Bräuchen – außer einmal ein paar Zigeunern. Auffällige Rituale drangen nicht ein in die Vorstellungswelt des Kindes, um sein Bild von einer zusammengehörigen Welt zu stören. Andersartigkeit, religiöse Trennungen gab es nur in Büchern. Nicht einmal die Andersartigkeit eines Katholiken war dort zu erleben, geschweige die eines Juden. Es gab nur den einen Dorffriedhof für jedermann um den Kirchturm herum, und jeder kannte jeden.

In meiner Erinnerung haftet nur ein Bild aus der ersten Dorfschulzeit, das eine Propagandaaktion gegen eine andere Menschengruppe zeigte. Als ich zu Beginn des Ersten Weltkrieges die Schulstube betrat, hing da über der Tafel ein Plakat: John Bull, ganz in Gelb, mit greulichen Zähnen, steht auf den Britischen Inseln und hält an der Leine eine ziemlich abscheuliche Dogge, die Deutschland anbellt. Dieses Bild sank in meine Seele und beflügelte die nationalistische Erziehung. Freilich, die Ergänzung des Bildes, welche später einmal Hitler und Goebbels die Deutschen glauben machte, daß nämlich hinter John Bull ein verwachsener Jude stünde und ihm einflüstere, die Deutschen zu vernichten, die hatte unseren dörflichen Schulraum noch nicht erreicht. Dabei zweifle ich nicht, daß mein eigener Vater allerhand von Adolf Stoeckers, des populären und gerade in Pfarrhäusern einflußreichen Hofpredigers der beiden Wilhelms, antisemitischen ›Reden und Aufsätze‹ gelesen hat. Dennoch, Erinnerungen solcher Einflüsse hafteten nicht in meinem Gedächtnis.

Aber es gibt doch eine wichtige Quelle, die tiefe Einwirkungen auf ein kindliches Gemüt ausüben mußte. Das war die mächtige, prachtvoll gebundene Bilderbibel mit den Zeichnungen von Schnorr von Carolsfeld. Manchmal durften wir sie im Studierzimmer meines Vaters durchblättern, später bekam jedes der Geschwister eine kleinere Ausgabe zum Geschenk. Mit nimmer müder Neugier besah man die scharf linierten Zeichnungen: Jesus, der reine und schöne Held – und seine Feinde, die Bösewichter, genannt ›Juden‹. Freilich, diese Bilder schienen ja eine Zeit zu beschreiben, die lange vergangen war. Und im Dorf konnte man nie einem leibhaftigen Juden begegnen.

Als ich in Magdeburg in das Gymnasium eintrat, gab es dort m.W. keinen jüdischen Lehrer, und ich erinnere mich an keinen jüdischen Klassenkameraden während der acht Jahre dort. Während der nationalistischen Demonstrationen auf dem Magdeburger Domplatz von ›Stahlhelm‹ und dgl. müssen damals antisemitische Schlagworte gefallen sein, aber sie haben in jedem Fall keine anhaltenden Reaktionen in mir ausgelöst oder hinterlassen.

Sie und die eventuell dahinterliegenden Probleme blieben auch noch Randangelegenheiten während meines Studiums der Theologie. Keiner unserer theologischen Lehrer führte uns je in eine Synagoge. Die judaistischen, mäßigen Studien als Hintergrundinformationen für die Zeit Jesu und des Paulus hörten beim Jahr 70 auf, bei der Zerstörung Jerusalems. Gegenwärtiges Judentum und seine Gottesdienste nahmen wir nicht zur Kenntnis.

Ein Erlebnis hat sich eingeprägt aus dem Wintersemester in Berlin 1929/30. Horst Wessel war umgekommen; nationalsozialistische Studenten begannen, jüdische Mitstudenten in den Fluren des alten Universitätsgebäudes Unter den Linden zu rempeln und zu jagen, schließlich warfen sie einige aus den Parterrefenstern auf den Hof hinaus. Wir waren enttäuscht von unserem Rektor, daß er keine Maßnahmen gegen diesen Terror einleitete; denn in diesem Winter war Rektor ausgerechnet unser verehrter Neutestamentler Adolf Deißmann. Unsere Gefühle für die Unterlegenen entsprangen allerdings kaum schon einem Bewußtsein von den Dingen, die in der Zukunft trächtig werden sollten. Wir fühlten uns nicht bereits beteiligt an Vorkämpfen gegen den rassischen Antisemitismus. Kannten wir in einer Gruppe doch auch wieder keinen einzigen der gejagten Kommilitonen etwa persönlich.

In dieser Zeit der Indifferenz haben wir nun auch etwas versäumt, dessen wir viel zu spät – erst nach dem Holocaust – gewahr geworden sind. Wir hätten in jenen Jahren die Gelegenheit gehabt, die großen jüdischen Denker der ersten Hälfte dieses Jahrhunderts zu treffen und zu hören wie Martin Buber, Franz Rosenzweig oder

Leo Baeck. Wir aber wußten kaum von ihnen. Wir übersahen sie, nicht aus bewußtem Antisemitismus, aber aus unserer absorbierenden Begeisterung für die damals ›moderne‹ Theologie Karl Barths. Und Barth wie auch Bonhoeffer gingen unseres Wissens nicht zu diesen Zeitgenossen oder verwiesen uns darauf, daß da vielleicht Schätze zu entdecken seien.

Karl Heim in Tübingen gehörte zu den wenigen, die mit Martin Buber diskutierten; er zitierte ihn ausführlich in seinem großen Buch von 1932 ›Glaube und Denken‹; aber ausgerechnet er reduzierte 1934 seine Seitenzahl in der Neuauflage, indem er Buber weithin einfach löschte.

Als wir in unserer Freundesgruppe 1933 der entstehenden Opposition in der Kirche beitraten, die die Kirche vor der nationalsozialistischen Gleichschaltung bewahren wollte, taten wir das nicht, weil wir etwa die ›Judenfrage‹ als die Schlüsselfrage des Kampfes erkannt hätten. Unter Karl Barths Einfluß protestierten wir gegen die offenbar werdende Abhängigkeit der Kirche von diesem Staat und der christlichen Lehre von seiner heidnischen Ideologie. Ja, zunächst stimmten wir auf dem staatlichen Gebiet sogar zumeist überein mit der Einführung eines straffen Führerprinzips und mit dem entschiedenen Antikommunismus des Tages. Natürlich betrachteten wir die Einführung des Arierparagraphen in die Kirchenordnungen als einen Fehler; aber doch weil das die Taufe ungültig mache als die Eintrittspforte in die Kirche – und so war jener Paragraph eben ›Häresie‹. Die staatliche Gesetzgebung für nicht getaufte Juden jedoch haben wir 1933 kaum bekämpft. Ja, als Vikare unserer Pfarrherren zogen wir fleißig Beurkundungen der christlichen Taufe und Eheschließung für Hunderte von Antragstellern aus den Kirchenbüchern, als der NS-Staat mit einem Mal für jeden Beamten auf dem ›arischen Nachweis‹ bis zu den Großeltern bestand und damit jedes Pfarrarchiv zu einer lebenswichtigen Institution erhöht hatte. »Ich mußte den ganzen Vormittag wieder ariern«, schrieben wir einander, und es fehlte uns noch jede Ahnung dafür, woran wir uns da beteiligten.

1934 fehlte uns auch das Bewußtsein dafür, daß die berühmte Erklärung der Barmer Synode vom Mai 1934, welche die Bekennende Kirche (BK) begründete, kein Wort über die Juden einschloß; und es gibt auch noch christliche Überlebende dieser Zeit, die das immer noch nicht bedauern. Karl Barth selbst, der nun gewiß von Anfang an gegen die Verfolgung von Juden eingetreten ist und nachweislich einiges Persönliche für Juden tat, hat erst nach drei Jahrzehnten öffentlich ausgesprochen, wie er es bedauere, daß er nicht darauf bestanden habe, solch ein Wort in seinen Entwurf für Barmen einzubringen. Was man sich heute nur noch schwer vergegenwärtigen kann – obwohl Historiker und Theologen dies als ein deutsch- lutherisches Phänomen durchaus analysiert haben –, ist jener merkwürdige Mangel an Besorgtheit für das, was einer anderen Gruppe in der Gesellschaft passiert ist, speziell jene Ausprägung der Fähigkeit, zwischen kirchlichen und staatlichen Angelegenheiten so durchgreifend zu scheiden, daß jede sich selbst überlassen bleibt. Wir haben damals offensichtlich bestimmte Thesen selektiert, auf die wir uns einschossen in unserem Kampf, ohne schon realisieren zu können, wie selektiv wir tatsächlich waren.

Wir waren erfüllt von dem, was wir taten – wir meinten, es geschähe zum ersten Mal in unserer evangelischen Kirchengeschichte. Wir glaubten, aus den besten Motiven zu handeln: nämlich eine Quellenvergiftung zu verhindern. Wir sahen mit Verachtung auf die, die neutral blieben (›BDM‹[1]). Wir kämpften gegen die Volkstheologie der Deutschen Christen, aber wir bekämpften auch die alten humanistischen Liberalen, die aus heutiger Sicht in einigen Fällen besser dastehen als wir, da sie früher das blanke Unrecht an den Juden erkannten und dies oder das auch taten. Doch wir fochten gegen sie, wenn sie nicht wie wir die doppelte Offenbarungslehre und die Gleichschaltungsmaßnahmen bekämpften. Wir waren allergisch geworden gegen jedermann, der nicht mit uns ging – hin zu Barmen und von Barmen her. Zur gleichen Zeit vermieden wir jedoch für lange Zeit, die politischen und sozialen Implikationen von Barmen wahrzunehmen.

Der amerikanische Theologe Arthur Cochrane hat ein großes Buch über Barmen geschrieben[2]; aber er hat uns vielleicht noch zu sanft behandelt. Gewiß waren wir in unserer Gruppe junger Theologiekandidaten begeistert, als die Stunde von Barmen endlich geschlagen hatte und eine gemeinsame Basis für den Kampf gegen die Häresie des Tages errungen schien. Wir merkten aber noch nicht, daß das Barmer Ereignis auch eine Falle enthielt, in der wir uns später selbst gefangen hatten. Man

1 In der BK benutzte man damals spöttisch die Abkürzung für die weibliche ›Hitlerjugend‹, den ›Bund deutscher Mädchen‹ zur Kennzeichnung der neutral bleibenden Pfarrer als Angehörige eines ›Bundes der Mitte‹.

2 A. Cochrane, The Church's Confession under Hitler, Westminster Press 1962.

darf ja nicht vergessen, daß die einstimmige Billigung der sechs Sätze von Barmen möglich geworden war, weil Hans Asmussens Einführungsvortrag zum nicht abtrennbaren Bestandteil des Beschlusses gemacht wurde. Asmussen hatte gesagt, daß dieser Protest von Barmen gegen die neuen Häresien in der Kirche seit 1933 keineswegs eine Opposition bedeutete »gegen die jüngste Geschichte des Volkes ... gegen den neuen Staat ... gegen die Obrigkeit«[3] (und dies gesagt nach mehr als einem Jahr Hitlerscher Regierung und kurz vor den Morden an Röhm und Dollfuß und vor Hindenburgs Tod!). Wir waren sehr zufrieden mit dem Barmer Ergebnis. Karl Barth hatte auch nicht eingegriffen. Als wir das 40jährige Jubiläum von Barmen begingen unter Teilnahme all der noch lebenden Veteranen (Martin Niemöller, Gustav Heinemann, Joachim Beckmann u.a.), habe ich nirgendwo in der Bundesrepublik Deutschland eine Analyse dieses Tatbestandes finden können. Sie mag in der einen oder anderen Doktorarbeit stehen, wurde aber nie in einer der Feiern erwähnt, die doch wohl Indikatoren für das allgemeine Bewußtsein in den Kirchen sind. Als ich einen der alten Kämpfer darauf anredete, bemerkte er, daß diese nationalistische oder staatsfromme Umrahmung eben nur notwendiges, taktisches Beiwerk gewesen sei. Ich zögere, diese Antwort zu akzeptieren, denn dieses rahmende Beiwerk, auch wenn es noch so taktisch von seinen Verfassern gemeint gewesen sein mag, enthält ja gerade das ganze Dilemma unserer »indifferenten Unschuld«.

3 G. Niemöller, Die erste Bekenntnissynode zu Barmen, Band II, Göttingen 1959.

Erst viel später wurde mir deutlicher, wie weit jene Schnorr-von Carolsfeld-Bilderbibel von einer alten antijudaistischen Theologie geprägt worden ist; einer Theologie, die definiert, wer und was ein Jude ist, ohne diesen zu konsultieren; die geprägt ist von einer Kirche, die aus der Siegerposition heraus diese Definition dann auch praktisch anwandte. Die späte Einsicht habe ich zum ersten Mal zu formulieren versucht in einer Bibelarbeit zur Landessynode 1976, meiner letzten vor der Pensionierung[4]. Mein Text war 1Petr 2,9f, in dem die Christen sich die grundlegende jüdische Glaubensformel aneigneten aus Ex 19 und Hos 2:

> »Ihr seid das auserwählte Geschlecht, das königliche Priestertum, das heilige Volk, das Volk des Eigentums, daß ihr verkündigen sollt die Tugenden des, der Euch berufen hat von der Finsternis zu seinem wunderbaren Licht; die ihr weiland nicht ein Volk waret, nun aber Gottes Volk seid und weiland nicht in Gnaden waret, nun aber in Gnaden seid.«

Endlich versuchte ich, eine der Naivitäten meines Lebens und meiner Kirche zu benennen, daß wir als Christen diese tröstliche Herausforderung vielleicht allzu direkt auf uns bezogen hatten, in Jahrhunderten und nun wieder, ohne die schreckliche Wirkungsgeschichte zu bedenken, die sich alsbald dieser christlichen Übernahme einer grundlegenden jüdischen Glaubensaussage angeschlossen hat[5].

4 E. Bethge, Antijudaismus der Christen. Bibelarbeit über 1Petr 2,5–10, in: ders., Am gegebenen Ort. Aufsätze und Reden 1970–1979, München 1979, 191ff.

5 E. Bethge, Adolf Stoecker und der kirchliche Antisemitismus, aaO. 202ff.

Aufbrüche

Auszug aus Wittenberg

Am 29. Oktober 1934 fanden sich 15 der 20 Provinz-Sächsischen Kandidaten auf der Straße, hinausgeworfen aus dem kürzlich erst durch die Reichskirchenregierung wiedereröffneten Predigerseminar im Wittenberger Augustinerkloster. Ein paar Tage lang hatten wir den Leiter des Seminars zu überreden versucht, das Haus nach den Beschlüssen der 2. Bekenntnissynode von Dahlem den Bruderräten der Bekennenden Kirche zu unterstellen. An den Reichsbischof hatten wir einen Brief geschickt:

Die Mitglieder der Bruderschaft der Hilfsprediger und Vikare innerhalb der Bekenntniskirche im Predigerseminar Wittenberg
Wittenberg, den 28. 10. 1934

An das Sekretariat des Herrn Reichsbischofs
Berlin

Die Unterzeichneten bitten, davon Kenntnis nehmen zu wollen, daß sie sich hinter die Botschaft der Bekenntnissynode der Deutschen Evangelischen Kirche vom 20. Oktober 1934 stellen. Auf Grund dieser Botschaft können sie sich nicht mehr an die Unterschriften unter die ›Bestimmungen für die Teilnahme an einem Lehrgang im Predigerseminar‹ gebunden fühlen. Weisungen über ihre weitere Verwendung erwarten sie vom Bruderrat der Bekennenden Kirche.

gez. 15 Unterschriften

Schon am nächsten Vormittag kam ein Telegramm vom Reichsbischof aus Berlin, das uns unter Androhung gerichtlicher Maßnahmen wegen Hausfriedensbruchs das Haus räumen hieß.

So sah das also aus mit der ersten Erfahrung eines Bekenntnisvollzugs. Ein halbes Jahr zuvor hatte die Reichsbekenntnissynode in Barmen den Tatbestand häretischer Lehre und Administration seitens der deutschchristlichen Kirchenleitungen und damit eines status confessionis (»Wir bekennen« – »Wir verwerfen«) festgestellt. Damals war das immer noch ein Angebot zur Wende von falscher zu rechtmäßiger Kirchenleitung. Nun hatte die Dahlemer Synode den Vollzug verkündigt und begonnen, innerhalb der in falsche Hände geratenen Kirche Notorgane für Leitung, Rechtsvollzüge, Finanzierung, Ausbildung u.a. einzurichten. An diesem 29. Oktober nahmen wir die Vollzugsaufforderung wörtlich. Und da standen wir nun, zum ersten Mal ausgeschlossen vom Konsistorium und seinen Kassen und, wie sich bald herausstellte, häufig auch von Pfarrhäusern, ja auch von den Kirchengebäuden. Und zum ersten Mal bekamen die (ziemlich jungen) Männer in den Bruderräten die Last der ungewohnten Sorge um die anstellungslosen ›Illegalen‹, die ›jungen Brüder‹ zu spüren.

In Wittenberg war unsere Stimmung zunächst ausgezeichnet. Vorherrschend war das Gefühl, endlich den Zwielichtigkeiten der letzten sechs Monate entkommen zu sein. Denn so lange hatten wir immer noch den deutschchristlichen Bischöfen und Behörden unterstanden und ihnen folgen müssen, auch wenn sie in Barmen für häretisch erklärt worden waren.

Zudem zeigte sich sehr bald, welche Ermutigung von dem Wittenberger Exodus in die bekennenden Gemeinden der Provinz ausstrahlte. Der Rumor ging durch ganz Preußen und wurde sogar in der Schweizer und englischen Presse vermerkt. Unvergeßlich bleibt aber vor allem, wie diese Existenzveränderung auf lange Zeit die Theologie, das Predigen, das Beten und die Gemeinschaft intensivierte. Und den Gesang! Wie heute mit Inbrunst ›We shall overcome‹ gesungen wird, so sangen wir damals: ›Erhalt uns, Herr, bei deinem Wort / und steure deiner Feinde Mord, / die Jesum Christum, deinen Sohn / wollen stürzen von deinem Thron.‹ Damals hatte man im Hinterkopf die Umdichtung des DC-Bischofs und Polterers Hossenfelder in Berlin: ›Erhalt uns, Herr, bei deinem Wort / und steure jener Frommen Mord, / die Jesum, Mensch und Gott zugleich / wollen trennen vom Dritten Reich.‹ Mein Vetter Gerhard Vibrans, der in Wittenberg dazugehörte, schrieb nach Hause: »Der Reibi steht gegen eine unüberwindbare Mauer des Gebets.«

Ein gewisser Stolz beherrschte uns aber auch, weil wir meinten, einen ziemlich verführerischen Test bestanden zu haben. Unser Direktor, Konsistorialrat Hage, war kaum ein überzeugter Nationalsozialist, eher ein gut gebildeter Theologe. Er hatte das soeben erschienene Heft von Emil Brunner ›Natur und Gnade. Zum Gespräch mit Karl Barth‹ zum Studienbuch für unseren Wittenberger Kurs bestimmt. Das war mit seinen Argumenten für das Recht einer Natur- und Geschichtstheologie gegen einen drohenden Christomonismus seitens Karl Barths und der Ersten Barmer These zumindest geschickt gewählt. Vermittelte nicht diese vernünftige Streitschrift eine tief angesetzte Theologie, die Natur und Geschichte als Quelle der Offenbarung mit der in Christus gegebenen in Balance hielt? Meiner Erinnerung nach hatte keiner der 15 Kandidaten bei Barth selbst studiert; dennoch waren wir bereits sensibilisiert für die große Versuchung, der die Kirche in diesen Monaten der Nazifizierung von Leitung und Lehre ausgeliefert war; die Versuchung, nach dem willkommenen Alibi in Gestalt eines derart Respekt heischenden Theologen zu greifen und sich der Hilfe seiner ernsthaften Geschichtstheologie zu versichern. Warum sollte nach der einstigen Hellenisierung des Glaubens nicht auch eine Germanisierung legitim sein? Viele griffen damals zu, von den Neutralen bis zu den Deutschen Christen, von unserem milden Seminardirektor bis hin zu den groben Formulierern einer NS-Theologie, NS-Ekklesiologie, NS-Christologie und gar NS-Ethik, worin es dann sogar Raum gab für den fatalen ›Arierparagraphen‹, denn den konnte man unter die ›Mitteldinge‹, die ›Adiaphora‹ plazieren, welche die Wahrheit des Evangeliums nicht berühren.

Erwartete man in Wittenberg von uns, daß wir uns wenigstens in eine neutrale Haltung zur Nazifizierung der Kirche und ihrer Botschaft schickten, eben mit dem Studium einer Schrift des berühmten Emil Brunner? Jeder von uns wußte ja, daß der Reichsbischof nach der Schließung aller Predigerseminare als Stätten der Unbotmäßigkeit im Frühjahr 1934 diese wieder eröffnet hatte, mit ausdrücklicher Unterstellung unter seine besondere Aufsicht über die Inhalte des Lehrplans und den militarisierten Tageslauf.

Ich besitze noch das Brunnersche Heft aus jenen Tagen,

und es überrascht mich heute, wo wir damals Ausrufungs- und Fragezeichen hingesetzt hatten – bei Sätzen, die heute gar nicht einmal so unvernünftig klingen. Vor der Abreise aus Wittenberg schrieben wir wie verschworene Primaner noch gegenseitig unsere Namen in dieses Heft und fügten den eingangs zitierten Brief an den Reichsbischof mit der Aufkündigung unserer Loyalität hinzu. Wir wollten damit bekunden, daß nunmehr die Zeit endlosen Debattierens über mögliche Geschichtstheologien vorüber sei und daß auch die ernsthaftesten und interessantesten Beiträge zur Lage, in der wir uns 1934 in Altpreußen befanden, daraufhin zu befragen wären, was sie zum Vorgang der verschleierten Nazifizierung der Kirche wie zum ›status confessionis‹ zu sagen hatten.

Diese total vergessene reformatorische Terminologie, vom Niemöller des 16. Jahrhunderts, Flacius Illyricus, und von der Konkordienformel her stammend, war von einem Gegenstand des Abfragens im Examen plötzlich zum Stichwort für eine lebenswendende Erfahrung geworden – hier in Wittenberg für 15 Kandidaten und für mindestens 1000 weitere in der einen oder anderen Form in den Bekennenden Kirchen der Altpreußischen Union. Wie einen neuen Erdteil hatten sie alle das uralte Wort ›Häresie‹ wiederentdeckt und stellten sich den Folgen.

Zingst

Nur anderthalb Monate waren wir auf dem Zingsthof, vom 25. April bis zum 14. Juni 1935. Dennoch haben sich uns diese Wochen tief eingeprägt. Ja, sie markierten für die Beteiligten den Beginn eines neuen Lebens in und mit und für die Kirche – und zwar die verfolgte Kirche – in Gestalt eines der nun eröffneten Predigerseminare, welche die Bruderräte der Bekennenden Kirche aus dem Nichts entstehen ließen, allein auf den Enthusiasmus der Kandidaten gegründet. Nie zuvor und nie danach sind kirchliche Ausbildungsstätten wohl so allein von den eigenen Leuten statt von den kirchlichen Behörden aufgebaut und äußerlich wie innerlich bestimmt worden.

So steht der Platz noch vor meinen Augen: Hundert Meter hinter der Stranddüne das einstöckige Fachwerkhaus, umgeben von den Nebengebäuden, die sich mit ihren tief herabreichenden Strohdächern zur Ostsee hin und gegen den Barther Bodden erstreckten. Sonst war damals kein weiteres Gehöft ringsum zu entdecken. Das Dorf Zingst lag zwei Kilometer westwärts. Von der Düne aus sah man bei gutem Wetter im Osten Hiddensee vor der Insel Rügen liegen. Gar zu gern hätten wir den ganzen Sommer hier verbracht. Wenn die Maisonne es irgend erlaubte, fand man sich in einer Dünenmulde zu Diskussionen oder auch zu einem vierstimmigen Satz von Josquin Deprés ein. Aber Mitte Juni mußten wir weiterziehen, nach Finkenwalde. Dennoch blieb Zingst uns erhalten wie ein Prägestempel.

Das war auch buchstäblich so. Dieser Tage kommen Mitarbeiter an der neuen Gesamtausgabe von Bonhoeffers Schriften zu uns, um u.a. auch seine Restbibliothek, die jetzt (etwa 1000 Bände) in meinem Zimmer steht, danach abzusuchen, was sich wohl im einen oder anderen Buch für Notizen von seiner Hand finden lassen. Ferner mußte ich für ein Verzeichnis dieser Bibliothek wieder jeden einzelnen Band in die Hand nehmen. Da zeigte sich, daß wir uns in Zingst sofort einen Rundstempel hatten schneiden lassen: »Predigerseminar d. Bek. Kirche d. Altpreuß. Union Zingst«, so die Abkürzungen, und mit einem bewußt an das Barmer Bekenntnis gemahnenden Kreuz in der Mitte, worin die Buchstaben unterteilt sagen: ›CHRI – STUS – ALL – EIN – DER – HERR‹. Diesen Stempel drückten wir fortan in jedes Buch, das unserer aus dem Nichts erwachsenen Seminarbibliothek hinzugefügt wurde. Wir ließen zwar dann auch für Finkenwalde einen Stempel anfertigen, benutzten jedoch weiterhin fast ausschließlich den Zingster. Aber auch ohne dies kennen heute Bonhoeffer-Leser in der ganzen Welt den Namen Zingst und wissen von dem spannenden und prägenden Beginn eines so lange innerhalb des Luthertums fast unbekannten ›Gemeinsamen Lebens‹ in der ›Nachfolge‹.

Aber Zingst vor 50 Jahren, das war nicht nur das intensive spirituelle Leben, abgeschlossen hinter den Dünen.

Auch dort waren wir alsbald in die anwachsenden Auseinandersetzungen mit dem Nationalsozialismus verwikkelt. Das Archiv von Szczecinie (früher Stettin) stellte uns Abschriften eines Vernehmungsprotokolls »von Pfarrer Bonhoeffer in Zingst am 6. Juni 1935« zur Verfügung[1]. Ich hatte den Vorfall vergessen, sah daraufhin aber nach in den erhalten gebliebenen Briefen meines Vetters und Mitkandidaten Gerhard Vibrans, der seinen Eltern aus Zingst lebhaft berichtete, was sich hier zugetragen hatte:

»2. Juni 1935 ... Heute hat nun Bonhoeffer eine wunderbare Predigt gehalten, d.h. es war ein rechter Bekenntnisgottesdienst oder noch besser Bittgottesdienst. Vorher am Freitag nach dem Essen hatte ein großer Kampf getobt, ob wir als Gäste des BDM-Pfarrers[2] die Kanzel ›mißbrauchen‹ dürften, indem wir eine BK-Kollekte abkündigten: – allein – oder neben der Reibi[3]-Kollekte – oder nur Reibikollekte; – kam ernsthaft nicht sehr infrage. Es tobte heftig; denn wir hatten doch um die Kanzel gebeten. Bruder Jochen Kanitz und Albrecht Schönherr, ein feiner Kerl, der in Potsdam Vikar war, waren nur für BK-Kollekte! Meine Voraussicht, daß der BDM-Pastor lieber nur BK einsammeln würde, statt der großen Unruhe zweier Kollekten, ging prompt in Erfüllung. ... Die Predigt über den Psalm 42 war ganz wunderbar; die Leute haben alle zugehört. Als die berühmten 19 hessischen Pfarrer usw. kamen[4], kam eine Bewegung in die Kirche. Eine Frau vor mir schüttelte den Kopf, anderer bemächtigte sich so eine Erregung, daß sie ihr Taschentuch hervorholten. Die Kollekte war schon halb eingesammelt, ehe sie abgekündigt war. So kam es, daß eine alte Frau nachher noch reinkam und 2,– RM abgab. Leute vor der Kirche sammelten und brachten dem Pastor noch 5,– RM ... Daß dann im Schlußgebet ausdrücklich für Pfarrer im Konzentra-

1 Abgedruckt in: K. Drobisch / G. Fischer, Ihr Gewissen gebot es, Berlin (DDR) 1980, 82f.
2 Pf. Krause, damals der Zingster Ortspfarrer, gehörte weder den Deutschen Christen noch der Bekennenden Kirche an.
3 Spottname für den Reichsbischof Ludwig Müller.
4 Abkündigung ihrer Inhaftierung und Aufforderung zur Fürbitte.

tionslager und im Gefängnis gebetet wurde, machte sichtlich einen tiefen Eindruck. Welche Gefühle mag der arme BDM-Pastor gehabt haben, der das alles miterlebte. Die Gemeinde kann ja doch nun fragen: warum sagst Du uns nichts davon. Und die Gegenseite wird mobil machen und sagen: wie konntest Du diese Landesverräter auf Deine Kanzel lassen? Er tut mir wirklich leid, da er sicher mit dem Herzen auf unserer Seite steht, mit dem Geldbeutel es aber nicht wagt ...

5. 6. 1935 ... Die Erregung im Dorfe ist nun groß. Da habe ein Pastor gepredigt – so was hätte man noch nie gehört – Frauen brachten noch Geld dem Pastor ins Haus. Sofort ging natürlich eine Gegenaktion los. Eine ansässige Engländerin ging von Haus zu Haus, wie man für die Bekenntnisfront Geld einsammeln könnte, die würden – von englischem Kapital unterstützt.

6. 6. 1935 ... Heute haben wir nun endlich ›Besuch‹ gehabt. Während des Kollegs rief der Pastor loci an und sagte, daß der Kreisobersekretär als Landratsvertreter bei ihm sei. Er muß also wegen der Kanzelfürbitte und Kollekte denunziert worden sein. Wenig später rief er zum zweiten Mal an, der Kreisobersekretär käme heraus. Tatsächlich kam er an, per Auto, Chauffeur und Tippeuse ... Mal sehen, was weiter wird.«

Das von Bonhoeffer eigenhändig unterschriebene Protokoll im Archiv von Szczecinie lautet:

»Anstelle von Herrn Pfarrer Krause habe ich am Sonntag, dem 2. Juni d.J., in der Zingster Kirche gepredigt. Als Pfarrer der Bekennenden Kirche habe ich, der Anordnung der Bekenntniskirche folgend und nach vorheriger Vereinbarung mit Herrn Pastor Krause, die Kollekte der Bekennenden Kirche abgekündigt, die an diesem Sonntag für Notstandsarbeiten der Bekenntniskirche erhoben wurde.

Da ich unmittelbar vorher der Anordnung meiner kirchlichen Behörde gemäß die Fürbitte der Gemeinde für unsere in Konzentrationslagern befindlichen Amtsbrüder erbeten hatte, habe ich im Anschluß an die Abkündigung der Kollekte mitgeteilt, daß auch ein Teil der Kollekte zugunsten dieser in Not befindlichen Brüder bzw. ihrer Familien abgeführt würde. Im Schlußgebet habe ich kurz eine Fürbitte für diese Brüder getan. Die Kollekte hat etwa 33 RM ergeben.

gez. Dietrich Bonhoeffer.«

1. Mai 1935: Wehrpflicht-Debatte

Dietrich Bonhoeffer habe ich zum ersten Mal am 26. April 1935 gesehen. Im Auftrag der Bekennenden Kirche hatte er das Predigerseminar in Pommern eingerichtet, zunächst in Zingst, dann in Finkenwalde. Ich war vom Bruderrat meiner Kirche der Provinz Sachsen dorthin geschickt worden und hatte keine Ahnung, wer der Herr Direktor sein würde, hatte weder den Namen Bonhoeffer gekannt noch irgendeine Ahnung, was er bedeutete. Im Seminar gab es etliche Pommern, auch Ostpreußen; es waren aber auch einige Berliner dabei, die wußten Bescheid und sagten: »Das ist er!« Er war kaum von uns zu unterscheiden, Jahrgang 1906, und wir waren 1908, 1909. Und was hatte dieser Mann schon alles hinter sich, im Kirchenkampf, aber auch in der Theologie; davon wußte ich noch gar nichts. Einiges wurde mir allerdings bald handfest vor Augen geführt, als der 1. Mai 1935 kam; das war nur wenige Tage, nachdem das Predigerseminar im Zingsthof angefangen hatte.

Am 1. Mai war die Kundgebung zum ›Tag der nationalen Arbeit‹ wie immer auf dem Tempelhofer Feld in Berlin, und wir hörten am Radio mit Bonhoeffer zusammen, wie Hitler das Ereignis vom 16. März hervorhob, an dem die Allgemeine Wehrpflicht verkündet worden war. Von meiner Herkunft her – mit meinen ähnlich erzogenen Kameraden aus der Provinz Sachsen – begrüßten wir das damals alle. In unserer Gruppe der Kandidaten gab es keinen einzigen, der bisher davon gehört hatte, daß ein gut lutherischer Pfarrer etwa Pazifist sein könne. Das war ›Schwärmerei‹, also ›schlechte Theologie‹. ›Gut reformatorische Theologie‹ pflegte eine patriotische Ermutigung für den Militärdienst im Dienst des eigenen Landes und für die Verteidigung des eigenen Volkes zu geben. Es gab noch einen zweiten theologischen Grund für unsere Zustimmung: wir waren theologisch gelehrt und überzeugt, daß die Bergpredigt nur ein Spiegel für unsere Sünden ist, aber nichts, was unmittelbar zum Tun anleitet und wörtlich getan werden will. Letzteres konnte man in Halle und wo wir sonst studierten, nicht hören und lernen.

So äußerten wir deutlich unsere Befriedigung über Hitlers neue Maßnahme. Einige von uns hatten in dem gerade begonnenen Kirchenkampf schon manche Diskriminierung hinter sich. Wir aus der Provinz Sachsen z.B. hatten uns ein halbes Jahr zuvor aus dem offiziellen kirchlichen Predigerseminar in Wittenberg mit großem Krach vom Reichsbischof hinauswerfen lassen, weil sich das Predigerseminar mit seinem Direktor nicht der Bekennenden Kirche unterstellen wollte. Wir wurden von Pfarrern aufgenommen. Es war das erste sensationelle Ereignis in der Provinz. Wir hatten auch schon Kanzelerklärungen verlesen; einige von uns hatten deshalb sogar schon im Gefängnis gesessen. Aber wir waren doch alle preußische, lutherische Theologen, meistens Söhne aus pietistischnationalbewußten Pfarrhäusern. Daß wir in der nationalsozialistischen Presse wegen dieses Kirchenkampfes hier und da schon als unpatriotisch beschimpft wurden, das traf uns tatsächlich hart. Nun dachten wir, jetzt ist mit der Wehrpflicht die Gelegenheit da zu zeigen, daß auch wir gute Patrioten sind; so fanden wir die Verkündung der Allgemeinen Wehrpflicht eigentlich alle ganz normal. Wir lebten noch in dem Traum, daß man zwischen der Opposition, die da gegen nationalsozialistische Maßnahmen in der Kirche geboten war, und der politischen Haltung zum neuen Deutschland unterscheiden könnte.

An diesem 1. Mai merkten wir jedoch, daß ›der Herr Direktor‹, Dietrich Bonhoeffer, offenbar unseren Enthusiasmus über die Verkündung überhaupt nicht teilte; wir wunderten uns sehr. Wir hatten nach den ersten Vorlesungen schon gemerkt, daß er theologisch wohl etwas zu sagen hatte, und die Berliner (wie A. Schönherr, W. Maechler, J. Kanitz u.a.) hatten uns auch schon von seinen Kirchenkampfentscheidungen im Jahre 1933 mit Niemöller erzählt. Um so mehr wunderte uns seine Reaktion. Was bedeutete das? War er etwa kein echt lutherischer Theologe? Er versprach uns, wir wollten uns abends zusammensetzen und darüber reden. Das war für mich das erste Mal, daß ich von einem reformatorischen Theologen, einem Lutheraner, einem kompetenten Mitglied der Bekennenden Kirche nun die Frage hörte: Gibt es denn für einen Christen nicht wenigstens die Option, daß er simpel der Bergpredigt zu gehorchen versucht? Völlig ruhig, völlig unfanatisch, mit leiser Stimme, nicht als ob er jetzt eine Sache bei uns durchsetzen müßte, sondern einfach persönlich berichtete er, daß er sich eines Tages entschieden hätte, wenn es denn an ihn kommen sollte, würde er tatsächlich den Kriegsdienst verweigern. Er ergänzte das, indem er darauf hinwies, wie die lutherische Lehre von den ›beiden Reichen‹ und Röm. 13 falsch interpretiert worden seien und daß dies fatale Konsequenzen für das Evangelium und die Kirchen gehabt habe: indem es – wie er es nannte – »der billigen und nicht der teuren Gnade« Vorschub geleistet habe. Das machte bei der Ausstrahlung, die der Mann hatte, einen gewissen Eindruck, obwohl wir erst einmal eine Weile nicht glauben konnten, daß das der Weg wäre.

Eine bemerkenswerte Ergänzung bietet ein von Dr. Hinrich Stoevesandt mitgeteilter überraschender Fund im Karl Barth-Archiv in Basel. Charlotte von Kirschbaum, Karl Barths Mitarbeiterin, trug am Mittwoch, dem 21. August 1935, in ihren Kalender ein:

»... Nachmittag Herr Wilh. *Rott* – ehem. Schüler – da, erzählt v. Reformbestrebungen mit mönch. Tendenz d. neuen Predigerseminars Finkenwalde unter Bonhöffer. Karl *warnt.* Es scheint uns eine Fluchtbewegung. Real dort d. Frage der Militärdienstverweigerung.«

2. Dezember 1935: Die fünfte Verordnung

Es war der 2. Dezember 1935, ein Montag in Finkenwalde. Damals gab es montags keine Morgenzeitung. Aber bei Einbruch der Dunkelheit kehrte einer der Kandidaten, Werner Koch, aus Stettin zurück und schwenkte das abendliche Boulevardblatt in der Hand.

Man war seit zwei Jahren geübt, der gleichgeschalteten Presse nicht mehr viel zu glauben. Hier stand aber in dem Blatt, was die Insassen des Seminars ernst nehmen mußten. Dort lasen wir – war es nicht sogar auf der ersten Seite? – die sogenannte ›Fünfte Verordnung zur Durchführung des Gesetzes zur Sicherung der Deutschen Evangelischen Kirche‹. Sie trug die Unterschrift des Reichsministers Kerrl. Und wir verstanden, schneller als das dem heutigen Leser gelingt, jede Wendung des überladenen Verordnungsstils mit seinen Fachbegriffen. Nämlich, daß von nun an alle »kirchenregimentlichen und kirchenbehördlichen Befugnisse durch kirchliche Vereinigungen oder Gruppen unzulässig« sein sollten, »insbesondere« Stellenbesetzungen, Abkündigungen, Umlagen und Kollektenerhebungen, vor allem aber auch Prüfungen und Ordinationen. Geschickt gemacht; denn dies war nicht das blanke Verbot der Bekennenden Kirche. Aber es war das Verbot aller ihrer essentiellen Tätigkeiten. Und ein ›Predigerseminar‹ der Bekennenden Kirche fiel ohne Zweifel unter »kirchenregimentliche und kirchenbehördliche Befugnisse« einer »Gruppe«. Die »Gruppe« war für den Kirchenminister niemand anders als der Altpreußische Bruderrat in Berlin, der Seminare – und darunter das Finkenwalder – eingerichtet hatte und betrieb. Und tatsächlich war ein so detaillierter und direkter Eingriff des Staates in innerkirchliche Aktivitäten und Strukturen – und nun in die darin entstandenen Kontroversen – bisher ohne Parallele.

Wer durfte zweifeln: dies bedeutete eine schwerwiegende Veränderung unserer Lage. Die Qualität unserer Illegalität verschob sich damit beängstigend.

Streng genommen richtete sich unsere Illegalität bisher gegen den – allerdings nazistischen – Reichsbischof (›Reibi‹ wie wir ihn nannten) und seine Organe. Die Ungehorsamshandlungen (Finkenwalde, Prüfungen und Ordination durch die Bekennende Kirche) blieben im Rahmen innerkirchlicher Scharmützel. Die Partei-Presse versäumte auch nicht, das als ›Pastorengezänk‹ hinzustellen. Aber die Markierung durch jene kirchliche Obrigkeit, illegal zu sein, machte uns schon länger wenig Eindruck. Es gab genug Kreise und Gemeinden, die uns trugen und ermunterten. Die Bibel, die alten Bekenntnisse und die Entscheidungen der Barmer und Dahlemer Bekenntnissynoden sprachen für uns intensiver als der ›Reibi‹ und die Maßnahmen seiner Behörden.

Aber mit dieser Zeitungsmeldung verwandelte sich unser Unternehmen in eine Zuwiderhandlung gegen die staatliche Obrigkeit, eindeutig bezeichnet in der ministeriellen Verordnung. Dafür gab es in unseren Kirchen keine Lehrhilfen, keine Vorübungen und keine Tradition. Und die bis dahin gegebenen Interpretationen der Barmer und Dahlemer Erklärungen betonten auch mehr, daß sie keine politische Erklärung einschlössen. Die Unbotmäßigkeit, deren wir uns nun schuldig machten, bestand ja nicht nur in singulären Einzelakten der Gehorsamsverweigerung, sondern in der Aufrechterhaltung einer verbotenen Dauerinstitution, und sie umfaßte existentielle Lebensentscheidungen.

Was mochten die Folgen sein? Wie würden die Bruderräte reagieren, wenn nun die volle Last ökonomischer und geistlicher Verantwortung für Hunderte von jungen Pfarrern in den Kirchenprovinzen allein auf ihre Schultern fiele? Wie würden die Gemeinden so etwas Illegales durchhalten? Uns weiter unterstützen? Wie würden Väter und Mütter der Kandidaten reagieren, wie die Bräute sich damit abfinden? Wie weit würde die Isolation der Leitungsorgane der Bekennenden Kirche und ihrer Pastoren deren Zusammenhalt auflösen, wenn nun auch Mitteilungsschreiben und Rundbriefe unter das Verbot kirchenregimentlicher Funktionen fielen?

Der Kandidat mit der Abendzeitung stürmte auf das Zimmer des Herrn Direktors, Dietrich Bonhoeffer. Dieser bat, man möchte nach dem Abendessen zusammenbleiben. Es wurde ein intensiver und langer Abend. Am nächsten Morgen ging ein Brief Bonhoeffers an Martin Niemöller nach Berlin. Darin hieß es:

»Noch sind wir trotz des großen Ernstes sehr vergnügt und getrost. Im übrigen halten wir es mit dem schönen Lied von Matthias Claudius ›Gott gebe mir nur jeden Tag, / soviel ich darf zum Leben. / Er gibts dem Sperling auf dem Dach; / wie sollt er's mir nicht geben‹.«

Noch heute erinnere ich mich lebhaft, wie Bonhoeffer an jenem Abend mit uns umging. In überraschend ruhigem Ton gab er zunächst jeden von uns frei. Es fiel das Wort: Abreisen aus Finkenwalde. Jeder sollte sich genaue Rechenschaft geben, was er täte, wenn wir weitermachten. Er schilderte noch einmal beides: einerseits, was wir mit der früheren Entscheidung gewählt hätten, der Bekennenden Kirche zu dienen; nämlich die Gleichschaltung von Kirche und ihrem Wort mit der nazifizierten Kirche und ihrer Mischlehre zu verweigern; dem unverfälschten Wort Gottes – und diese Ausdrucksweise war damals eine genuine Sprache! – unseren Beruf zu widmen und nicht einem verhakenkreuzten Kreuz Christi. Andererseits, was wir mit einer, nun eventuell erneuerten Entscheidung an Unsicherheiten und Gefahren zu akzeptieren hätten. Er fügte hinzu, daß wir nicht darauf warten dürften, bis wir von den Bruderräten in Berlin und in unseren Heimatprovinzen Nachricht bekämen, wie sie die Lage sähen und was sie empfehlen würden. Sie bedürften vielmehr der eigenständigen und freien Entscheidung derer, die ihnen anvertraut waren und für die sie weiterhin ihre ›Befugnisse‹ auszuüben hätten. Aus dem Abend wurde so etwas wie eine alttestamentliche Erneuerung des Bundesschlusses. Er endete damit, daß wir uns zusammen mit dem Direktor, der ja mindestens in der gleichen Gefahr stand wie seine Kandidaten, gegenseitig versicherten, am Tageslauf und Leben des Seminars nichts zu ändern, daß man sich jetzt und erst recht in der späteren eventuellen Isolation eines Amtes um einander kümmern wolle und daß jeder gehalten sei, nur der eventuellen Gewalt zu weichen. Ähnlich reagierte man in den anderen illegalen Seminaren.

Die meisten unserer zuständigen Bruderräte verhielten sich, wie wir das erhofften. Es gab durchaus mehr solche ›Anstifter‹, wie wir ihn gerade erlebt hatten. Mein Bruderrat in der Provinz Sachsen schrieb wenige Monate nach diesem 2. Dezember zusammen mit der (illegalen) Einberufungsorder zur Prüfung und Ordination durch die Bekennende Kirche einen Begleitbrief, unterschrieben von Wolfgang Staemmler: was in den nächsten Tagen von uns unternommen würde, sei aus der Sicht des Staates verboten, die Gefährdung gelte zunächst den Prüfern, und den Prüflingen sei zu sagen:

> »Für Sie kommt es jetzt zur Entscheidung ... Wir können Ihnen keine Sicherung dafür geben, daß Sie angestellt werden, Gehalt bekommen, von irgendeiner staatlichen Stelle anerkannt werden. Wir wollen und dürfen Ihnen das nicht verschweigen. Es kann sein, daß Ihr Weg in Zukunft sehr schwer sein wird« (29. 2. 36).

In jenen Wochen gingen freilich viele Kirchenmänner, die im Rufe einer ruhigen Vernunft und persönlicher Frömmigkeit standen, den Weg, den der Kirchenminister von ihnen wünschte, unter ihnen der angesehene Generalsuperintendent aus Westfalen, die Bischöfe in Hannover und Bayern und mancher andere.

Keinem von uns fiel damals ein, das, was uns unsere ›Anstifter‹ vorlegten und was wir entgegen vieler Erwartung entschieden, ›Zivilcourage‹[1] zu nennen. Das war in unserem Bereich (Kirche! Preußen!) eine unbenutzte Vokabel. Wir hätten es in einem Hochgefühl des Kirchen-

1 Dem Titel des Buches ›Anstiftung zur Zivilcourage‹, für das dieser Text ursprünglich verfaßt worden ist, entsprechen die hier gewählten Stichworte; vgl. Nachweise, S. 255.

kampfes vielleicht ›Glaubensgehorsam‹, ›Nachfolge‹ genannt.

Indessen zeigt jener Abend natürlich auch Elemente dessen, was Zivilcourage ausmacht. Da war die Verweigerung der rundherum erwarteten Antwort; da wurde Risiko übernommen. Da war eigenständige, persönliche Entscheidung; Widerstehen gegen die innere Korruption durch den Sog eines synkretistischen Mixtum compositum aus deutsch-nazistischem und christlichem Glauben. Da war Übernahme von Verantwortung für einen Zipfel von Wahrheit, die auf der Befähigung ruht, eine falsch etikettierte Sache beim rechten Namen zu nennen. Und weil die Einsicht, was los ist, dazu gehört, vielleicht darum entdeckten wir mit unserem Anstifter damals den kaum bekannten barocken Gesangbuchdichter Christian Friedrich Richter neu und sangen in den Finkenwalder Andachten wieder und wieder:

»Jesu, gib gesunde Augen, / die was taugen. / Rühre meine Augen an. / Denn das ist die größte Plage, / wenn am Tage / man das Licht nicht sehen kann.«

Die neue Welt

Vor Jahren hatte man mir im National Archive in Washington drei Bände ausgehändigt mit der vollständigen Kopie des Diensttagebuches von Hans von Dohnanyi. Das war damals geschehen mit dem Wunsch, daß ich zur eindeutigen Identifizierung von Sätzen verhelfen sollte, die sich handgeschrieben in den maschinengeschriebenen Texten fanden, ob diese tatsächlich seine Hand verrieten, und möglichst Kopien zweifelsfreier Dokumente von ihm als Beleg von mir zu bekommen. Dieses Ersuchen konnte ich damals leicht erfüllen.

Nun las ich mit Spannung Christoph Strohms Darstellung und Analyse zu dieser Hinterlassenschaft[1]. Bei seinen Zitaten von Kirchenkonflikten, von Eingriffen gewisser Partei-Instanzen in laufende Verfahren gegen BK-Pfarrer in der Mitte der dreißiger Jahre kam mir plötzlich wie-

1 Chr. Strohm, Das von Hans von Dohnanyi geführte Diensttagebuch des Reichsjustizministers 1934–1938. Eine noch unausgeschöpfte Quelle für die Erforschung des Kirchenkampfes, in: Zeitschrift für Kirchengeschichte 99, Heft 3/1988, 354ff.

der in den Sinn, wie mich Bonhoeffer zum ersten Mal in das Haus der Dohnanyis mitgenommen hat. Das muß wohl Ende 1935/Anfang 1936 gewesen sein, sei es bei einem Besuch aus Finkenwalde in Berlin oder auch in den Ferien.

Bonhoeffer mußte jedenfalls seinen Schwager sehen, und er meinte, ich solle ihn begleiten. So liefen wir von dem Heerstraßenviertel, in dem die Marienburger Allee ja liegt, vorbei am Stadion des SC Charlottenburg, wo mir jedesmal einfällt, daß dort während meiner Schulzeit das 100 Meter-Lauf-Idol Helmut Körnig trainiert hat und Otto Peltzer seinen Weltrekord über 1500 m lief und Nurmi schlug, hinüber in die Eichkampsiedlung, in der die Dohnanyis ein kleines Haus bewohnten.

Unterwegs erklärte mir Bonhoeffer, es könne geschehen, daß sein Schwager ihn über delikate Vorgänge von Beschwerdefällen aus dem Kirchenkampf, die er mit dem Minister zu erörtern gedachte, unterrichten und weitere Informationen sowie Ratschläge von ihm hören wolle, seien es z.B. Möglichkeiten der Einwirkung auf Verfahrensabläufe, seien es Warnungen, daß und warum Martin Niemöller nur noch schwer zu schützen sei. Jedenfalls dürfe er ihm nicht zumuten, darüber vor mehr als zwei Ohren offen zu reden. Damals war es ja noch nicht so, daß man aus den verschiedenen Lagern der am Kirchenkampf Beteiligten direkt zu ihm in das Ministerium oder später zum Tirpitzufer, der Dienststelle der militärischen Abwehr im Kriege, lief (wie z.B. Pf. Paul Braune es 1940 tat, nachdem ihn der Vater Bonhoeffer für Schritte zur Verhinderung der Euthanasie-Maßnahmen an Hans von Dohnanyi vermittelt hatte). Dieser war stets äußerst zurückhaltend, um seine Wirksamkeit bei Hilfeleistungen wie später bei Putschvorbereitungen nicht durch Kontakte zu gefährden, deren Partner er nicht genau kannte. So hat er lange Zeit die Kanalisierung der Kontakte und Informationen möglichst konsequent auf die unanfechtbaren familiären Begegnungen mit dem Schwager und auf dessen Mittlerrolle beschränkt. Aus solcher Perspektive war es für ihn später auch ausgeschlossen, an Diskussionen des Kreisauer Kreises teilzunehmen; seines Erachtens war dies eigentlich auch für Bonhoeffer kaum vereinbar mit seinen konspirativen Aufgaben. Aber wie auch immer, jetzt sind wir noch im Jahr 1936, und da gab es noch keine Umsturzpläne.

Wie angekündigt, so geschah es dann auch. Die beiden Schwäger zogen sich ins Studierzimmer zurück. Seiner Frau fiel es zu, sich mit dem Begleiter im Wohnzimmer zu unterhalten. Mit welchen Themen wir die Zeit überbrückten, habe ich vergessen. Aber genau erinnere ich mich an eine gewisse Zähflüssigkeit und an meine geheime Qual zu wissen, daß die mit ihrem Mann wie mit ihrem Bruder Dietrich völlig mitlebende und mitberatende Hausherrin sicher viel lieber mit im Studierzimmer gesessen hätte statt hier bei dem Provinzler mit seiner vergleichsweise abgelegenen Erlebniswelt, der wohl Berlins Körnig und Peltzer kannte, aber kaum die von ihr gern besuchte Singakademie, das ›Kabarett der Komiker‹ oder gar irgendeines der Ministerien.

Ich konnte mir wirklich noch nicht vorstellen, daß ich einmal ihrer Welt zugehören würde. Aber es war schon erregend genug, daß mein Kontakt mit Bonhoeffer eine Veränderung einzuleiten begann, durch Berührungen mit Menschen, denen noch ganz andere Bereiche offen standen als die von Konsistorien oder Bruderräten; geriet ich hier doch in eine Mitwisserschaft mit politischen Vorgängen, die jungen BK-Pastoren sonst unzugänglich war.

Ich habe mich manchmal gefragt, ob sich eigentlich nur Dietrich die souveräne Freiheit herausnahm, wieder und wieder so selbstverständlich in Begleitung eines Adjunkten oder Freundes im Elternhaus aufzutauchen, auch über Nächte hin und zu allen Mahlzeiten, und das ebenso bei seinen Geschwistern zu tun. Das tat natürlich nicht nur er; es war der lange geübte Stil in diesem Kreise.

Wer indessen in der Marienburger Allee 43 so aufgenommen war, der gehörte ebenso mit in das Haus Nr. 42, wenn am Sonntagmorgen Rüdiger Schleicher[2] gern von Dietrich eine Bibelauslegung hörte, abends Trio und Quartett gespielt wurde, ein Justus Delbrück, Ernst von Harnack oder einer der Brüder John zu treffen war und Ursula Schleicher auch in Kriegszeiten allemal etwas Gutes auf den Tisch brachte; hier ist ja dann auch eines Tages aus dem Adjunkten ein Schwiegersohn geworden.

Es war ebenfalls um die Zeit jenes Besuchs bei Hans von Dohnanyi, daß mich Bonhoeffer auf einer Ferienfahrt wie selbstverständlich zur Familie Leibholz[3] in Göttingen

2 Geboren 14. 1. 95 in Stuttgart. Dr. jur., damals Ministerialrat und Leiter der Rechtsabteilung im Reichsluftfahrtministerium. Ab 1939 Honorarprofessor und Leiter des Instituts für Luftrecht der Berliner Universität. 4. 10. 44 verhaftet; 2. 2. 45 Todesurteil wegen Beteiligung an Vorbereitungen für neue Verwaltungsstrukturen nach einem Umsturz, ermordet 23. 4. 45. Vgl. das Lebensbild, verfaßt von seinem Sohn, in: Letzte Briefe im Widerstand, München 1984, 15–23.

3 Gerhard Leibholz, geb. 15. 11. 01 in Berlin, Dr. jur., Staatsrechtler. Als Ordinarius in Göttingen 1933 als ›Nichtarier‹ kaltgestellt. 1938 Emigration nach England. 1951 Rückkehr in die Professur und alsbald Bundesverfassungsrichter in Karlsruhe. Gestorben 19. 2. 82 in Göttingen. Vgl. H.J. Rinck, Richterbilder. In memoriam Gerhard

mitnahm – noch mindestens zwei Jahre, ehe wir beide sie auf den Weg in die Emigration brachten. Damals waren die Eltern Bonhoeffer aus Berlin zu Besuch. Noch gab es keinerlei Auswanderungspläne, die ich hätte bemerken können. Unvergeßlich ist mir geblieben, wie der Vater Bonhoeffer mit Unterstützung von Gert und Sabine Leibholz die Mutter überredete, nach langer Zeit doch wieder einmal zu singen, Schumann und Löwe. Und so tat sie es dann, von Dietrich begleitet, der sich ihrem engagierten Temperament gut anzupassen verstand. Und hier gab es einen Zusammenhang mit der Welt meiner Herkunft. Paula Bonhoeffer sang ›Die beiden Grenadiere‹ mit fast jugendlicher Identifikation. Das aber war das Lied, das uns mein Vater außer ›Heinrich dem Vogler‹ einst in Zitz vorzusingen pflegte, ruhiger als hier, aber mit einer Stimme, bei der ich als kleiner Junge die Tränen nicht beherrschen konnte – noch ohne jede Ahnung, daß und wie hier von Preußen die Marseillaise musiziert worden ist.

Klaus Bonhoeffer mit seiner Frau Emmi geb. Delbrück und den noch kleinen Kindern lebte damals ebenfalls in Eichkamp. Sie waren für meine ersten Wahrnehmungen das Cello und die Bratsche beim Musizieren im Schleicherschen Hause, ehe mir ihre eigenen politischen Kontakte in ihrer ganzen Intensität und Breite von ehemaligen Gewerkschaftern bis zum Prinzen Louis Ferdinand bekannt wurden.

So unzugänglich mir die Welt des Physikochemikers Karl Friedrich Bonhoeffer, des ältesten Bruders, damals Ordinarius in Leipzig, blieb, so überzeugend waren gleich

Leibholz, Jahrbuch des Öffentlichen Rechtes der Gegenwart, NF Band 35, 1986, 133–142.

beim ersten Treffen seine Warmherzigkeit und sein lauterer Charakter. Seine Eltern in Berlin besuchte er so oft wie möglich. Erst später ist mir aufgegangen, wie wichtig dieser Bruder für Dietrichs Entwicklung und Weg gewesen ist, intellektuell mit seiner agnostischen Redlichkeit und emotional mit einer gewissen Herausforderung, daß sich der Jüngere immer wieder zur Rechtfertigung für seinen theologischen und kirchlichen Weg veranlaßt sah.

Ganz anders war, schon von Berufs wegen, die Verbindung zur Familie der jüngsten Schwester Susanne Dreß gegeben. Sie verzehrte sich als Pfarrfrau in Lichterfelde und Dahlem in vielen Gemeindeaktivitäten, mit dem Spiel- und Aufführungstalent ihrer Mutter begabt. Walter, ihr Mann, damals Pastor und Privatdozent, kam schon am 13. Juli und 1. August 1935 – so weist es das Finkenwalder Gästebuch aus – zu Besuch in die noch ungemütlichen Seminarräume jenes eben bezogenen winkligen Gutshauses. Er wollte etwas von seinem Schwager: die Mitarbeit an einem neuen Andachtsbuch[4], im Geiste der erneuerten Wort-Gottes-Theologie der Bekennenden Kirche. Dietrich gab den Auftrag jedoch außer an Horst Thurmann, das rheinische Mitglied des Bruderhauses, weiter an mich. So war ich sehr stolz, als zum ersten Mal ein Honorar für sieben Andachten in der Trinitatiszeit eintraf.

Nein, eine so zahlreiche Familie, die ohne Ausnahme mit ihren Gliedern aus drei Generationen am ›neuen Deutschland‹ auch nicht einen guten Zug finden konnte, hatte ich zuvor nicht angetroffen. Und erst recht nicht eine, in der, wie mir meine Frau viel später bewußt gemacht hat, jedes der sieben Geschwister seine alten jüdischen

4 W. Dress (Hg.), Wir sahen seine Herrlichkeit, Göttingen 1937.

Freunde hatte, jetzt 1936 zumeist schon emigriert, aber mit weiterbestehenden Kontakten. Was das zu bedeuten hatte, machte ich mir damals noch nicht klar. Dennoch: welche Schritte in eine unbekannte Welt!

17. Juni 1940: Jetzt sind andere Dinge dran

Am 17. Juni 1940 waren Bonhoeffer und ich im Auftrag des Altpreußischen Bruderrats – das Predigerseminar war inzwischen endgültig aufgelöst – zu einer Visitation in Ostpreußen; wir befanden uns in Memel zu einer Bekenntnisversammlung, hatten den Nachmittag frei und fuhren übers Haff auf die Spitze der Nehrung hinüber in einen Kaffeegarten, von dem wir gehört hatten. Es war ein herrlicher Tag, und da saßen wir und tranken Kaffee. Es war voll, weil es dort noch Kaffee gab. Gegen drei Uhr ertönten die Fanfaren durch den Lautsprecher, und die Meldung kam: »Frankreich hat kapituliert!« Dann das Deutschlandlied, das Horst-Wessel-Lied. Alles sprang auf, stieg auf die Stühle und Tische, man sang – wilde Begeisterung. Und wir beide da mitten drin. Auch Dietrich stand auf, stellte sich hin und hob die Hand! Und ich war wie gelähmt.

Dietrich stand ja nun schon anderthalb Jahre – schon vor der Sudetenkrise – durch seinen Schwager Dohnanyi in engster Mitwisserschaft von Umsturzvorbereitungen, von Versuchen, Hitler zu stoppen. Also wußte er, was dieser Sieg bedeutete. Ich wußte inzwischen auch, daß mit der Kapitulation Frankreichs das Unerwartetste passiert war. Denn Fachleute, Generäle, hatten es für unmöglich erklärt, daß die Maginotlinie überrannt werden könnte. Man hatte gedacht, der Frankreichfeldzug sei das Ende. Das dauert nicht lange. Statt dessen hatte Hitler nun alle Träume erfüllt, die die Deutschen 25 Jahre zuvor bei der Marne-Schlacht gehabt und zu Grabe hatten tragen müssen. National gesonnene Deutsche haben als dauernde Frustration in den zwanziger und dreißiger Jahren mit sich herumgetragen, daß das im Ersten Weltkrieg schiefgegangen war, und jetzt war es Hitler gelungen! Damit waren doch all unsere Hoffnungen, die man mit dem Frankreichfeldzug verbunden hatte, daß nämlich damit das Hitler-Regime zu Ende kommen würde, total gescheitert.

Also, Bonhoeffer stand da, und ich hatte meinen Arm noch nicht hoch, ich weiß nicht warum. Er: »Eberhard, bist du verrückt, heb den Arm!« Ich hob den Arm. Dann gingen wir hinaus, und er sagte: »Bist du blödsinnig geworden? Für so was? Jetzt sind andere Dinge dran, wofür wir Opfer zu bringen haben.« Das bedeutete, er war seit 1938 schon so tief in die Untergrundkonspiration eingetaucht, daß nicht mehr der alte offene Kampf galt, sondern im Untergrund der Versuch gemacht werden mußte, dieses Terrorregime unter Tarnungen und Camouflage zu Ende zu bringen; also etwas, was für Dietrich 1934/35 noch undenkbar gewesen wäre, hatte sich in veränderter Lage als notwendig erwiesen.

Unerprobte Wege

Drei Kriegsjahre bei der Gossner Mission

»Wird auch Eberhard betroffen werden? Oder rettet er noch Indien für uns?« So schrieb die pommersche Gutsherrin Ruth von Kleist-Retzow in einem Brief vom 24. 2. 43 an meine Braut Renate Schleicher. Erstere hatte vernommen, der mit ihr befreundete Nachbarpfarrer K.H. Reimer sei einberufen; darauf ihre Reaktion: »Es gibt ja Menschen, wo es nur darum geht, einen Ersatz (nach Stalingrad! EB) zu finden, damit der Laden nicht zusammenbricht, aber es gibt andere wie Onkel Dietrich und Reimer, die auf dem Kasernenhof unvorstellbar sind.« Dann folgte der obige Satz.

Die Ironie vom Indienretter bezog sich auf eine merkwürdige Amtszeit bei der Gossner Mission, die mich lange vor dem Militärdienst bewahren konnte – auf Wegen, die sich heute nur noch schwer nachzeichnen lassen; ein dreijähriger Dienst für die indischen Missionsstationen Chota Nagpur und Ranchi und für die Handjerystraße, Sitz der Gossner Mission in Berlin.

Die Inhalte jener drei Jahre scheinen versunken und für meine Erinnerung fast unreproduzierbar. Aktenstudien, wenn Akten noch vorhanden sein sollten, kann ich jetzt nicht treiben. Indessen tauchen Stichworte, Erinnerungsfetzen auf, teils näher teils ferner den Fakten jener »Rettung Indiens«. Ein paar alte Briefe, ein Notizbuch von 1941 unterstützen mich. Leider verstehe ich heute nur noch einen Teil der Zahlen, Namen, Kürzel; es fehlen auch Seiten, die wohl herausgerissen worden sind, damit sie bei Neugierigen von der Stapo keinen Verdacht erreggeten. Außerdem unterstützen mich ein paar erhalten gebliebene Vorträge und Predigten. Hier überfällt mich freilich auch eine Mischung von Staunen und Beschämung, wie sicher, wie naiv oder auch blind wir Dinge gesehen und nicht gesehen haben.

Hans Lokies hatte mich 1940 jedenfalls, sicherlich unter klaren Sympathiebekundungen, übernommen im Blick auf meinen bisherigen Weg bei Bonhoeffer. Er selbst stand schon lange gegen den NS-Staat und gegen die ihm hörigen Kirchen; freilich – wie wir alle – war er wohl noch wenig zu Reflexionen gekommen, was das einmal bedeuten müßte für unsere ererbten Nationalismen, ihre volkskirchlichen Entsprechungen, sei es in bezug auf die Missionsprobleme, auf die ökonomischen Verwicklungen, auf verborgene Antisemitismen oder Antijudaismen auch der Bekennenden Kirche. Zu dieser Zeit war es trotzdem für uns Illegale selbstverständlich, daß wir eher in der Handjerystraße als in der Georgenkirchstraße[1] unterschlupften. Der ›Chef der Handjerystraße‹ sprang uns jedenfalls eindeutig bei, wenn wir der kompromittierenden Legalisierung bei den Konsistorien entgehen wollten.

1 Sitz der größeren ›Berliner Mission‹ unter Leitung von Siegfried Knak.

Die innere und äußere Gleichgestimmtheit bei den Partnern war in jedem Fall eine wunderbare Voraussetzung für die neue Aufgabe bei der Gossner Mission.

Im September 1940 trat ich meinen Dienst in der Handjerystraße an, und im November machte das Kuratorium die Anstellung fest. Ihre Funktion vollzog sich dann in drei Bereichen, dem einer erst aufzubauenden Volksmission, dem eines plötzlich wahrzunehmenden Missionsinspektorates und schließlich dem der noch dringlicheren Abdeckung unserer Tätigkeiten durch eine problematische Mitarbeit für die militärische Abwehr, d.h. für Bonhoeffer und von Dohnanyi, eben für das »rettet er noch Indien für uns«.

Volksmission bei Gossners

Bonhoeffer schrieb im August 1940 an einen Finkenwalder Freund: »Bruder Bethge wird das volksmissionarische Amt der Gossner Mission übernehmen.« Ein paar Wochen später beschrieb ich selbst in einem Brief an Freunde meine neue Stellung: »Von jetzt an bin ich bei der Gossner Mission angestellt, habe aber nichts mit Mission zu tun direkt, sondern habe eine ähnliche Tätigkeit wie bisher, Volksmission usw. halten, organisieren. Das fängt nun an, und ich muß sehen, was daraus wird.«

Ich glaube, daß ich bei dieser Beauftragung keinen unmittelbaren Vorgänger in der Handjerystraße gehabt habe. Unter dem Missionspräses Stosch, faktisch dem Missionsdirektor, waren Lokies und Elster Missionsinspektoren gewesen. Stosch befand sich jetzt in Chota Nagpur, Lokies füllte seit ein paar Jahren den Posten des Missionsdirektors aus, und Elster mag zum Militär eingezogen gewesen sein. So konnte Lokies auf jeden Fall einen Mitarbeiter brauchen. Und die Volksmission war für die Missionsgesellschaften schon länger ein äußeres, mehr noch ein inneres Anliegen, seit sie erkannten, welch ein Hindernis für die Verkündigung auf dem Missionsfeld die dort immer bekannter werdende Unchristlichkeit, ja Antichristlichkeit in der Heimat war, die allem widersprach, was sie im besten Fall draußen weitergeben konnten. Tatsächlich gab es in den verschiedenen Missionsgesellschaften Ansätze, Volksmission und Heidenmission aufeinander zu beziehen und sich in beiden Richtungen zu betätigen. Lokies öffnete sich sofort der Möglichkeit, die Jahre zuvor in Finkenwalde entwickelte Volksmission hier fortsetzen zu lassen. Er hatte wohl auch kaum Schwierigkeiten, in der Kuratoriumssitzung meine Anstellung unter diesen Aspekten durchzusetzen. Finkenwalder Volksmission hieß konzentrierter Einsatz einer Gruppe, der als ein existentielles Risiko anzusehen war, ausgerüstet mit Barth'scher Worttheologie plus täglicher Meditations- und Gebetspraxis; das war ein Stück unbekümmerte ›Verkündigung‹ und ein anderes Stück weit Fortsetzung vom Kirchenkampf vor Ort. Davon etwas einzubringen, erwartete Lokies; die Möglichkeit des Gruppeneinsatzes entfiel natürlich während des Krieges.

»Es ist eine Erfahrung unserer Zeit, daß der Ruf zu Christus ganz konkret ein Ruf in eine bestimmte Gemeinde bekennender Christen, in die reale Gemeinschaft des Leibes Christi sein muß . . . Neue Gemeinschaft unter Christus entzündet sich an der schon bestehenden Gemeinschaft. Sie muß gepflegt werden. Denn wenn überhaupt, dann geht missionarische Kraft von wirklich bekennenden Gemeinschaften aus«, lese ich jetzt in einem Vortrag, den ich auf einer größeren Missionskonferenz am 22. April 1941 in Berlin zu halten hatte; mit Herzklopfen vor den Erfahrenen nach gerade einem halben Jahr Gossner-Reisedienst von Ostpreußen bis Bayern, von Friesland bis Schlesien. Der Titel des Vortrags lautete ›Der Beitrag der Mission zur volksmissionarischen Arbeit der Kirche‹, und ich entwickelte die »fruchtbare, klärende Berührung der beiden Arbeiten Heidenmission und Volksmission« in drei Sachgruppen, nämlich der »tröstlichen Oekumenizität unserer Leiden«, der »Gemeinsamkeit des Christuszeugnisses« und der »Gemeinsamkeit des Gemeindeaufbaus«. Ich entdecke in Diskussionsnotizen von jener Konferenz, daß fast alle Notabeln der Berliner Missionsszene von damals das Wort nahmen: u.a. Siegfried Knak und Walter Braun, Hans Lokies (»Einsamkeit der Christen ist durchzustehen!«). Und ich entdecke, daß neben Fragen des Nationalismus und der Erziehung auf dieser Tagung auch die ›Euthanasie‹ eine bedrückende Rolle gespielt hat.

Während des der Konferenz vorausgegangenen halben Jahres, seit meinem Eintritt in die Gossner Mission, war es freilich nötig geworden, mich in die mir nicht geläufige Geschichte der Missionsgesellschaft einzulesen und über ihren damaligen Stand unter den Kriegsbedingungen bzw. über die verbliebenen Arbeitsmöglichkeiten zu informieren – das alles ohne eigene Anschauung vom Missionsfeld unter den Kols, Mundas und Urauns. Denn es gab keine Bibelwoche, sei es in Breslau, Ostpreußen, Friesland oder Bayern, bei der man nicht auch erwartete, daß ich von der Arbeit draußen und möglicher Weiterbeteiligung drinnen erzählte und dafür kollektierte; vor allem letzteres wurde auch in der Handjerystraße erwartet.

Und es gab viel zu berichten aus Indien: Über die Internierung der Missionare, über ihre Frauen, die die Aufgaben ihrer Männer übernahmen, über theologische Konferenzen. Ich erzählte von Kranken und von Bibelfrauen, von Jugendarbeit und Kindergärten, von der Mädchenschule und der Evangelisation. Ich berichtete über eine neue Gemeindeordnung und die finanzielle Verselbständigung der Gossner Kirche. Ich gab das weiter, was ich gelesen und erfahren hatte, daß bereits 20000 Christen von Geburt an zur Kirche gehörten, daß aber auch etwa 20000 Mitglieder neu getauft worden waren. Ich berichtete über die rapide Industrialisierung im nahen Jamschedpur, über ihre positiven und negativen Auswirkungen. Ich notierte damals in meine Vortragsnotizen: »Januar 1940: Ordination von sechs Katechisten durch Stosch; Febr./März: Reise von Stosch durch entlegene Dörfer der Mundas; April: Reise Klimkeit und Borutta zwölf Tage durch die Gemeinden; Mai: Generalsynode, anschließend Kursus für Bibelfrauen und Lehrerinnen mit Stosch und drei Schwestern.« Ende Juni 1940 begann dann allerdings eine zweite Internierungswelle. Der Lutherische Weltkonvent, so erzählte ich, beschaffe nötige Geldmittel – aber wir selber dürften nun eben nicht nachstehen. Denn Stosch plane bereits wieder seine beratende und einflußreiche Mitarbeit bei der kommenden Generalsynode im Januar 1941 in Ranchi. Und das alles konnten wir nur berichten aufgrund persönlicher Korrespondenz, die über die USA oder über die Schweiz ging. Mit hoher Spannung lasen wir in der Handjerystraße jeden neuen der langlaufenden Briefe aus Ranchi und aus den Internierungslagern.

Mit Eifer und ein bißchen Selbstgefühl notierte ich in meinem Notizbuch die ›Erfolge‹. So im März 1941 unter lauter ostpreußischen Dorfnamen: »Bärenwinkel 25 Besucher; Weissuhnen 50; Mitterheide 40; Gehlenberg 100; Krutina 25; Ukta 50.« Im Mai ein Abend in Brüssow, wo Albrecht Schönherr Pfarrer war: »Nachmittags Bibelstunde 17 Besucher und 2,60 Kollekte, abends 80 Besucher und 20,02 Kollekte.« Aber in Westfalen bei Pf. Kuhlo (Oeynhausen) 251,– RM Kollekte; oder in Leba im hintersten Pommern 540,01 RM Gesamtkollekte. Mitte September 1941 rechnete ich offenbar einmal, was ich bis dahin im Jahr 1941 zusammenkollektiert und im Notizbuch sorgfältig festgehalten hatte: 4017,– RM. Ich war offensichtlich sehr stolz darauf.

Zu meinen Diensten gehörte damals auch die Aushilfe im Gossner-Saal in der Handjerystraße, der nicht mehr nur weiter funktionierenden Missionsfesten und Nähkreisen diente, sondern zum Mittelpunkt der Friedenauer Bekenntnisgemeinde geworden war. Wilhelm Jannasch, der jetzt der 2. Vorläufigen Kirchenleitung (VKL) der Bekennenden Kirche angehörte, hatte hier seine Predigtstätte. Und der Gossner-Saal war weit über Friedenau hinaus, neben der Dahlemer Dorfkirche, zu einem der wichtigsten Treffpunkte der Berliner Bekennenden Kirche geworden. Wenn man Freunde und Besucher der Bekennenden Kirche ohne überwachtes Telefon sprechen wollte, ging man am Sonntagmorgen zu Jannaschs Gottesdienst. Hier wurden alle Bräuche, die die Bruderräte empfahlen, konsequent durchgehalten: die namentliche Fürbitte für die Gefangenen und Gemaßregelten der Bekennenden Kirche, die bruderrätlich angesetzten Kollekten – und zwar nur diese! – abgekündigt. Dort hatte ich gelegentlich den Gottesdienst zu übernehmen, und mich beschleicht noch heute ein beklemmendes Gefühl, wie aufregend die sorgfältige Vorbereitung der Predigt vor den Anspruchsverwöhnten im Gossner-Saal jedesmal gewesen ist.

Aber noch etwas anderes, Wichtigeres, befällt in diesem Zusammenhang noch heute mein Erinnern. Dieser sonntägliche Gottesdienst im Gossner-Saal war mehr und mehr zum Treffpunkt mit getauften Nicht-Ariern geworden, um die sich Jannasch und dann auch die Gossner Mission kümmerten oder bemühten. Plötzlich saßen in den Stuhlreihen Leute mit dem aufgenähten Gelben Stern.

Und dann meine beschämende Erinnerung: Wir nahmen einen dieser Sternträger, einen jungen Mann, zu uns hinauf in die Räume der Mission, um ihn mit dringlichen Arbeiten in unserem Büro zu beschäftigen. Dann kam seit Oktober 1941 die Welle der Deportationen; und ich erinnere mich noch genau, wie ich ihn – und mich selbst – über das Bevorstehende zu beruhigen und ihm klar zu machen suchte, wir hätten aus Theresienstadt glaubwürdige Nachrichten, daß man dort leben und arbeiten könne. Bald darauf erschien er nicht mehr in unserem Büro. Und nun muß ich bekennen; ich habe nicht einmal seinen Namen im Gedächtnis, so lebhaft ich sein Gesicht, seine Statur und seine Besorgtheit vor Augen habe.

Ich aber reiste weiterhin und berichtete nach Hause: »Jetzt habe ich hier (hinterstes Ostpreußen) eine Bibelwoche gehalten, jeden Abend eine Woche lang. Das ist eine gute Sache, und Menschen hat man dazu auch noch. Und ich bin froh, daß ich noch solchen Dienst tun kann.« Zum letzten Mal konnte ich dann vor einer Missionskonferenz am 3. Mai 1943 im Französischen Dom in Berlin über das mir zugewachsene Berufsfeld vortragen: »Mission und

Volksmission«. Ich knüpfte an beim 100jährigen Jubiläum der Indienmission P. Prochnows, Freund und Nachfolger Gossners, bezeichnete ihn als »die erste lebendige praktische Verbindung von Mission und Volksmission« bei der Gossnerschen Missionsgesellschaft: »Ihm war es das gleiche Handeln aus dem Zentrum: die Weitergabe nach draußen und die Weitergabe an die mit Schrecken gesehene Revolutionsgeneration«, eine Formulierung, die belegt, wie wenig wir schon im Sinne hatten, was 1947 das Darmstädter Bußwort erstmals ansprach, nämlich die blinde Ablehnung von 1789 und 1848 und 1918. Dennoch noch einmal: »Volksmission-Voraussetzung ist: Opfer der Existenz.«

In jenen Tagen saß Bonhoeffer schon im Gefängnis, und mein Dienst in der Handjerystraße war auch fast zu Ende.

Und doch Missionsinspektor?

Mitten in die geschäftig angelaufene Reisetätigkeit, die traditionelles Hinterland der Gossner Mission, aber auch altes ›Finkenwalder‹ Gebiet, z.B. in der Provinz Sachsen, erreichte, platzte die Verhaftung des ganzen Berlin-Brandenburgischen Prüfungsausschusses der Bekennenden Kirche im Mai 1941, die erst im Dezember mit einem spektakulären Prozeß und einer Reihe von Verurteilungen endete. Hans Lokies gehörte dazu. Wir ›jungen Brüder‹, immer noch illegal, nahmen intensiv daran teil. Unsere Herzen waren bei Martin Albertz, dem Vorsitzenden, und bei den 22 anderen Männern und Frauen, die ihre Untersuchungshaft im Gefängnis Plötzensee zubrachten.

Hans Lokies hatte neben seiner Tätigkeit als Missionsdirektor schon lange Mitverantwortung im Berliner Bruderrat wahrgenommen und in nichts zurückgesteckt, wo es um das Durchhalten der Dahlemer Beschlüsse vom Oktober 1934 ging, durch deren Trennungsanweisungen von der Reichskirche für uns ›Barmen‹ allein ernstgenommen und bezeugt blieb. Die Bekenntnissynode hatte im Dezember 1936 außer Kirchlicher Hochschule und Predigerseminaren auch die Errichtung eines katechetischen Seminars in Berlin beschlossen. Und Hans Lokies hatte dieses in die Räume der Handjerystraße aufgenommen, bis neben Finkenwalde und der Kirchlichen Hochschule auch diese neue Einrichtung durch den Himmlererlaß verboten und geschlossen wurde. Mit Hammelsbeck zusammen arbeitete man aber illegal weiter unter dem partiellen Schutz des ›Deutschen Bundes für christlich-evangelische Erziehung in Haus und Schule‹, dessen Vorsitz Lokies seit 1934 inne hatte. Außerdem war dabei die neue Kammer für kirchlichen Unterricht mit Martin Albertz und Wilhelm Rott tätig. Mit dieser Einbindung gehörte Lokies nun eben auch zur Prüfungskommission, welche die Verordnungen des Reichsministers Kerrl wohl am eklatantesten mißachtete, und hatte an den Prüfungen der Illegalen im Untergrund stets mitgewirkt.

Nun aber saß er fest jenseits des Westhafenkanals in dem bejahrten Gefängnis in Plötzensee, das heute jeder kennt wegen seiner Hinrichtungsstätte an der nördlichen Rückseite, wo viele vom Widerstand gemordet wurden – ein Zusammenhang, den wir im Sommer 1941 noch nicht wirklich begriffen hatten.

Plötzlich fiel so auf den ›Gossner-Mann‹ für volksmissionarischen Dienst die ganze Last eines Missionsinspektors, der den Zeitplan, die Kuratoriumssitzungen, die offizielle und heimliche Korrespondenz und vieles mehr weiterführen und verantworten sollte – denn es stellte sich ja bald heraus, daß die Haft nicht mit ein paar Wochen enden würde.

Hier bewährte sich, daß bei solchen kleinen kirchlichen Verbänden und Vereinen ein treuer Stab zu finden war. Ich konnte mir nicht vorstellen, wie ich – ganz unbegabt für die finanziellen und juristischen Abwicklungen – hätte überleben können ohne den stillen, aber gewitzten Martin Mühlnickel, unseren Büroleiter, der nichts vergaß und auch handelte, selbst wenn er zunächst bedenklich den Kopf zu wiegen hatte; dazu die Mitarbeiterinnen, Fräulein Reichel und Hildegard Hannemann (die nach dem Krieg die rechte Hand von Hans Böhm, dem Ökumeniker und Propst im Konsistorium wurde!). Sie waren diejenigen, die mich erst einmal angesichts des ganz ungewohnten Arbeitsfeldes beruhigten – denn sie wüßten ja, wo und wie die notwendigen Kontakte zu finden seien. Erwähnenswert ist dann der Beistand des Freundes Justus Perels, des Justitiars der Bekennenden Kirche. Tatsächlich brach nichts zusammen, und das Eigengewicht alter Arbeits- aber auch Beziehungsmechanismen blieb zäh wirksam – und selbst Hans Lokies in seiner Zelle schien nicht nervös zu werden im Gedanken an die Abläufe in der Handjerystraße.

Vor allem konnte ich den Untersuchungshäftling ja mehrfach besuchen – und hier gab es noch manche Rechte; vor allem waren die Wächter keine Gestapo- oder SS-Leute, sondern wenn auch grobe, so doch alte Beamte.

Mein Notizbuch von 1941 berichtet mit nicht immer ganz verständlichen Stichworten, was ich fragte oder von

Lokies angemahnt bzw. geraten bekam. Bei einer Sprecherlaubnis am 7. Juli steht verzeichnet: ich dürfe »nicht wild im Land herumschreiben«, denn bestimmte Kirchenkreise seien für die Heimarbeit der Berliner Mission laut Abmachung vorbehalten. Am 8. August: zur Kuratoriumssitzung solle ich erst für Ende September einladen; Holsten, der Verfasser der Gossner-Missionsgeschichte, solle seine Auslagen liquidieren; Schulden für die Rückgabe bestimmter Verlagsrechte seien zu zahlen – mir brummte der Kopf, aber Herr Mühlnickel würde wohl Bescheid wissen! Ich hatte Lokies zu melden, wo Söhne von alten Freunden und Missionsleuten an der Front gefallen waren; und ich übernahm viele Gruß- und Dankadressen an treue Briefschreiber in Oldenburg, Schlesien und anderswo (da stehen die Namen von Elster und Otto und Herrmann Than).

Am 11. September war ich offenbar wieder bei ihm und die Stichworte beziehen sich nun überwiegend auf Verteidigungsmöglichkeiten beim kommenden Prozeß, aber auch auf die Sicherungen der gefährlichen Arbeitsmöglichkeiten für Nicht-Arier im Gossner-Haus. Ich sollte den zuständigen Regierungsrat im Arbeitsamt für die Juden in der Fontanepromenade »für Simon« aufsuchen – war das jener junge Sternträger? Ich lese dazu: »Arbeitsbuch unmöglich unter der Hand verschwinden lassen (nur Kolonnen über 20)«. »Dr. Meyer jüdisches Krankenhaus in der Iranischen Straße« steht noch darüber. Zum Prozeß lese ich: »Generalstaatsanw. mit Referent. Wiederholungsgefahr, aber nur stellvertretend, das ist wichtig. Verzögerung durch Beschwerden 3–4 Wochen, Ende Sept? Stapo? Nach Urteil milder. Fragen? An Mission oder Baudissin wenden.« Dann stehen da noch Notizen über

Besoldungsfragen für »Gemeindehelferin, Wannsee«, »Dehnbriefe« (auch Günther Dehn gehörte zu den Häftlingen); Telefonnummern von Gotthold Funke[2] und Hanns Lilje.

Am 23. September war ich schon wieder in Plötzensee, und die Notizen lauten: »1.) 5 angegeben ... 6 von 9 Heeresdienst Ausw. Amt; 2.) Verwaltung; Indische Verwaltung in deutscher Hand; Beurteilung indischer Briefe. 3.) Devisenbewirtschaftung. 4.) Ruheständler-Hinterbliebenen Gehälter. 5.) Bd. Haus und Schule.« An einer anderen Stelle lese ich noch Bemerkungen zu der immer schwieriger gewordenen Verteilungsfrage von Zeitschriften und Rundschreiben: »wo kein Zeitschriften-Verteiler, darf der Pfarrer der Gemeinde bis zu drei Exemplaren; das ist wöchentlich möglich? Drei Stück von derselben oder drei verschiedene? Rundschreiben an Pfarrer statthaft, aber nur an sie; Gratisverteilung möglich; außerhalb der Feste keine Möglichkeit für die Pfarrer ... Schrifttumskammer will Festtage; Kirche und Mission wollen selbst aussuchen viermal im Jahre«. Ich kann das alles nicht mehr sinnvoll interpretieren. Vielleicht aber ist hier der eine oder andere Leser in der Lage, noch mehr auszumachen als ich selbst zur Zeit; dennoch spiegelt sich auch so etwas wider von der Arbeitserschwerung jener Monate.

Zwei Tage vor Weihnachten 1941 ging der Prozeß mit der Urteilsverkündung zu Ende. Lokies wurde mit einigen Monaten Haft bestraft. Diese Strafe war mit seiner Untersuchungshaft abgegolten.

Mit dem Beginn des Jahres 1942 konnte daher der

2 Später Superintendent in Dahme (Mark).

Volksmissionar das Amt eines überforderten Missionsinspektors wieder zurückgeben.

Aber das »Indien retten«, das kam erst noch.

UK-Stellung

Hier komme ich ins Zögern. Kann der Versuch, die komplizierten Unternehmungen zur UK-Stellung (d.h. dem Bescheid der ›Unabkömmlichkeit‹ zum Wehrdienst) für die Arbeit bei der Gossner Mission aufzudröseln, sinnvoll und förderlich sein?

Natürlich hatten diese zu tun mit der weiterbestehenden engen Gemeinschaft mit Dietrich Bonhoeffer: einerseits mit dessen Doppelleben als theologischer Berater der Bekennenden Kirche, nachdem die Predigerseminarstätigkeit 1940 endgültig beendet sein mußte; andererseits mit seiner Mitarbeit bei der militärischen Abwehr, d.h. bei der Camouflage einer Mitarbeit im Widerstandskreis um Oster und von Dohnanyi, unter Vortäuschung, daß Bonhoeffers ökumenische Beziehungen für die Abwehr in ihrer Schutzfunktion für die deutsche Kriegssache unentbehrlich seien. Davon war auch ich ständig berührt; Lokies war in gewissem Ausmaß eingeweiht und selber höchst interessiert, was da geschah und ob die Dinge für einen eventuellen Umsturz sich weiter entwickelten. Vielleicht sind im Notizbuch von 1941 eben deshalb solche Seiten oder Seitenstücke ausgerissen, weil sie sich auf Widerstandsleute bzw. Begegnungen bezogen: etwa verdächtige Telefonnummern, z.B. Goerdelers Name, mit dem wir uns damals zweimal im ›Fürstenhof‹ trafen.

Die ganzen drei Jahre von 1940 bis 1943 waren tatsächlich ständig begleitet vom Kampf um wieder und wieder zu erneuernde UK-Stellungen. Zunächst gelang das noch ohne Inanspruchnahme von Bonhoeffers Schwager Hans von Dohnanyi, der nicht nur für Bonhoeffer seine Möglichkeiten einsetzte, sondern u.a. auch für Ernst Wolf, den Professor in Halle, oder für Wilhelm Jannasch. Er fand dabei Unterstützung bei Canaris, weil dieser mit Oster, seinem Stabschef am Tirpitzufer, meinte, daß nicht gerade alle die oppositionellen Theologen und Pfarrer einfach an den Fronten untergehen sollten. Zunächst drängte Bonhoeffer bei Lokies und bei mir immer wieder darauf, die Phantasie nicht erlahmen zu lassen, um Wege für eine wirksame Fürsprache zur UK-Stellung zu finden, möglichst ehe die sehr kurzfristigen Einberufungsbefehle jeweils im Briefkasten steckten. In jenem Brief an die Freunde vom 16. Dezember 1940 heißt es so: »Kürzlich sollte ich schon wieder eingezogen werden und hatte schon fest damit gerechnet, da gelang es meiner Gesellschaft noch einmal, mich zu reklamieren. ›Der Führer rief, und alle, alle reklamierten.‹«

Nach dieser gelungenen Freistellung und der Bibelwoche in Ostpreußen fuhr ich nach Ettal, um dort Weihnachten mit Bonhoeffer zu verbringen. Aber es war zur Hälfte doch auch eine Dienstreise: a) um die Strategie gegen die nächste Einberufungsgefahr zu besprechen; b) um zusammen mit Bonhoeffer den Justizminister Gürtner zu treffen, den ehemaligen Chef Hans von Dohnanyis. Von ihm erwarteten wir Einflußnahme auf den Kirchenminister Kerrl, um die rücksichtslose Einberufung von Bekenntnisleuten zu Heer oder Industriearbeit wenigstens zu verlangsamen: »Gürtner kam gestern mittag. Wir waren den Tag zusammen und haben manches besprochen.

Er ist in der Sache K[errl]. ganz optimistisch: es ist nur fraglich, was K. selbst noch vermag. Die Sache eilt nun einigermassen; denn die Nachrichten über Arbeitseinziehungen häufen sich.«[3] Vier Wochen später starb Gürtner an einer Grippe.

An jenem Weihnachtsfest traf ich mich aber auch mit Bonhoeffer, um andere Volksmissionskonzepte zu studieren: »Wann kommst Du? Du könntest doch mal Neuendettelsau besuchen und anschließend einen Einblick in katholische Volksmission nehmen, eventuell auch nach Österreich fahren. Besprich das doch mal mit Lokies.«[4] Und zwei Tage später: »Ich wollte Dir noch in Ergänzung zu der Einladung hierher sagen, daß ich beste persönliche Beziehungen zu der größten katholischen Missionsgesellschaft (Steyler Mission in Wien) habe und daß ich dorthin herzlichst eingeladen bin. Ob das nicht eine Reise von Dir rechtfertigen würde? Ich finde, die Leute sind offen und bereitwillig, daß ich mir ein fruchtbares Gespräch zwischen Euch denken könnte. Ich könnte Dich ohne weiteres mitbringen, auch zur katholischen Volksmission kann ich leicht Beziehungen haben. Also ich finde, es ist doch interessant für Euch und vielleicht sachlich angebracht, daß man so etwas ausnützt . . . Sag Lokies, daß ich es für wichtig halte, diese Beziehungen jetzt anzuknüpfen!«

Ich finde heute keine Belege mehr, wieweit wir solche Beziehungen tatsächlich vorantreiben konnten. Ich weiß nur noch, daß ich mit einem Koffer voll Steyler u.a. Mate-

3 D. Bonhoeffer an die Eltern, 22. 12. 40 (GS II,390).
4 D. Bonhoeffer an E. Bethge, 16. 11. 40 (GS II 371f).

rial nach Hause fuhr und mir ein Bild zu machen suchte. Aber tiefer und weiter ging es wohl nicht.

Noch erzielten Gänge von Lokies zum Wehrmeldeamt aufschiebende Wirkung. Das wurde aber mit den ersten großen Rückschlägen an der sowjetischen Front immer schwieriger, besonders als Stalingrad mit seinen spektakulären Verlusten die Rückstellungsbedingungen immer undurchlässiger machte. Schon zuvor mußten wir schweren Herzens den Oberkirchenrat einschalten; der aber bedurfte noch anderen Druckes als nur den von der BK-freundlichen Gossner Mission. Und so mußte man bei Hymmen, dem Vizepräsidenten des EOK, durchblikken lassen, daß sich wegen der besonderen Beziehungen der Gossner Mission nach Indien die militärische Abwehr für die Aufrechterhaltung der Gossnerarbeit auch in der Heimat interessiere: »Wenn der EOK erfährt, daß man sich von militärischer Seite für die Angelegenheiten bereits interessiert hat, wird er sicher zugänglicher. Ich würde aber das bestimmt durchblicken lassen.«[5]

Im Blick auf das damalige Selbstverständnis der Arbeit interessiert vielleicht der Antrag auf Freistellung, wie wir ihn im Herbst 1942 noch einmal einreichten:

»Deutscher Evang. Missionsrat e.V. Tübingen.
Vorsitzer: Prof. D.M. Schlunk, Missionsdir. D. Knak . . .

Der Deutsche Evangelische Missionstag als die Spitzenorganisation der gesamten deutschen ev. Mission bestätigt hiermit der Goßnerschen Mission, daß eine Einberufung ihres Berufsarbeiters Pastor E. Bethge für die Weiterführung der Arbeit im Kriege nicht tragbar ist. Er ist zur Zeit der einzige aktionsfähige Geistliche der Gesellschaft. Die Gesellschaft, deren Fortbestand es unbedingt erforderlich

5 D. Bonhoeffer an E. Bethge, 15. 1. 41 (GS II,391).

macht, daß wenigstens ein einziger amtierender Geistlicher zur Verfügung steht, betreut das größte deutsche Missionsfeld in Indien und steht auch heute noch mit indischen und anderen ökumenischen Kreisen in mannigfaltigen und wichtigen Beziehungen. Das Goßnersche Missionsfeld liegt in und um das kriegswirtschaftlich wichtigste und leistungsfähigste Industriegebiet Indiens (Tata-Werke, Jamshedpur). Diese gesamte Sachlage läßt es ratsam erscheinen, die Fortführung der Goßnerschen Arbeit, die die Verbindung mit ihrem indischen Arbeitsfelde aufrecht erhält, unter allen Umständen sicherzustellen. Dazu kommt, daß Pastor Bethge in Ausübung seines Dienstes ein großes Maß Vertretungsarbeit für eingezogene Geistliche übernehmen muß und dabei durch den Hinweis auf die weltweite Bedeutung, die dieser Krieg auch für die Lage der Christenheit über die ganze Erde hat, Verständnis und Willen zum Durchhalten in solchen Kreisen fördert, die für außerkirchliche Einflüsse schwerer erreichbar sind. Unterschrift: D. Knak, Miss.-Dir., 2. Vorsitzender. Randnotiz: Befürwortet. Ev. Oberkirchenrat. Für den Präsidenten. gez. D. Hymmen. Berlin-Charlottenburg, den 10. Sept. 1942.«

Ende 1942 versagte dieses Verfahren aber endgültig. Und nun ließen mich Oster und Dohnanyi in ähnlicher Weise, wie sie das für Bonhoeffer schon 1940 arrangiert hatten, UK-stellen. Sie bescheinigten die Unabkömmlichkeit für Zwecke der Abwehr. Als Begründung führten sie an, daß der traditionelle Zugang einer Missionsgesellschaft zu Indien und damit zu dessen wachsender Verwicklung in die Kriegsläufe mit dem japanischen Vormarsch, mit englandfeindlichen Gruppierungen in Indien für die Informationen der Abwehr wichtig sei und die Benutzung unüblicher Kanäle geboten und notwendig erschiene. Tatsächlich: »Rettet er noch Indien für uns?«

Inzwischen war jedoch die Lage für von Dohnanyi und Bonhoeffer seit dem Herbst 1942 prekärer geworden. Akute Vorbereitungen für eine eventuelle Verhaftung wurden von beiden getroffen. Dazu gehörte auch, daß Dokumente, möglichst auch Berichte am Tirpitzufer dafür vorliegen sollten, daß die UK- Stellungen für das Amt Canaris keine Scheinaktionen zur Rettung der Bekennenden Kirche seien, sondern auf Sachentscheidungen beruhten. Von mir gab es jedoch zunächst solche Akten in der Abwehr kaum; sie mußten fabriziert werden und einer Nachprüfung standhalten.

So schrieb ich im Oktober 1942 zweimal ein paar Seiten für die Abwehr darüber, was wir alles aus Indien wüßten; angefangen von der japanischen Bedrohung der burmesischen Grenze zu Indien, über Selbständigkeitsbewegungen gegen die Engländer, über die Rüstungsindustrie (Jamshedpur), über Subhas Chandra Boses Achsenfreundliche Tätigkeit bis hin zu vielen Einzelheiten über neue Verkehrswege und Truppenstärken, und auch über den Besuch von Stafford Cripps in Indien.

Im Frühjahr 1943 erschien ich dann gar am Tirpitzufer bei einem Kapitän zur See, Menzel, und wir leiteten einen Besuch der mit Gossner verbundenen Missionsstellen in der Schweiz und bei deren Informationsquellen über die neueste Lage in Indien ein – nützlich für die Gossner Mission selbst, aber eben auch eventuell nützlich für den Nachrichtendienst der Abwehr. Tatsächlich erhielt ich am 2. April 1943 den Reisepaß von Kapitän Menzel am Tirpitzufer, gültig zunächst für drei Monate – welche Kostbarkeit in jenen Tagen! –, dazu die nötigen Reisemittel. Als Beruf stand eingetragen: »Missionsinspektor«, denn der Personalbogen in den Abwehrakten sagte »Missionsinspektor (Dezernat Indien) . . .«; weiter hieß es über den Zweck der Reise: »Rücksprache mit dem Internationalen Missionsrat, Finanzprobleme und Internierte; Ort und Dauer: Genf, 10 Tage ... Referenzen; Miss. Direktor D. Siegfried Knak ... Verlagsbuchhändler Heinrich Beenken ...«

Es dauerte noch bis zum Juli, daß ich die Reise tatsächlich antreten konnte. Inzwischen waren Dohnanyi und Bonhoeffer am 5. April verhaftet worden; sie unterlagen aufreibenden Verhören, u.a. auch über die Praktiken der UK-Stellungen in der Abwehr; die gut vorbereiteten Wege für Kassibernachrichten in, aus und zwischen den Gefängnissen und den Freunden (insbesondere Perels) sowie der Familie Bonhoeffer funktionierten jedoch. Die Ermittler aus Wehrmacht und Reichssicherheitshauptamt stießen keineswegs so weit vor, wie sie gehofft hatten. Canaris deckte alles mit den Erfordernissen einer militärischen Abwehr (tatsächlich bis zum Scheitern des 20. Juli 1944).

Dennoch ist es verständlich, daß der Grenzübertritt Anfang Juli 1943 in Basel ein psychisches Wechselfieber erzeugte. Denn nun bedeutete die Reise ja nicht nur eine Erforschungstour von Vorgängen in Indien, sondern auch eine zeitgünstige Unterrichtung der Freunde, von Karl Barth in Basel und von Willem Visser t'Hooft in Genf, wie, warum, unter welchen Umständen die Verhaftungen erfolgt waren, und was nun nützlich und was gefährlich werden könnte. Barth gab mir die Zigarre für Bonhoeffer zum Gruß, die dann Eingang in ›Widerstand und Ergebung‹ gefunden hat: »Nun liegt Karl's Zigarre vor mir, eine wirklich unwahrscheinliche Realität, – war er denn nett? und verständnisvoll? und Visser t'Hooft? es ist einfach großartig, daß Du sie sahst!«[6]

6 D. Bonhoeffer an E. Bethge, 26. 11. 43 (WEN 163).

Mit eng beschriebenen Zetteln kehrte ich heim. Dann saßen Klaus Bonhoeffer, Dietrichs Bruder und versierter Jurist, und ich mehrere Abende zusammen, um einen Bericht für das Tirpitzufer abzufassen, so daß man nicht gerade alle seine Überzeugungen verriet und dennoch die UK-Stellung durch die vorgelegten Informationen berechtigt erscheinen konnte – in der Richtung jener Seite vom Oktober 1942, aufpoliert und modernisiert bis zu Nachrichten über Wirkungen des Kaiserkultes in Japan auf christliche Inder (in gottesdienstlichen Räumen mußte die Verordnung über den Kaiserkult auf einem höheren Platz ausliegen als die Bibel!). Bald darauf erhielt ich eine Bestätigung und die Mitteilung, daß meine Dienste nicht mehr benötigt würden.

Das Ende und ein Neuanfang

So trat auch ich im Spätsommer 1943 den Militärdienst an. Die intensive Tätigkeit in der Handjerystraße 19/20 war zu Ende.

Nachdem ich das Kriegsende (im Gefängnis Lehrter Straße 3) überlebt hatte, setzte mich die Berliner Kirche anderweitig ein. Ich avancierte aber zum Mitglied des Gossner Kuratoriums und fand das legitim. Die inzwischen enge Freundschaft zu Hans Lokies und den Seinen blieb bestehen. Der hatte inzwischen für die vielfältig dringend gewordenen Arbeiten des Hauses in der Handjerystraße, vor allem auf dem katechetisch-theologischen Gebiet vor und nach dem Kriegsende in Berlin, anderen Illegalen der Bekennenden Kirche einen Unterschlupf verschafft, zunächst Horst Symanowski und Horst Dzubba – ersterem besorgte ich als Dibelius' Assistent 1945 den damals fast aussichtslosen Zuzug nach Friedenau –; und 1946 dann auch Günther Schultz. Ganz neue, notwendige Entwicklungsmöglichkeiten öffneten sich und veränderten das Gesicht der Gossner Mission ein weiteres Mal. Vor 1945 hatte sie sich risikofreudig den Auf- und Abbau-Impulsen einer Bekennenden Kirche geöffnet. Nach 1945 kehrte ihr Umfeld, der deutsche Protestantismus, voll zurück zum alten volkskirchlichen Landeskirchentum. Dann waren es nicht mehr häretische Nazichristen und ihre Machthelfer, welche den Illegalen das Leben schwer – aber auch lohnend – machten: sondern Ermüdungen. Aber Horst Symanowski sicherte mit seinen Freunden erst einmal das bombengeschädigte Haus Nr. 19/20 vor dem Zusammensturz mit Zement vom Schwarzen Markt.

Wie die Tegeler Briefe überlebten

20. Juli 1944. Unser Abwehrtrupp lag in einer viel zu schönen requirierten Villa am hohen Rande von San Polo d'Enza, 20 Kilometer südlich der Via Emilia; da, wo sich die ersten Kuppen des Appenin mit einzelnen Burgruinen über dem verschachtelten Städtchen erheben. Ich hatte viel Zeit, auf der sonnigen Terrasse darüber zu sinnieren, daß abermals 10 Kilometer südlich die Ruine von Canossa zu sehen sein mußte. Aber man konnte nicht hin. Dort beherrschten die Partisanen die Höhen und Klüfte. Dietrich Bonhoeffer hatte in einem seiner geschmuggelten Briefe davon geschrieben, wie verändert wir nun an ›Canossa‹ dächten. Statt für Heinrich IV. brächten wir jetzt auch für den Papst Gregor Verständnis auf: »Wir haben alle diese großen Auseinandersetzungen in der Schule als ein europäisches Unglück ansehen gelernt. In Wahrheit liegt in ihnen der Ursprung der geistigen Freiheit, die Europa groß gemacht hat.«[1]

Die Offensive der Alliierten, von der Rom und so auch

1 WEN 391.

der Vatikan, den Dietrich seit mehr als 20 Jahren liebte, verschont geblieben waren, lag gerade ein paar Wochen zurück, als ich ihm brieflich angedeutet hatte, nun solle er meinen Standort nicht fern von Canossa suchen.

Unweit von Rom

Der Abwehrtrupp, zu dem ich seit Januar gehörte, war eine überschaubare Einheit von 16 Mann. Sie hatte Informationen aus der Etappe hinter der eigenen, wenn möglich aber auch hinter der gegnerischen Front für Kesselrings Hauptquartier zu beschaffen. Davon wurden wir Gemeinen freilich kaum berührt. Wir bedienten die Fahrzeuge, sorgten für die Fourage und standen nachts Wache. Die eigentlichen Aufgaben nahmen die Chargen wahr: der unpreußische Major Tilp aus Österreich und der ›preußische‹ Leutnant Sarstedt aus Hannover (der hatte das nächtliche Wachestehen seit kurzem durchgesetzt, und wir liebten ihn darum nicht so sehr); dazu der mit allen Wassern gewaschene Spieß aus Dresden, bald zum Oberfeldwebel befördert. Sonst gab es noch ein paar Unteroffiziere aus Bayern, warmherzig und skrupellos zugleich; einige gewandte doppelsprachige Südtiroler, unter ihnen den Meraner Rechtsanwalt Rainalter; der war mir bald zu einem Vertrauten geworden, und ich gab ihm dann manche Seiten aus Bonhoeffers Briefen zu lesen, wenn er nicht gerade Außendienst zu versehen hatte, also etwa Dolmetschen in Mailänder Dienststellen.

Ich hatte zunächst gar keinen rechten Platz in dem Häuflein. »Wir haben Sie gar nicht angefordert; was machen wir mit Ihnen?«, so hatte ich die Reaktion des Chefs in einem Brief am 24. 1. 44 nach Hause wiedergegeben.

Als ich noch zur Rekrutenausbildung in Lissa war, hatte mich ein Unteroffizier einen Blick in Papiere der Schreibstube tun lassen, und so heißt es im Brief an meine Frau: ».. . soll übernommen werden zwecks Abstellung zu einer Abwehr-Feldeinheit. Bethge ist bei der Abwehr tätig gewesen und soll ihr wegen seiner Kenntnisse erhalten bleiben.« Ich hatte hinzugefügt: »Unterschrieben von dem Mann von Justus.« Das hieß: Klaus Bonhoeffers Schwager Justus Delbrück und Karl-Ludwig Frh. von Guttenberg, beide einst von Hans von Dohnanyi zu Canaris geholt, taten immer noch am Tirpitzufer Dienst und konnten z.B. solche Personalanweisungen im Sinne der Familie arrangieren, so daß ich eben nicht in Rußland untergehen, sondern in Italien besser dran sein sollte. Nun, im Juli, war ich inzwischen vom Schützen über den Obersoldaten zum Gefreiten aufgerückt. Tilp hatte mich vor Monaten zum Schreiber der Einheit gemacht.

Zuvor, als die Alliierten ihre Offensive aus dem Raum Cassino und Anzio-Nettuno zum nördlichen Appenin noch nicht gestartet hatten, war das anders. Damals hatte unser Trupp zwischen Feldern und Olivenhainen in einem alleinstehenden Bauernhaus gelegen, an der Via Flaminia bei Rignano, unterhalb des felsigen Monte Sorate. Von ihm konnte man bei klarer Sicht die Kuppelspitze von St. Peter ausmachen. Wegen dieses Kalkfelsens hatte mir mein Schwiegervater Rüdiger Schleicher das Horaz'sche Gedicht auf den schneebedeckten ›Sorate‹ abgeschrieben. Jetzt lag dort auf halber Höhe Kesselrings Hauptquartier in tiefen Stollen, bald von massierten Bomberangriffen heimgesucht. Wir aber hatten mehrmals in der Woche dort zu tun, nicht nur für Proviant, sondern mehr noch um der Post willen, für mich wegen der aus Charlottenburg und aus Tegel.

Außerdem hatte unser Trupp seit Februar südlich von Rom im schönen Städtchen Velletri ein Filialkommando einzurichten, das freilich weniger anziehend wirkte, seit den Engländern und Amerikanern die Landeoperation bei Anzio und Nettuno gelungen war. Wiederum in einer requirierten, viel zu feinen Villa. Fensterscheiben hatte es dort nicht mehr gegeben; die Schiffsgeschütze der Alliierten reichten bis in die Stadt. Als ich unsere Villa zum ersten Mal sah, stand der rote Wein im Keller knöcheltief vor den Fässern. Damals hatte ich den Major öfter in einem unserer modernsten Citroëns von Rignano nach Velletri zu kutschieren; manchmal selber am Steuer, manchmal vorn auf dem Kotflügel, um rechtzeitig Luftangriffe auf die Straße auszumachen.

Allerdings, auf diesen Fahrten hatte es regelmäßig Aufenthalte in der ›Ewigen Stadt‹ gegeben, wenn der Chef dort z.B. im Zusammenhang mit den Geiselerschießungen in den Ardeatinischen Höhlen (24. 3. 44) zu tun hatte – was mir erst nach dem Krieg wirklich aufgegangen ist. Wir Troßknechte waren nicht unterrichtet, und illegales Abhören ausländischer Sender war in jenen Tagen für uns schwer möglich. Diese für mich selbst freien Stunden im verschonten Rom, der ›offenen Stadt‹, hatten jedenfalls einen hohen Kompensationswert für die sonst ungeliebten, gefährlichen Velletri-Trips.

Meine Andeutungen von den Rom-Besuchen im Frühjahr hatten Dietrich in der Tegeler Zelle in Erregung versetzt: er erinnerte flugs an unseren gemeinsamen Aufenthalt in Rom 1936 und erst recht an seinen Eindruck von Laokoon 1923; er dachte sofort daran, wen ich alles im Vatikan aufsuchen könnte, falls ich in eine kritische Lage käme, weil wir doch mit dem einen oder anderen aus dem

Vatikan einmal in Ettal 1940 zusammengesessen hatten. Ich war jedoch nur einmal zu einer Papstaudienz für deutsche Soldaten vorgedrungen. Da waren wir zu Hunderten an Pius XII. vorbeidefiliert. Wir bekamen sein Foto in großer Gebetsgeste in die Hand gedrückt. Mein Versuch, ihm schnell anzudeuten, ich sei illegaler Pfarrer der Bekennenden Kirche, blieb zu meiner Enttäuschung ohne merkliche Erwiderung. Ganze Rom-Passagen der Tegeler Briefe verdanken sich jedenfalls diesem Chauffeurdienst für den Major Tilp zwischen Februar und Mai 1944.

Rignano war übrigens auch nicht das anfängliche Idyll geblieben, in dem Rainalter und ich auf langen Wegen durch Hügel und Schluchten einander unsere Zugehörigkeiten offenbart hatten. Je näher die Offensive der Alliierten gerückt war, um so häufiger wurden die Flaminia und der Sorate bei jedem Sonnenschein zu Zielen der zischenden Spitfires, so daß man sich nur noch nachts sicher fühlte. Als dann aufgrund der Bombenangriffe Kesselrings Felseingänge in Staubwolken gehüllt lagen, war ich geplagt gewesen von der Befürchtung, ob der schon genehmigte Urlaub zur Taufe des Sohnes in Berlin noch zustande käme und so auch die Wiederbegegnung mit Dietrich, den wir zum Patenonkel zu machen gedachten, sowie mit Friedrich Justus Perels, der wie ich bei seinem Sohn nun gleichfalls bei dem unseren das Patenamt übernehmen sollte. Tatsächlich war die Abreise in diesen Urlaub zustande gekommen. In einer langen Odyssee zu den erst 50 Kilometer nördlich einsetzenden Bahnen war ich gerade noch der anrollenden Offensive entkommen. Diese sollte die Unseren in Rignano und Velletri zu einer rasanten Flucht über Rom bis Florenz nötigen.

Als ich Wochen danach unseren Trupp in Montevettolini unverändert wieder gefunden hatte, einem idyllischen Weindorf auf der Höhe zwischen Florenz und Lucca, da empfing ich meine erste soldatische Beförderung – zum Obersoldaten. Die Begründung: weil ich mich im Chaos aufgelöster und neu zusammenzustellender Verbände zwischen München, Verona und Florenz zur Einheit durchgeschlagen hatte. Heute spekuliere ich, ob die Korrespondenz von und nach Tegel wohl hätte weitergehen können, wenn man mich kurzerhand in die kämpfende Linie weitergeschleust hätte. Ob dann die immer noch beim Abwehrtrupp unter seiner Feldpostnummer eintreffenden Briefe je in unsere Hände gelangt wären? Und das waren gerade jene theologisch brisanten Stücke aus dem April und Mai 1944. Damals fand ich die Beförderung komisch, heute weiß ich besser, wie verdient sie war.

Briefe aus den vorangegangenen Monaten, seit Dietrich im November 1943 den Schmuggel durch seinen Wach-Unteroffizier Knobloch eingefädelt hatte, waren bei der Taufreise im Mai nach Berlin mitgegangen. Die meisten davon hatten wir schon in Gasmaskenbüchsen im Schleicher'schen Garten vergraben. Die haben wir nach dem Krieg sogar wiedergefunden, was durchaus keine Selbstverständlichkeit war. Wieviel ähnliche Verstecke sind nicht wieder gefunden worden, oder wenn gefunden, dann bereits von Nachbarn geplündert.

Unweit von Canossa

Jetzt in S. Polo d'Enza verbrachte ich lange warme Julitage in unserer opulenten Villa, während Major, Leutnant und Kameraden zu Außendiensten verschwanden. Ich erledigte die Dienstpost und hatte viel Zeit für mich, eben auch für Briefe. Damals begann ich, Abschriften von den theologischen Partien der Tegeler Briefe auf der Dienstmaschine anzufertigen. Ich hatte Dietrich um Zustimmung gebeten. Finkenwalder Freunde wie Albrecht Schönherr, Winfried Maechler und Wolf-Dieter Zimmermann sollten schon mitbedenken können, was mich abseits in Italien nun allerdings überraschte und erregte. Religion zu kritisieren, das war jungen Bekenntnispfarrern seit Jahren geläufig, und wir brachten das mehr oder weniger geschickt in unsere Predigten ein. Aber dies ging doch weiter und tiefer. Dietrich merkte wohl, daß ich es kaum lassen konnte, sein Weiterdenken mitzuteilen, und so hatte er auch sein eigenes Verhältnis zu den neuen Tegeler Überlegungen seit dem Brief vom 30. April umschrieben:

> »Übrigens fände ich es ganz nett, wenn Du meine theologischen Briefe nicht wegwerfen würdest, sondern sie, da sie Dich dort sicher belasten, dann von Zeit zu Zeit an Renate schickst. Ich möchte sie später vielleicht wieder einmal für meine Arbeit lesen. Manches schreibt man im Brief unbefangener und lebendiger als im Buch und im brieflichen Gespräch habe ich oft bessere Gedanken als für mich allein.«[2]

Ich war schon sehr erfüllt von diesen Sätzen und von dem erstaunlichen Weiterfluß von Woche zu Woche. Ich war stolz und hilflos zugleich. Ich fühlte mich obenauf durch das gewährte Vertrauen und überfordert zugleich. So beherrschte mich der Wunsch, außer mit dem theologisch unerfahrenen Katholiken Rainalter schon mit den Berliner Freunden Austausch zu pflegen. Ich hoffte wohl auch, damit etwas sicherer zu werden für meine erwarteten Antwortbriefe auf Dietrichs Reflexionen. Daß diese

2 Brief vom 8. 7. 44 (WEN 380).

Blätter einmal ein weltweites Echo finden würden, das ahnte ich nicht. Es ist heute ein bißchen schwierig, mich in die Gemütslage zurückzuversetzen, wenn die Post mit solchen Aufzeichnungen eintraf. Zu viel habe ich inzwischen hinter ihnen hergedacht, geschrieben – und noch mehr gehört und gelesen. Immerhin, mein erster und vorerst einziger Partner, Rainalter, begann mit mir neugierig zu werden, was die nächste Sendung bringen würde. Und der war jetzt oft gar nicht da.

Die Kameraden taten Dienst in Reggio Emilia, in Mailand oder auf Stoßtrupps im Bergland; zweifellos waren das unangenehme Erkundungsaufträge in von Partisanen durchsetzten Tälern und Schluchten. Dort muß es auch zu grausigen Aktionen gekommen sein. Ich fragte nicht viel danach, oder ich verdrängte sie schnell.

Einmal war ich freilich nicht nur Schreiber. Unsere Leute hatten eines Tages einen gefangenen Zivilisten mitgebracht. Seine Verhöre waren offenbar nicht abgeschlossen. Es war ein gebildeter Italiener von der Art, wie der bei der Requirierung gedemütigte Besitzer unserer Villa gewesen sein mochte, dem wir vandalisch die erlesenen Kommoden und Schreibtische ausgeräumt hatten. Dieser Gefangene hatte nun in unserem Keller verriegelt zu warten und ich ihn tagsüber zu verköstigen. Radebrechend kamen wir beide ins Gespräch. Als ich ihm verriet, ich sei evangelischer Pfarrer, bat er mich plötzlich um Beichte und Absolution. Er ließ sich auch nicht davon abbringen, als ich ihm vorhielt, für ihn besäße ich kein katholisches Dimissoriale. Was ich verstand, hatte kaum zu tun mit den eventuellen Gründen seiner Verhaftung. Er wollte wohl für den Fall eines schlimmen Ausgangs mit sich im Reinen sein. Ohne die Finkenwalder Erfahrung mit Einzelbeichte und Absolution wäre ich an diesem Tage einigermaßen hilflos gewesen. Über das Wohin dieses Mannes und sein Schicksal habe ich nie mehr etwas gehört.

Und der 20. Juli? Der Abend hat sich mir glashell eingeprägt. Es gehörte ja zu meinen täglichen Aufgaben, den Wehrmachtsbericht und sonstige Meldungen am Abend aufzutischen. Der Schock durch die kurze erste Meldung von einem Attentat im Führerhauptquartier saß tief.

Denn auch in S. Polo d'Enza war ich nicht schlecht informiert. Erstens hatte das eventuell kurz bevorstehende Putsch-Datum (»es kann nicht mehr lange dauern«) zu den Themen gehört bei dem einstündigen Gespräch zwischen Dietrich und mir in einer Einzelzelle Anfang Juni in Tegel. Zweitens ging Renate in ihren täglichen Briefen perfekt mit der Codesprache der Familie um. Klaus Bonhoeffer hatte in jenen Wochen zusammen mit Otto John die engsten Beziehungen zu den zentralen Planern des Putsches, und sie hatten ihren Optimismus für den baldigen Akt immer deutlicher spüren lassen. So hatte auch ich in der Ferne darauf gehofft, die erwarteten Veränderungen würden nicht noch länger auf sich warten lassen.

Und nun war die furchtbare Meldung da. Was sollte ich davon halten, ohne jede Möglichkeit nachzufragen oder Reaktionen auszutauschen? Stimmte es denn wirklich so, wie es der deutsche Sender beschrieb? Schließlich erschien der Major Tilp an der riesigen antiken Holztafel im Eßraum, holte seine Pistole aus dem Futteral, legte sie vor sich auf den Tisch, begann an den ›Verrat am Führer am 30. Juni 1934‹ zu erinnern und sagte: »Wenn hier ein einziger ein Wort gegen den Führer äußert, schieße ich ihn über den Haufen!« – und ließ den Führer hochleben.

War Tilp ein solcher Nazi? War er sich in diesem Moment wohl eine derart übertriebene Reaktion schuldig? Aus uns verborgenen Gründen? Meine Gedanken flogen nach Berlin, in die Marienburger Allee 42 und 43, nach Sakrow, hinter die Mauern von Tegel und zum Gefängnislazarett Buch, wo Hans von Dohnanyi gelähmt und isoliert lag. So bald wie irgend möglich zog ich mich zurück, um nicht reden zu müssen. Rainalter war auswärts. Bis zum Morgen tat ich, sonst mit schnellem Schlaf gesegnet, kaum ein Auge zu. Wenn die Meldungen auch nur annähernd stimmten, war nun am nächsten Tag für die Familie, für ihre Gefangenen, für ein anderes Deutschland alles dahin? Wie mochte es im einzelnen zu Hause aussehen? Wann würde ich etwas erfahren?

War nun Schluß mit den Briefen? Würden welche in falsche Hände geraten? Der kürzeste Feldpostweg zwischen Berlin und S. Polo d'Enza betrug jetzt etwa zehn Tage, aber manchmal dauerte es ebensogut vier Wochen. Bald vernahmen wir, daß 14 Tage lang keinerlei ›unwichtige‹ Fracht mehr über den Po befördert werde (infolgedessen hatte ich einmal auf einen Schlag 14 Briefe von Renate auf dem Schoß!). Wie lange würde ich nun auf eine erste Nachricht warten müssen über Ereignisse in der Marienburger Allee, in der Tegeler Zelle? Die Möglichkeit, sogleich zu telefonieren, hatte ein Gefreiter, auch in dieser Etappenstellung, nicht. Und umgekehrt, ein Telegramm an ihn aus Berlin? Unmöglich! Was sollte es auch enthalten, ohne sich auffällig zu machen?

Eigentlich mußte in der Tat noch eine Anzahl von Briefen Dietrichs an mich unterwegs sein. Würden die nun abgefangen – mit kaum ausdenkbaren Folgen?

Während des Urlaubs im Mai hatte Christel von Dohnanyi uns ja schon einmal geraten, den Briefschmuggel zwischen Tegel und Italien besser einzustellen. Bei meinem Besuch in der Tegeler Zelle hatte ich darüber mit Dietrich noch sprechen können. Hierbei waren wir allerdings zu dem Schluß gekommen, damit fortfahren zu sollen; natürlich galt es vorsichtig zu sein im Blick auf Inhalt und Ausdrucksweise, aber wir meinten uns getrost weiterhin des nun bereits seit acht Monaten erprobten Weges über den vertrauenswürdigen Knobloch bedienen zu können; der empfing und expedierte die Korrespondenz (Umschlag mit seiner Hand geschrieben) in und von seiner privaten Frohnauer Adresse.

Aber nun? Tatsächlich kamen bald weitere Briefe von Dietrich an; aber noch stammten sie laut seiner Datierung und dem Frohnauer Poststempel aus der Zeit vor dem 20. Juli. Immerhin! Am 31. Juli schrieb ich noch an Renate: »Wann werde ich etwas aus Tegel, Eichkamp usw. wissen?«[3] Dann traf endlich der erste Brief von Renate ein, tatsächlich *nach* dem 20. Juli in Berlin geschrieben. Und er enthielt kein Wort über eine zu beachtende Veränderung.

Schließlich traf auch Dietrichs Brief vom 21. Juli ein[4], der mir seitdem der teuerste ist: mit jener Reaktion, daß er im für ihn selbst dunkelsten Augenblick, nämlich der offensichtlichen Vernichtung aller eigenen wie gemeinsamen Hoffnungen, sich zuerst in unsere wartende Lage draußen versetzte, ehe er dann seine Reflexion aufschrieb und Rechenschaft gab über das nun wohl beendete Leben, über seine Fragen und Antworten. Kurz darauf kam auch das Gedicht ›Stationen auf dem Wege zur Freiheit‹ mit je-

3 Eichkamp hieß Klaus Bonhoeffers Wohnviertel.
4 WEN 401f.

ner letzten Strophe von der Freiheitsstation des Todes. Dazu schrieb er noch einmal acht Tage nach dem 20. Juli – und das war dann schon der vierte Brief, der mich, nach dem Putsch geschrieben, unverändert durch Knobloch erreichte: »Nicht nur die Tat, sondern auch das Leiden ist ein Weg zur Freiheit. Die Befreiung liegt im Leiden darin, daß man seine Sache ganz aus den eigenen Händen geben und in die Hände Gottes legen darf. In diesem Sinne ist der Tod die Krönung der menschlichen Freiheit. Ob die menschliche Tat eine Sache des Glaubens ist oder nicht, entscheidet sich darin, ob der Mensch sein Leiden als eine Fortsetzung seiner Tat, als eine Vollendung der Freiheit versteht oder nicht. Das finde ich sehr wichtig und sehr tröstlich.«[5] Heute höre ich aus dem »sehr wichtig und sehr tröstlich« die Freude daran heraus, daß damit nun offen liegt, wie die lange Konspirationszeit tatsächlich der reale Weg zur Befreiung aus dem Sog des Komplizentums der ›Anständigen‹ mit dem Bösen gewesen ist. Deshalb gehörten nun das ›Leiden‹ und der ›Tod‹ untrennbar zum Befreiungsakt.

Heute belegen die erhaltenen Nachlässe, wie unbehelligt Dietrichs Sendungen *nach* dem 20. Juli noch im August in S. Polo d'Enza angekommen waren. Und was enthielten sie alles: Entwürfe zu ›Wer bin ich‹, zu ›Christen und Heiden‹, und eben auch die ›Stationen . . .‹ Ich schrieb sie sofort mit der Hand ab und schickte sie meiner Frau und damit der Familie in Berlin. Einem Vetter, der auf der Rückkehr nach Deutschland zu einer neuen Formation plötzlich in unserer Villa auftauchte, gab ich Teile der Briefe mit, damit sie dort oder in Kade bei meiner Mutter aufbewahrt würden. Darunter befand sich auch jenes Fo-

5 WEN 407.

to, auf dem man Dietrich Bonhoeffer im Hof von Tegel sieht, mit Schriftstücken in der Hand; ich schrieb am 4. August an Renate: »Von Dietrich, dem großen (im Unterschied zu unserem sechs Monate alten Sohn, EB) habe ich auch ein Bild bekommen, eins in Hemdsärmeln, etwas ermattet von Hitze, fremd finde ich«, – und ich fuhr fort: »Gestern kam übrigens wieder ein sprachlich besonders gutes Gedicht, das ich Dir noch aufschreiben werde.«[6]

Dennoch, die Tage blieben bestimmt von der Isolierung. Und Rainalters Aufträge in Mailand wollten kein Ende nehmen. Sarkastisch schrieb ich am 7. August nach Hause: »Als gestern die Namen der schuftigen Offiziere bekannt gegeben wurden, meinten sie hier alle ganz richtig: ›natürlich lauter Grafen und Barone.‹ Sie sind doch alle wieder sehr viel mutiger und entschlossener geworden.« War das nicht schon eine Vorform für das heutige fatale Einteilungsschema des Widerstandes in allein zwei Gruppen: ›nationalkonservative‹ und »sozialistisch-kommunistische?« Natürlich, in jenen Tagen waren allein jene Offiziere sichtbar geworden. Aber wir wußten es damals anders.

So ging die Korrespondenz fast unverändert Woche um Woche weiter. Das Reichssicherheitshauptamt war zunächst einmal auf keine Beweise gestoßen, seit wann und wie tief Dohnanyi, die Bonhoeffer-Brüder und -Schwäger in den Komplex hineingehört hatten, der zum 20. Juli führte – und vornehmlich dieser stand ja zunächst im Mittelpunkt der Ermittlungen. Heute wissen wir präziser, wie sich das unwiderruflich änderte mit dem sogenannten Zossener Aktenfund am 22. 9. 44 durch den RSHA- Kom-

6 Wohl die ›Stationen auf dem Wege zur Freiheit‹.

missar Sonderegger, der schon bei Dietrichs Verhaftung am 5. 4. 43 durch Roeder und bei dessen Verhören dabei gewesen war; mit jener Entdeckung eines Aktenschrankes im Auslagerungsdepot der Abwehr. Erst von da an begann sich die Lage katastrophal zu verschlechtern.

Freilich, Dietrichs Briefe enthielten nun so bisher selten erteilte verschlüsselte Ratschläge, auf wen ich mich berufen könnte, sollte ich in die Hände der Alliierten geraten – hier tauchte übrigens neben Leuten der Ökumene auch der Name Gaetano Latmiral auf[7], ein damals in Tegel mit einsitzender italienischer Offizier und Physikprofessor aus Neapel, der uns heute im Internationalen Bonhoeffer-Komitee eng verbunden ist; Ratschläge aber auch, wie ich unsere Beziehung beschreiben könnte, sollte auch ich in den Strudel der Verhöre geraten: nämlich im jetzt letzterhaltenen Brief vom 23. August: »Übrigens H. (Hans) und O. (Oster)« – d.h. die UK-Stellung 1942 für die Abwehr – »interessierten sich für Deine Missionsarbeit, ich hatte nichts damit zu tun. Es wurde bisher noch nie darüber gesprochen. Unsere Beziehung ist wesentlich kirchenmusikalisch und wissenschaftlich theologisch; außerdem war Renate der große Anziehungspunkt.«[8] So ähnlich verfuhr ich dann auch mit Erfolg, als ich tatsächlich den Gestapo-Kommissaren gegenüber Rede und Antwort stehen sollte.

Meinerseits fuhr ich in S. Polo d'Enza immer noch fort, Passagen zur ›nichtreligiösen Interpretation‹ abzuschreiben; jetzt auch für Renates Vater, wie ich ihr am 14. August mitteilte. Ich fuhr fort, angesammelte Briefe von Dietrich an meine Mutter zu schicken. Denn nun durften ja wirk-

7 WEN 418.
8 WEN 428.

lich diese Schmuggelbriefe in keine Gefahrenzone geraten.

Aber selbst dann änderte sich an unserem Briefwechsel noch nichts, als die erste Nachricht von Renate kam, daß nun auch Klaus Bonhoeffer am 1. Oktober und Rüdiger Schleicher am 4. Oktober verhaftet worden seien und in Einzelzellen des RSHA-Hilfsgefängnisses, Lehrter Str. 3 säßen – und wie ihr Vater zunächst die Annahme des Essens verweigerte, das ihre Mutter für ihn und Klaus ins Gefängnis gebracht hatte, weil die Familie draußen nicht um seinetwillen darben sollte. Damals war auch wieder eine Warnung von Christel von Dohnanyi ergangen, die Situation doch nicht zusätzlich durch die Fortsetzung der illegalen Korrespondenz zu gefährden. Tatsächlich schränkte ich ein! Aber wollte es Dietrich ebenfalls? Ihm schrieb ich am 21. September; »Was wirst Du von mir denken! Ich weiß nicht recht, was ich tun soll, da mir so heftig gegenteilige Ratschläge erteilt werden. Aber vielleicht sind sie doch überflüssig?«[9] In diesen Tagen kam ja auch noch das Gedicht ›Der Tod des Mose‹. Was tatsächlich Anfang Oktober in Berlin vor sich ging, erfuhr ich erst später: Dietrichs Fluchtplan und sein Aufgeben, Klaus' und Rüdigers Verhaftung, Dietrichs Überstellung aus dem ›freundlichen‹ Tegeler Militärgefängnis in das Kellergefängnis der Prinz-Albrecht-Straße am 8. Oktober. Von jenen Tagen an hat mich kein unmittelbar an mich adressiertes Wort von Dietrich mehr erreicht.

Aber davon konnte ich ja im Oktober in Italien zunächst nichts wissen. Die letzten anstandslos beförderten Briefe vom September enthielten bei aller spürbaren Ein-

9 WEN 431.

trübung des Himmels über der ganzen Familie und über nahen Freunden wie etwa Perels noch Weiterführungen der theologischen Gedanken. Es war ja auch gerade noch die berühmt gewordene Skizze ›Entwurf einer Arbeit‹[10] angekommen. Freilich stand auch etwas über die Falschmeldung im gleichen Brief, Oster habe Selbstmord begangen[11]; und auch etwas darüber, daß er – Dietrich – jetzt nichts mehr bei sich in der Zelle aufbewahre. Er gab nun bei Sprecherlaubnissen u.a. auch meine Antwortbriefe an ihn den Eltern mit, von denen ich sie nach dem Kriege wieder bekam; sie trugen noch Daten bis Ende September. Kunde von den neuen Verhaftungen am 1. und 4. Oktober enthielt erst Renates Brief, der relativ schnell am 13. Oktober in S. Polo d'Enza eintraf.

In diesen selben Oktobertagen erschien übrigens in England zum ersten Mal ein Artikel, »der der englischen Öffentlichkeit zu sagen wagte, daß es sich bei den Leuten des 20. Juli nicht um die Clique sich gegenseitig vernichtender Militaristen und Feinde der Freiheit gehandelt habe.[12] Gerhard Leibholz war der Verfasser«.

Unweit von Mantua

Am 18. Oktober wurde unsere Einheit aus dem luftigen Luxusdomizil nordwärts verlegt. Das erzeugte nicht nur traurige Gefühle. Der von Regengüssen angeschwollene Po, wegen der aggressiven Spitfires der Schrecken für alle

10 WEN 413–416.
11 WEN 418.
12 DB 1002, Wiedergabe aus: New English Weekly, Vol. XXVI, No. 1,6.

Passierenden auf den langen Pontonbrücken, würde für einen Rückzug nicht mehr zwischen uns und der Heimat liegen. Inzwischen war der Major Tilp von uns weg befördert worden und der Leutnant Sarstedt an seine Stelle getreten. In jenen Tagen traf unseren Unteroffizier Weiß, gegen den ich viele Schachpartien verloren hatte, unterwegs der tödliche Partisanenschuß.

Nach Hause schrieb ich, jetzt solle man sich mein Domizil nahe der Geburtsstadt Vergils, des Verfassers der Äneis, vorstellen. Das war Mantua, wo Andreas Hofer ›in Banden‹ gelegen hatte. Ich ahnte noch nicht, daß mir kaum Zeit verbleiben sollte, es kennenzulernen. Aber es war genug Zeit, sich in einem riesigen, schon vorgeplünderten, »Mäusedurchhuschten«[13] Schloß einzurichten. Ja, selbst dort kam ich noch dazu, Auszüge aus Dietrichs neusten theologischen Briefabschnitten zu tippen. Das bezeugt auch noch ein Brief, den ich an Renate am 26. Oktober schrieb, also zwei Tage vor dem 28., an dem ich alle verdächtigen Papiere in Eile vernichtete.

Das war ein Samstag. Im letzten Brief aus dem Feld von diesem 28. Oktober steht ein Zusatz, offenbar noch am späten Abend geschrieben: »Jetzt faß Dir einen festen Mut. Eben wird mir eröffnet, daß ich nach Berlin gebracht werden muß. Warum das? ... Hab Vertrauen und Geduld ... Du wirst mit mir sehr getrost allem entgegensehen, was uns auferlegt wird. Du weißt, daß sich ein Mann gern zur Klärung einer Sache, zum Zerstreuen von Verdachten, zur Beseitigung von Bedrohungen der Allgemeinheit solcher Lage unterziehen muß. Das tut der Vater, und das tue nun ich. Vielleicht, so hoffe ich, können wir uns sogar hel-

13 So im Brief an Renate Bethge.

fen . . . Das ›Äußere‹ – Du weißt ja, daß ich mich leicht und gut in alle Lagen hineinzufinden weiß, da brauchst Du keine Sorgen zu haben. Und das seltener-voneinander-Hören, darin hat uns die Feldpost ja schon manchmal etwas geübt!« Das war geschrieben in der Vermutung, daß meine Feldpostbriefe nun wohl kontrolliert würden.

Was war an diesem Abend geschehen? Gegen sechs Uhr – es war schon dunkel – kam unser Kradfahrer von der Poststelle in Mantua zurück. Ordnungsgemäß übergab er mir die Dienstpost; in verschlossenem Umschlag dabei ein ›Gekados‹[14]-Telegramm.

Schon Tilp hatte mich vor geraumer Zeit beauftragt, ihm mit der übrigen Post auch Gekados-Schreiben zu öffnen und vorbereitet auf seinen Schreibtisch zu legen. Und Sarstedt hatte die Praxis erstaunlicherweise beibehalten. So geschah es, daß ich dieses Telegramm als allererster las. Da stand die dürre Anweisung: Der Gefreite Eberhard Bethge ist unter schwerer militärischer Bewachung sofort an das RSHA Berlin, Kurfürstenstraße zu überstellen.

Meine erste Reaktion: Das Papier verschwinden lassen? Unmöglich! Das bringt meinen Kameraden in Schwierigkeiten, der den Empfang ja gerade in Mantua quittiert hatte. Die zweite Reaktion: Ich ging an meinen Spind. Ich war ja allein, kein Kamerad im Zimmer, kein Chef oder Spieß nebenan. Ich kramte alle Briefe und Zettel von Dietrichs Hand zusammen – und vielleicht auch eben jene Auszüge! – und verbrannte sie im eisernen Ofen meiner Schreibstube. Ich habe immer geglaubt, daß es sich um mindestens einen weiteren Monat Briefe gehandelt hat, also um die September-Korrespondenz, so daß nun der Brief vom

14 Geheime Kommandosache.

23. August als letzter erscheint. Er war aber nicht der letzte gewesen. Das bestätigen auch Bemerkungen in Briefen an meine Frau, der ich nette Aussagen Dietrichs über mich mitteilte; leider sagen diese Bemerkungen nichts über den Fortgang des theologischen Diskurses. Jetzt, in der Schreibstube mußte ich jedenfalls alle Spuren des Schmuggels tilgen. Konnte ich denn wissen, wie sich der eifrige Chef verhalten würde? Könnte Sarstedt nicht sogar weitere Anweisungen aus Berlin telefonisch einholen und dem Absender des Gekados im RSHA eine Vollzugsmeldung zu erstatten versuchen? Wie konnte ich Dietrich, Knobloch und mich Gefahren aussetzen mit Beweisstükken, die vielleicht noch gar nicht entdeckt waren?

Meine dritte Reaktion: Ich ging hinaus, um mich in der Kühle zu besinnen. Dort traf ich den intelligenten Unteroffizier Frank, den stämmigen Haudegen, kürzlich mit dem Eisernen Kreuz ausgezeichnet für eine tollkühne, aber sicher auch grausame Aktion in bergigen Partisanendörfern südlich von Polo d'Enza; zuweilen gar bildungsbeflissen und seit einiger Zeit bemüht um Annäherung an mich, wenn Rainalter länger abwesend war – und heute abend war jener abwesend. Ich sagte Frank von dem Telegramm. Er erregt: Da gibt's nur eine Lösung, sofort abhauen zu den Partisanen! Damit reagierte er jedenfalls nüchterner und mißtrauischer als bald darauf der Chef. Meine Antwort: Das ist unmöglich. Ich habe eine alte Mutter zu Haus und die junge Frau mit dem kleinen Kind. Ich kann die Lage der Familie nicht noch weiter erschweren. Außerdem wußte ich natürlich, daß ich nicht der Typ für Risiken in den Partisanenbergen war, um dort weit zu kommen. Ja, unmöglich! Bei diesem Gespräch war der Söldnertyp und Überlebenskünstler Frank nett und voll spontaner Wärme. Ich ging wieder hinein, ordnete die Dienstpost, legte sie auf Sarstedts Schreibtisch und stieg zum Abendessen hinauf. Es war sieben Uhr.

Dort erschien der Chef: »Na, Bethge, was ist denn das da mit Ihnen?« Das klang eher freundlich als inquisatorisch. Meine Antwort: Ich hätte erfahren, daß mein Schwiegervater in Verhöre verwickelt sei, vielleicht brauche man mich dabei; es gäbe ja auch so etwas wie Sippenhaft. Er: Das wird schon nicht so schlimm sein; morgen sehen wir weiter; wir schicken Sie nach Berlin, und in 14 Tagen sind Sie wieder bei uns. Ihre Sachen lassen Sie ruhig hier. Nichts von Durchsuchung oder Beschlagnahme, nichts von Anruf im RSHA. Nachdem ich ein paar Tage später wußte, was sonst noch alles vor dem endgültigen Schritt in die Einzelzelle möglich wurde, konnte man wirklich gram werden in Gedanken an die eben verbrannten Briefe; aber dergleichen Gedanken kamen mir erst viel später.

Am nächsten Morgen stellte Sarstedt zu meiner Begleitung die beiden Unteroffiziere Stahl und Rummelsberger ab. Das waren zwei nicht mehr junge bayrische Familienväter, voll inneren Anstandes, obwohl mit vielen Wassern gewaschen. Stahl hatte mich schon einmal in schwieriger Lage begleitet, nämlich als ich beim Umzug von Montevettolini nach Polo d'Enza für den Spieß durchaus einen Fiat-Oldtimer nachts über den Appenin steuern sollte und wir beide in Ermangelung jeden Ersatzteils schließlich nur noch auf Speichen und Felgen rumpelnd ans Ziel gelangten und meldeten: Befehl ausgeführt! Und Rummelsberger konnte zuweilen protestieren, wenn es allzu schweinisch und zynisch bei Tisch zuging; er hatte sich einmal für meine Fotos von der Familie in Berlin interessiert.

Für die lange Reise behielt ich zwar meine Schulterstükke und meinen Gefreitenwinkel am Arm, durfte aber kein Seitengewehr mehr anlegen. Der Spieß steckte mir alle Taschen voll mit Zigaretten, der unersetzlichen Währung jener Tage. Zum Brenner hinauf ging es zum Glück in Wolken und Regen, und auch in München blieben wir von Bombenangriffen verschont. Die beiden Unteroffiziere besuchten hier erst einmal ihre Frauen; mich überließen sie der eigenen Muße. Ob ich noch wie früher Dietrichs Kusine Ninne Kalckreuth und Dr. Josef Müllers Frau in der Gedonstraße 4 besucht habe – letztere ja auch in Berlin verhaftet –, weiß ich nicht mehr. Sollte ich selbst versuchen, zu Haus in Berlin anzurufen? Aber das kam nicht in Frage, weil die beiden Häuser in der Marienburger Allee vermutlich überwacht wurden.

Wenn ich mich recht erinnere, stiegen wir erst am zweiten Abend in den Nachtzug nach Berlin. Als wir morgens Jüterbog im Fläming passierten, sagte ich zu meinen erwachenden Begleitern: »Ihr werdet mich doch nicht geradenwegs in der Kurfürstenstraße abliefern? Meine Schwiegermutter wird euch ein feines Mittagessen kochen, wenn wir erst einmal in die Marienburger Allee gehen.« Ich steckte ihnen eine Menge Zigaretten zu, und sie fanden den Vorschlag gut.

Die Nacht über hatte mich der eine Gedanke beschäftigt, wie ich wohl die Familie unterrichten könnte, daß ich ja nun auch in Berlin sei, vielleicht sogar ebenfalls in der Lehrter Straße wie Klaus und Rüdiger, und daß Renate in Unwissenheit nicht noch weitere Wochen Feldpostbriefe gen Süden schicken sollte, sondern mich wie die anderen Familienhäftlinge mit Essen und Waschutensilien versorgen könnte, wenn möglich sogar mit notwendigen Kassibern.

Gegen Mittag näherten wir uns tatsächlich der Marienburger Allee. Es war neblig. Ich vergewisserte mich, ob die beiden Häuser bewacht würden. Sie waren es nicht. Ich klingelte. Da empfing uns nicht nur die Mutter, sondern Renate selbst, die dieser Tage mit dem kleinen Dietrich nicht in Sakrow war, wo sie sonst bei Dohnanyis vor den Bomben ein bißchen sicherer wohnen konnte.

Und nun funktionierte alles. Renates Mutter zweigte von ihren eigentlich für die Männer im Gefängnis bestimmten Kostbarkeiten das Notwendige für Stahl und Rummelsberger ab. Ich tauschte oben mit Renate aus, was vom Stand der Verhöre der Vier zu wissen nötig werden konnte. Wie ich von ihr hörte, konnte man an der Gefängnispforte mit Wäsche und Eßsachen eine Notiz mitgeben, ja auch einen Zettel des jeweiligen Häftlings mit bestimmten Wünschen ausgehändigt bekommen. Das wurde in diesem Gefängnis mit Hilfe von Zigarettenbestechung so gehandhabt, und zudem waren wir formal doch immer noch Untersuchungsgefangene und nicht Sträflinge in einem Konzentrationslager. Nun legten wir beide fest: Wenn meine Verhöre um den Vater und seine Angelegenheiten kreisen würden, bitte ich um eine Zahnbürste; wenn sie jedoch mit Dietrich zu tun hätten, um einen Waschlappen.

Aber was konnten wir anstellen, um die Gestapo merken zu lassen, daß die Familie weiß, was sie eigentlich wohl nicht wissen sollte: meine Ankunft in Berlin? Die Lösung fand Renates Mutter. Am Morgen war sie in der Kurfürstenstraße gewesen in Sachen des Vaters, war aber von den Kommissaren Günther und Baumer nicht vorgelassen, sondern auf den späteren Nachmittag verwiesen worden. So fuhr sie nun mit dem Stadtbahnzug um 16 Uhr vom Bahnhof Heerstraße ab. Stahl, Rummelsberger und ich aber nahmen den Zug um 16.10 Uhr. Und tatsächlich, als wir die Halle des Gestapoamtes betraten, stand da die Mutter, eilte auf mich zu und umarmte mich: »Du hier?« Im gleichen Moment kam Baumer die Treppe herab, sah uns und trennte uns aufgebracht voneinander. Aber nun wußte das RSHA, daß die Familie informiert war. Bereits am nächsten Tage erschien Renate mit einer gefüllten Tasche in der Lehrter Straße 3 und erfuhr meine Zellennummer: 235.

Lehrter Straße 3

Aber es dauerte Tage, ja Wochen, daß sie weder eine Bitte um die Zahnbürste noch eine um den Waschlappen erhielt. Gruß und Dank waren zunächst alles, wenn sie für mich die in viel Zeitungspapier gewickelte warme Mahlzeit ablieferte. Zunächst gab es kein Verhör. In dem nach englischem Vorbild vor hundert Jahren sternförmig erbauten Zellengefängnis – wir drin meinten, das verschone uns davor, Bombenziel zu sein! –, das für politische Gefangene des 20. Juli geräumt war, kannte fast jeder jeden. Ich wußte mit mir dort Rüdiger Schleicher und Klaus Bonhoeffer, Friedrich Justus Perels und Hans John, des Schwiegervaters Assistenten, Justus Delbrück und Baron Guttenberg, Ernst von Harnack, Walter Bauer, Adolf Lampe, Constantin von Dietze und Gerhard Ritter, Theodor Steltzer und den Schmenziner Kleist, eine Weile auch Hanns Lilje und Günther Harder. Aber es gab nur erste Blickkontakte, wenn bei der Essensausgabe die Türen aufgeschlossen wurden und man in den Türrahmen trat. Voll zu sehen bekamen wir uns erst, als dann endlich ein erster

Rundgang im Hof gewährt wurde – ein großer Augenblick.

Endlich in der zweiten Novemberhälfte holte man mich, Handschellen umgelegt, in die Kurfürstenstraße. Baumer verhörte; eine Sekretärin schrieb das Protokoll, aber nur nach seinem Diktat; ich durfte nicht formulieren. Sieben Protokollausfertigungen mußte ich unterschreiben. Zwischendurch schaute Günther herein und fragte spitz: »Na, spricht er?« ... »Spricht er jetzt?« ... »Er wird schon sprechen!« Physisch gefoltert wurde ich nicht. Einmal ging es plötzlich in den Keller; aber der beängstigende Vorgang entpuppte sich als Luftschutzmaßnahme. Fragen nach Mutter, Frau und Kind wurden erkennbar erpresserisch angebracht. Klaus Bonhoeffer hat blutige Wäsche herausgegeben. Von Perels weiß man, daß er schrecklich gefoltert worden ist. Walter Bauer, eine Zeitlang mein Zellennachbar, gab mir zu verstehen, ich möchte doch von Renates Großvater, Karl Bonhoeffer, Gift beschaffen, er halte es nicht mehr aus.

Jetzt erst schickte ich zur Pforte einen Zettel für Renate, auf dem ich um die Zahnbürste bat. Vorgänge, Treffen, Besucher und Gesprächsinhalte im Haus Schleicher, das waren die wesentlichen Gegenstände, die Baumer abfragte und protokollierte – und nicht irgendwelche Briefe Dietrich Bonhoeffers.

Ein amerikanischer Jude hat mich kürzlich gefragt: Warum haben Sie nicht jede Aussage verweigert? Mich hat die Frage konsterniert. Ja, warum eigentlich nicht? Von allen Betroffenen in der Familie hat tatsächlich keiner einfach geschwiegen. Hatte der Fragende eine schlichte Vorstellung von heroischem Standhalten vor den Kommissaren? Konnte er sich nicht genug in die konspirativen Bedingungen hineinversetzen, unter denen Bonhoeffer und Dohnanyi seit April 1943 schon aussagten, um die weitergehende Verschwörung zu decken und gezielt von ihr abzulenken? Hatten wir nicht auch noch im Herbst 1944 unsere Zweifel daran, ob die Gestapo denn alles wüßte? In der Tat, auch jetzt entdeckte jeder von uns immer noch Lücken im Wissensstand dieser Herren. So waren wir alle trotz der wesentlich verschlechterten Lage immer noch darauf eingestellt, daß man verschleiern und verharmlosen mußte. Wenn es denn wie bei Klaus und Rüdiger so weit war, daß sie nichts mehr vor dem Schlimmsten bewahren konnte, dann haben sie sich auch zu ihren Motiven bekannt: Ja, wir haben konspiriert; um der Juden willen – nicht allein darum, aber vor allem darum! Aber vorher hätte ein offenes Bekenntnis oder tapferes Schweigen den Mitverschworenen bloß geschadet. In dieser Lage, in der es immer auch um andere ging, war nicht zu schweigen, sondern redend und lügend zu verschweigen.

Ich selbst kann mich kaum in die Kette der ernstlich Betroffenen einreihen. Sie haben mit dem Tod bezahlt, nicht ohne Tiefen von Demütigung und schieren Zusammenbrüchen durchschritten zu haben. Ich war vor den Herren Baumer und Günther kein Held. Ich folgte der allgemeinen Devise der Familie, alles möglichst zu verharmlosen. Dietrich hatte mir bei jenem erwähnten Ratschlag ja noch einmal klar gemacht, wie das möglich wäre. Dabei spielte meine UK-Stellung für die Abwehr und ihr Umfeld keine Rolle. Ich gab zu, daß ich als Bekenntnispfarrer auch die Bitte eines Juden um die Taufe erfüllen würde – Baumer hatte tatsächlich so gefragt. Ich schilderte mein lutherisches Herkommen, nach dem ein Pfarrer nicht in ein falsches Amt greift. Baumer wußte auch, daß ein Lutheraner angeblich Römer 13 zu achten habe. Er schien sogar etwas von der ›Zwei-Reiche-Lehre‹ gehört zu haben und wollte mich damit einengen. Ich entwickelte, ein wie guter Soldat zu sein ich bemüht gewesen, ja, zum ROB (Reserveoffizierbewerber) vorgeschlagen sei – man möge doch bei meinem Trupp in Mantua nachfragen. Und daß die Braut in der Marienburger Allee 42 die Hauptsache für mich war, das hatte selbst für den Kommissar etwas Einleuchtendes. Leugnen konnte ich nicht, daß ich den einen oder anderen Verdächtigen in der Nr. 42 getroffen hatte, wie ein paar Stichworte ausweisen, die ich nach dem Verhör aufgeschrieben habe: den Schwiegervater und Klaus Bonhoeffer, früher auch Dietrich und Perels. Gesprochen worden sei über die desolate Lage nach Stalingrad und daß einige Generale retten müßten, was noch zu retten sei. »Logische Folgerungen«, nämlich konspirative Gedanken, wie sie mir der Herr Kommissar jetzt aufdränge, gäbe es doch erst jetzt »nach der nachträglichen Kenntnis von Tatbeständen« (so der Zettel).- Ich sei Pfarrer gewesen, der kirchliche Belange vertrat.

Brenzlig wurde es im zweiten Verhör. Plötzlich legte Baumer ein Protokoll-Konvolut auf den Tisch und zeigte hinten auf den Namenszug: »Kennen Sie diese Unterschrift?« Es war die von Dietrich. Ging es nun los? Daß ich eigentlich jahrelang bei ihm in der Nr. 43 eine zweite Schlafstätte gehabt hatte, das war bis jetzt ja noch gar nicht vorgekommen im Verhör. Nun wußte ich schon von den sieben Protokollunterschriften. Mir schoß durch den Kopf, was man damit wohl alles für das nächste Verhör eines Mitbetroffenen arrangieren konnte. Ich weiß die nächsten Minuten kaum mehr zu rekonstruieren. Es muß mir wohl gelungen sein, in diesem Augenblick den überzeugenden Eindruck völliger Unkenntnis zu machen. Baumer ließ schnell wieder von diesen Blättern ab, legte sie nach hinten und kam zurück auf Juden und verdächtige Gespräche in der Nr. 42.

Es war aber klar: unser geheimer Tegeler Briefwechsel war unentdeckt, dieser Verhörsgruppe unbekannt – und nicht nur dieser im RSHA. Und das ist es auch geblieben.

Auch im RSHA gab es Ressortmechanismen und entsprechende schwache Punkte, zumal bei einem so rapide angewachsenen Materialanfall – im Vor-Computer-Zeitalter! –, wie das beim Komplex 20. Juli der Fall war. Heute ist mir offenbar, wie günstig für mich die Aufteilung gewesen ist: Günther und Baumer zuständig für den Komplex Rüdiger Schleicher und Klaus Bonhoeffer, anderseits Huppenkothen und Sonderegger für den von Hans von Dohnanyi und Dietrich Bonhoeffer. Zumal ich ohnehin eine Nebenfigur war, kam es Baumer gar nicht in den Sinn, meinen geringen Anteil an Tatbeständen im Fall Dohnanyi und Dietrich Bonhoeffer und meine Mitwisserschaft hier näher aufzuklären. Und so legte er eben jenes Konvolut bald wieder hinter sich. Damit blieben meine langen engen Kontakte mit Dohnanyi, Perels, ja auch mit Dietrich ununtersucht. Es gab keine Nachfragen nach der UK-Stellung durch die Abwehr für die Gossner Mission, nach der Schweizer Reise 1942, nach Zusammenkünften im ›Fürstenhof‹ z.B. mit Goerdeler, bei Ernst von Harnack, in der Marienburger Allee 43 und anderes mehr.

Es blieben Bekennende Kirche, Verpflichtungsgefühle gegenüber Juden, Umgang mit konspirativen Besuchern in der Nr. 42 und die unterbliebene Anzeige solcher Freunde und Verwandter.

So kam es im Frühjahr 1945 zur Benennung eines Sachbearbeiters im Volksgerichtshof, eines Dr. Heugel, mit dem dann Renate in Potsdam wegen Sprecherlaubnis zu tun hatte; es kam die formelle Ausstoßung aus der Wehrmacht und die Anklage-Erhebung, von der ich kein Papier mehr besitze. Schließlich erfuhr ich, daß der Volksgerichtsprozeß für mich auf den 15. Mai 1945 angesetzt war.

Am 15. Mai gab es keinen Volksgerichtshof mehr. Hitler war tot. Da beteiligte ich mich bereits auf dem Fahrrad zwischen Sakrow und Berlin an der bedrückenden Aufklärung: Wo und wie waren Rüdiger, Klaus, Perels, Hans John, über die Freisler am 2. Februar 1945 sein letztes Todesurteil gesprochen hatte, umgebracht worden? Ihr Ende, die Lehrter Straße 3, die ungewöhnlichen Insassen, die bestechliche, unsicher gewordene Wachbelegschaft, das Bangen ums Überleben oder Nicht-Überleben, schließlich die Öffnung der Tore für die übriggebliebenen 45 Kameraden am 25. April 1945 – das ist noch eine ganze Geschichte für sich.

Einige Monate danach suchte ich bei den ersten Westreisen aus Berlin mit Bischof Dibelius das endgültige Schicksal Dietrichs Schritt für Schritt aufzuklären. Allmählich brachten wir auch seine Briefe aus Kade sowie aus dem Garten der Marienburger Allee 42 wieder zusammen und konnten sie mit denen seiner Eltern, die die Zensur passiert hatten und insofern nicht hatten versteckt werden müssen, vereinigen. Maria von Wedemeyer, Dietrichs Braut, wünschte die ihren für sich zu behalten. Unsere geschmuggelten waren z.T. in ihren Gasmaskenbehältern in der Erde feucht geworden, und einige drohten zu zerfallen. Aber diese alle waren ja transkribiert.

Nach sieben Jahren hielten wir eine Auswahl der Tegeler Briefe in der Hand, als Buch ›Widerstand und Ergebung‹. Und wir begannen zu staunen über ihr Echo in der Welt.

Mithäftlinge

Rüdiger Schleicher

Die Entdeckung

Zwei Wochen nach meiner Einlieferung in der Lehrter Str. 3 wurde meine Station B 3 zum Rundgang in den Hof geführt. Als ich zu meiner Zelle zurückkehrte, trat B 2 schon zum Rundgang heraus. Dabei entdeckte ich, daß Klaus Bonhoeffer gegenüber, schräg unter mir aus der Zelle kam. Also lag er nicht, wie ich bisher vermutet hatte, hoch oben auf B 4, sondern sie hausten dicht bei mir auf 269 und 270, er und mein Schwiegervater Rüdiger Schleicher. Nun sann ich unaufhörlich darauf, mich bemerkbar zu machen. Bis dahin hatte ich noch nichts davon geahnt, wie schwer für den Vater die ersten Wochen der Haft gewesen sein mußten. Der Rasierkalfaktor Gustav, ein Ernster Bibelforscher, fand sich bereit, der erste Bote zu sein. Ich gab ihm zwei Plätzchen, die ich aus der Marienburger Allee hatte, und bat ihn, diese mit einem Gruß von mir nach 270 zu bringen. Etwas später berichtete Gustav, er habe versucht, das Gebäck mit der Bemerkung »Von Ihrem Schwiegersohn aus Zelle 235« abzugeben. Da sei der Vater aufgefahren: »Das ist unmöglich!« So habe er sich schnell wieder zurückgezogen mit den Worten: »Ich habe mich geirrt, das ist ja für Zelle 279.« Nun fragte ich jeden Wächter oder Kalfaktor, mit dem ich ein paar Worte wechseln konnte, nach dem Vater und hörte, in welcher Weise man ihn bei den Verhören an den Rand der Verzweiflung hatte bringen können. Jeden Schritt vor seiner Zelle nahm er in den ersten Tagen für den Beginn von Repressalien an Frau und Kindern. Später wurde deutlich, daß das Todesurteil ihm keinen Augenblick die überlegene und freie Haltung nehmen konnte; jetzt aber zerriß es fast sein Herz und beschwerte sein lauteres Gewissen, daß von seinem Schweigen oder Reden das Wohl der Seinen und der Freunde abhängen sollte.

Bald darauf hatten wir drei uns entdeckt. Beim Essensempfang, beim Rasieren oder beim Rundgang wechselten wir den ersten Gruß mit den Augen. Es war Ende November 1944, und ich sah den Vater wieder mit der ermunternden Herzlichkeit winken, die ich von draußen her kannte. Schwierigkeiten machte es, beim Rundgang Kontakt miteinander zu bekommen, obwohl es eine Zeitlang üblich und möglich war, einander zu überholen und dabei ein Wort zu flüstern. Traf es sich, daß meine Station mit der seinen zugleich unten im Hof war, versuchte ich, Nachrichten von daheim aufzufangen oder Vernehmungsdetails zu klären. Aber Vater fühlte sich in dieser Zeit wohl noch so sehr beobachtet, daß er jede Unvorsichtigkeit vermied.

Die Wächter

Bald war es bei allen SS-Wachen bekannt, in welchem Verhältnis wir zueinander standen, und nun kam ich in den Genuß von Vorteilen und Sympathien, die ich ganz und gar dem Vater und Klaus verdankte; etwa daß sich der Schlüssel im Schloß drehte und die Posten mit mir über die beiden und alles mögliche andere lange Gespräche begannen. In der schlimmen Zeit hatten sich einige warmherzigere Wächter des Vaters angenommen und dabei entdeckt, was für einen Mann sie vor sich hatten. Bald wuchs der Kreis derer, die einen großen Teil ihrer Dienstzeit vor den Zellen 269 und 270 verbrachten. Sie schlossen auf, nahmen ihre Zigaretten in Empfang und unterhielten sich, solange keine höhere Charge zu sehen war. Der Vater interessierte sich für jeden einzelnen und wußte bald genau Bescheid über Herkunft und Interessen der jungen ›volksdeutschen‹ SS-Männer. Mit dem einen studierte er an Hand von Karten die schönen Orte, die er mit dem Gesprächspartner im Frieden noch alle sehen wollte, vom anderen ließ er sich erzählen, mit welchen Bräuchen eine schwäbische Hochzeit in Ungarn oder Siebenbürgen begangen wurde. Es gab manche, die vor mir mit einer schwärmerischen Begeisterung von der Nr. 270 sprachen, von Vaters Güte und Interessiertheit, von der Selbstlosigkeit, mit der er Mitgefangenen von den ihm übermittelten Paketen etwas zukommen ließ. Darin vor allem übertraf ihn keiner im Haus, wurde mir berichtet. Die jungen SS-Männer hatten bei aller Schulung und Abgestumpftheit das deutliche Gefühl dafür nicht verloren, wie sich jemand mit seiner schlimmen Lage abzufinden vermag. Das alles erklärt wohl, daß im Dezember mit einem Mal seine Geige durch die Halle tönen konnte – in der Lehrter Straße ein Ereignis ohnegleichen.

Die Geige

Die Halle war lang und hoch und ohne jede Dämpfung, doch die Türen zu den Zellen schlossen dicht, so daß die Stimme kaum zum Gegenüber drang. Darum öffneten die Wächter jedesmal seine Tür, und nun trug der riesige Raum den Ton durch unseren ganzen B-Flügel. Die Posten wünschten Lieder und Schlager. Vater spielte die alten Volkslieder, eines nach dem andern. Dann gab es ganze Unterrichtsstunden, in denen er ungarische und slowakische Lieder kennenlernen wollte, um sie täglich beim Dienst der betreffenden Wache zu spielen. Gelegentlich schloß einer die Zelle von Klaus daneben und meine oben gegenüber auf. Der Vater spielte im Türrahmen, und zur Begeisterung aller Zuhörer pfiff Klaus dazu. Die Trio- und Quartett-Themen, die Melodien aus Sonaten und Oratorien, die Vater so reichlich in seinem Gedächtnis bereit hatte, erklangen uns noch viel schöner und voller als draußen, und wir waren nicht nur traurig in der Erinnerung an das häusliche Musizieren, sondern erwärmten uns im Gedanken an schöne Dinge, die wir zusammen besaßen.

Die Geige verschaffte Vater auch Beweglichkeit. Die Aufsichtsposten holten ihn zu halber Nachtzeit aus der Zelle in die Pforte, wo er sich an Genüssen der Schreibstube miterfreuen konnte. Ende Januar war es so, daß man in Unruhe geriet, wenn an einem Tag sein Geigenklang nicht zu hören war.

Der zweite Februar

Dann kam der schlimme Tag, der Prozeß. Der Posten hatte mir versprochen, mich vom Ergebnis der Verhandlung zu unterrichten. Als ich spät am Abend dachte, daß der Vater und Klaus zurück sein mußten, und der Posten entgegen seiner Zusage immer wieder an meiner Zelle vorbeilief, ohne sich meiner Tür zuzuwenden, wurde mir langsam klar, was geschehen war. Schließlich rief ich den Posten von innen herbei; er schloß auf. Unten war um beide Zellen viel Bewegung. Leute vom Wachpersonal, die Dienst hatten, wie auch solche, die dienstfrei waren, kamen, um sich zu erkundigen und mit beiden ein freundliches Wort zu wechseln. Als mich der Vater erblickte und ich mich der Tatsache des Todesurteils gegenüber völlig hilflos fühlte, winkte er freundlich herauf und lächelte so herzlich, daß ich vollends verwirrt wurde. Klaus grüßte herauf, indem er sich mit einem merklichen Ruck aufrichtete, als wollte er mir zeigen, wie man sich nun zu benehmen habe.

Vom Todesurteil an mußte jeder Verurteilte wieder Fesseln tragen. Doch bei diesen beiden legten die Posten die Handfesseln nur auf den Tisch oder hängten sie an die Wand, damit sie bei einer Kontrolle gleich zur Hand waren. Am nächsten Morgen wurden sie, gleich den anderen Todeskandidaten, in den D-Flügel nach D 4 verlegt. Noch einmal winkten mir beide ermutigend herauf. Dann ging der schwerste aller Luftangriffe über uns hin.

Vaters Kalfaktor

Als ich die beiden nach einigen Wochen beim Essenausteilen wiedersah – mir war es endlich geglückt, Kalfaktor zu werden –, hatten die Überlegungen, daß es doch noch eine Rettung vor der Vollstreckung geben müsse, von ihnen Besitz ergriffen. Jedes gefahrvolle kurze Gespräch miteinander galt der Erkundigung nach Zuhause, nach neuen Schritten zur Wiederaufnahme des Verfahrens, nach Möglichkeiten der Einflußnahme und der Nachrichtenübermittlung. Dann kam der glückliche Tag, an dem Vaters ganze Gruppe in unseren B-Flügel zurückverlegt wurde. Fortan konnten wir uns täglich in der Dämmerstunde oder bei sonst vorgeschützten Anlässen sprechen. Trotz mancher gefährlicher Momente kam es zu langen Gesprächen. Zu Weihnachten hatten wir durch einen Posten unsere Bilder von der Familie ausgetauscht; jetzt mußte ich in Vaters Zelle immer wieder die Fotos betrachten, die er sich aufgestellt hatte.

Begeistert erzählte er mir von seiner Lektüre. Jeden Tag las er ein ganzes Stück vom Alten Testament, ferner im griechischen Neuen Testament. Er wurde oft ganz ungehalten, wie mißverständlich viele neutestamentliche Stellen im gegenwärtigen deutschen Text wiedergegeben seien. Jetzt gab er mir in meine Zelle mit, was er über seine Kindheit, sein Elternhaus und seine Vorfahren aufgezeichnet hatte. Er wollte es jedesmal bald wieder haben, um von neuem daran zu arbeiten. Es waren zwei verschiedene Ausführungen. In der einen beschrieb er die Plätze, wo er zur Schule gegangen war, die Gärten, in denen er gespielt hatte, und die Orte, an denen er in den Ferien gewesen war. Er schilderte seine Geschwister, vor allen Dingen den gefallenen Bruder. In der Beschreibung der Umwelt seiner Kindheit suchte er dann uns Kindern ein Bild seiner beiden Eltern zu geben. Die andere Aufzeichnung galt seinen Vorfahren, über die er möglichst vollständig wiedergab, was er aus eigener Erinnerung oder aus Erzählungen anderer Leute wußte, so z.B. auch über die Blumhardts[1]. Besonders deutlich erinnere ich mich an seine liebevolle Mahnung, die Natur und unsere Gärten mit Fleiß und Liebe zu behandeln; das wache Verständnis dafür sei ihm in den letzten glücklichen Jahrzehnten erst ganz aufgegangen. Inmitten der Blätter fanden sich manche Zettel, auf denen er Choräle aufgesetzt hatte. Nachdem er in Stifters ›Nachsommer‹ anfangs nicht recht weitergekommen war, überwältigte ihn am Ende dessen Schönheit derart, daß ihm die Tränen kamen, wenn er auf die Stelle über die Ehe zu sprechen kam.

Wahre Festtage bereiteten wir uns, wenn Sprecherlaubnis oder Pakettag gewesen war. Kaum war Vater in seine Zelle zurückgekehrt, eilte ich schon nach oben. Wir tauschten unsere Zettel aus und zeigten uns, was es gegeben hatte. Hans John, Sierks, zur Nieden und noch andere bekamen jedesmal mit, wie gut bei ihm zu Hause gekocht wurde.

1 Diese Aufzeichnungen sind nicht erhalten geblieben. Als der Schwiegervater nach dem Todesurteil die Blätter bei einer Sprecherlaubnis nach Hause mitgeben wollte, weigerte sich die Schwiegermutter, sie mitzunehmen; sie wollte ihrem Mann keinesfalls den Eindruck vermitteln, als rechne sie tatsächlich mit seinem Ende. Und so wurden diese Erinnerungen nach der Ermordung mit seiner übrigen Habe am 24. April 1945 verbrannt.

Die Standhaftigkeit

Nun sahen wir uns auch öfter wieder beim Rundgang auf dem Hof. Vater war erstaunlich gesund. Die ganze Gefängnisgemeinschaft hatte ›die Neun‹, die während dieser letzten Wochen von den Todeskandidaten noch bei uns waren, in ihre besondere Fürsorge genommen. Allgemein war man beeindruckt, wie ungebrochen und aufrecht er daherkam und wie er den Hut so höflich wie möglich vor seinen Freunden zog. Jeder erkannte ihn schon von weitem am grünen Kragen seines Pullovers. Meist schneller als die anderen, schritt er kräftig aus, so als fühlte er sich für die innere und äußere Haltung seiner Schicksalsgefährten verantwortlich. Nur ein Gedanke konnte ihn neben der ständigen Sorge um die zu Hause schrecken: daß er bei einer Wiederaufnahme des Verfahrens neuen Verhören und ungewissen Situationen ausgesetzt sein könnte. Körperliche Qualen setzten ihm nicht so zu wie die Folterungen des Gewissens.

Vater hatte seine Freude daran, seine Zelle möglichst sauber und schön zu gestalten. Mit Humor fand er sich mit dem elenden ausgebeulten Bettsack ab; sorgsam beseitigte er die Wanzenspuren. Binnen kurzem war der karge Raum mit den Bildern, Büchern und Blumen von daheim ausgestattet. Erstaunlich ruhig blieb er bei den vielen Alarmen. Sie waren ihm in den letzten Wochen geradezu willkommen, weil sie die Gelegenheit boten, mit guten Freunden die interessantesten Gespräche zu führen.

Friedrich Justus Perels[1]

Wir entdeckten uns zuerst Ende November 1944, als ich ihn beim Rundgang im Hof von seinem Zellenfenster aus mir zuwinken sah. Bei jeder Runde stieg er wieder auf seinen Schemel, um von oben herab winken zu können. Sprechen konnten wir uns allerdings erst im März 1945, als ich einen Kalfaktorposten übertragen bekommen hatte und beim Essenausteilen an seiner Zelle vorüberkam. In der Zwischenzeit hatten wir einige Kassiber gewechselt, um uns gegenseitig über unsere Vernehmungen zu orientieren. Er ist besonders grausam verhört worden: körperliche Mißhandlungen, ständige Drohungen im Blick auf seine Familie, Schmähungen gemeinster Art mußte er wochenlang ertragen. Bei meiner eigenen Vernehmung wurde ich angebrüllt, wie ich einen solchen Menschen wie Perels zum Paten meines Jungen hätte machen können. Folgende Vorwürfe sind mir zu Ohren gekommen: Beteiligung am ›Freiburger Kreis‹ (mit Gerhard Ritter, Erik Wolf, Constantin von Dietze und Walter Bauer), enge Kontakte mit Akteuren des 20. Juli, ständiges Konspirieren mit Klaus und Dietrich Bonhoeffer sowie mit Hans von Dohnanyi, Bekanntschaft mit Nebe, dem Leiter der Kriminalpolizei, nichtarische Abstammung. Am 2. Februar wurde er – im wesentlichen wegen unterlassener Anzeige staatsfeindlicher Umtriebe – zum Tode

1 Geboren am 13. 11. 1910 in Berlin. Jurist. Justitiar des Bruderrats der Bekennenden Kirche der Altpreußischen Union (ApU). Als solcher oft in Finkenwalde. Aus Beratungen entwickelte sich eine enge Freundschaft. Als einer von wenigen Kirchenleuten mit Bonhoeffer an der Konspiration beteiligt. Am 5. 10. 1944 verhaftet. Am 2. 2. 1945 Todesurteil. Am 23. 4. 1945 ermordet.

verurteilt. Es war der letzte Prozeß, den Freisler geführt hat. Vor Gericht standen miteinander mein Schwiegervater Rüdiger Schleicher, Klaus Bonhoeffer, Hans John, Hans Kloss aus Wien und Perels. Nur Kloss kam mit vier Jahren Zuchthaus davon. Von diesem erfuhr ich später bei gemeinsamer Schipparbeit an Luftschutzbunkern, daß Perels in der Verhandlung die beste und geschickteste Verteidigung geführt und eine vorzügliche Haltung an den Tag gelegt habe. Diese Kunde hatte sich im ganzen Gefängnis verbreitet. Am 3. Februar ist Freisler bei einem Luftangriff ums Leben gekommen.

Als die Todeskandidaten in meinen Flügel verlegt worden waren, gelang es mir fast täglich, mit ihnen und so auch mit Perels heimlich Gespräche zu führen. Er war unausgesetzt beschäftigt, Material und Vorschläge in die Außenwelt gelangen zu lassen, um eine Wiederaufnahme des Verfahrens zu erreichen, die Vollstreckung des Todesurteils zu verzögern und das Ganze mit den Mitgefangenen abzustimmen. Diese Bemühungen hatten zumindest den Erfolg, daß nach Ostern berechtigte Hoffnung auf Aussetzung des Vollstreckungsbefehls bestand.

Perels war unendlich glücklich zu wissen, daß seine Frau so unermüdlich und geschickt am Werk und für ihn unterwegs war. Voll Freude erzählte er mir jedesmal, wenn sie sich nach einem schweren Luftangriff mit als erste von allen Angehörigen trotz Trümmern und Verkehrsschwierigkeiten zum Gefängnis durchgeschlagen hatte. Immer häufiger gelang es, offiziell wie inoffiziell Sprecherlaubnis zu erlangen. Er wußte über alle Ereignisse stets Bescheid, auch über kirchliche Vorgänge; so berichtete er mir eines Tages von der Übernahme der

Kirchenleitung in Ostpreußen durch den Bruderrat, da die Mitglieder des Konsistoriums geflohen waren.

Ständig war seine Bibel aufgeschlagen. Ostern hat er, wie ich vermute, bewußter denn je durchlebt. Zuletzt war ihm der Philipperbrief besonders wichtig, und er hat mich immer wieder besonders auf Phil 3,20 und 21 hingewiesen. Nachdem er wochenlang versucht hatte, auf offiziellem Wege die Erlaubnis zum Empfang des Abendmahls zu erhalten, und alles vergeblich blieb, habe ich es ihm heimlich, von einem freundlichen Wachposten unterstützt, am ersten Ostertag gereicht. Immer wieder drückte er mir seine Freude und Dankbarkeit darüber aus und meinte, wie unwesentlich dagegen all das sei, was er je an Laufereien, Planungen und Mühsal auf sich genommen habe.

Eine Freude für uns alle war es, wenn wir uns in der letzten Zeit beim Rundgang sehen und trotz aller Bewachung etwas zuflüstern konnten. Die Spannung angesichts der näherrückenden Front war manchmal kaum zu ertragen. Wenn wir in den letzten Wochen bei nächtlichen Alarmen in den Luftschutzkeller wanderten, flüsterten wir uns halb erfreut und halb besorgt die neuesten Nachrichten zu.

Eine erneute Belastung war es, als am 21. April, während die ersten Artilleriegeschosse in Berlin einschlugen, die Todeskandidaten der Justiz übergeben wurden und damit in einen anderen Flügel zogen. Wir erreichten immerhin, daß sie nachts in den Luftschutzkeller unseres Flügels kamen. Dort haben wir uns am Abend des 21. April ausführlicher und am folgenden Abend noch einmal kurz gesehen und gesprochen. An jenem 22. April abends las mein Schwiegervater noch aus Delbrücks ›Weltgeschichte‹ vor.

Die Ereignisse der Nacht, die seinem Leben das Ende brachten, schildert der nachstehende Bericht ›Die letzten Tage in der Lehrter Straße 3‹. Beerdigt ist er auf dem Dorotheenstädtischen Friedhof, wo wir am 11. Juni 1945 die Trauerfeier gehalten haben.

Heilig Abend 1944

Ich bin die Nummer 235. Die Blechmarke hängt an einer Strippe um meinen Hals. Ich habe gelernt, auf diese Nummer zu hören wie früher auf meinen Namen. Vielleicht noch ein wenig empfindlicher. Ich sitze auf dem Schemel ohne Lehne, vor mir das Klappbrett an der Wand. Ich frage mich, womit meine Vorgänger in vielen Jahrzehnten ihre Runen in das schmutzige Holz gegraben haben. An der Wand hat einer versucht, Striche zu machen, wie beim Auszählen einer Wahl, immer fünf Striche in einem Block. Meinte er die Tage, die Monate, oder gar die Jahre? Neben mir – dreiviertel Meter dick ist die Wand – befindet sich die Nummer 234; von ihr habe ich meinen ersten Lesestoff erhalten, einen dünnen billigen Bahnhofsroman. Wahrscheinlich hat er schon in vielen Matratzen auf seine Leser gewartet; er ist enttäuschend langweilig. Nur hier nicht, wenn man für Wochen nichts anderes zur Hand hat. So tut er sein barmherziges Werk der Ablenkung und Verzauberung in eine Welt, die es nie und nirgends gegeben hat. Wer wird uns heute ablenken und verzaubern? – Auf der anderen Seite gibt es die Nummer 236. Unser Rasierkalfaktor macht nur Andeutungen: »Hat schon dreimal versucht, Schluß zu machen.« Jetzt ist er ruhiger. Aber wie wird es heute abend sein? Ich spüre, wie die Stunden dieses Abends bleiern und erbarmungslos auf uns zukommen. Ich habe Grüße von zu Hause. Geht es mir besser als meinen Nachbarn?

Manchmal hat man uns zum Rundgang auf den Hof gelassen. Wir wissen voneinander. Ich denke: Wenn sie uns doch heute die Runde machen ließen! Es ist merkwürdig, wie ein paar von uns den ganzen hilflosen Haufen aufmuntern können. Wir dürfen nicht reden. Aber hier genügt die freie Miene, ein Nicken und Lächeln. Kaum einer, der nicht ein wenig sicherer und in seinem Innersten geborgener in sein Gelaß zurückkehrt, zu seinem Schemel und seiner Matratze. Pater Rösch ist unser stärkster Bundesgenosse. Wir sehen ihn, klein und gedrungen, wie er immer ein wenig schneller als die andern seine Runde macht, und jedes Sich-Straffen seines Körpers, jede Wendung seines Gesichts ist jetzt mehr als eine Predigt vor der üblichen Gemeinde. Heute wird es nun bereits dunkel, und damit ist die Zeit verpaßt. Es muß gar keine Schikane sein; heute werden viele vom Wachpersonal Urlaub genommen haben. Aber für uns ist das schlimm. Heilig Abend ist nichts für einsame Leute. Wer vermag die Flut der alten Bilder in sich zu dämmen? Nun kann man nichts füreinander tun. Und jeder, dem die Nerven durchgehen, löst eine Welle aus, die durchs ganze Haus geht. Das können selbst die dicken Wände nicht verhindern. Verwirrend kommt die Stunde herauf, in der draußen die Christvesper stattfindet. Endlich wird das Licht angedreht.

Ich stehe auf und trete an die Tür. Die Klappe des Kontrollfensterchens für den Wachposten ist abhanden gekommen. Wenn ich mein Auge dicht an das Guckloch bringe, sehe ich gegenüber den Gang und die Zellentüren, sechs mir gegenüber, sechs schräg unten und sechs schräg oben. Was geht hinter ihnen vor? Die Wachen schlendern den Gang entlang. Offenbar gefällt es ihnen nicht, heute hier Dienst zu machen. Sie suchen Mitmenschen wir wir. So stehe ich gespannt an meinem Ausguck. Ich sehe, wie sie da eine Tür verschließen und dort eine Tür auftun.

Endlich kommen Schritte näher, halten bei mir inne. Sonst bedeutet das Schlüsselrasseln außerhalb der Essenszeit nie Gutes. Aber jetzt nickt mir ein junges Gesicht zu; er will nichts weiter als sich ein wenig unterhalten. Er ist aus Siebenbürgen. Er erzählt mir von seinem Dorf, lange und ausführlich. Dann ist er in der Welt herumgezogen, und nun bewacht er angehende Todeskandidaten. Aber heute wird es auch ihm beinahe weich ums Herz. Ich versuche ihm etwas davon zu sagen, daß Weihnachten ursprünglich nicht viel mit Familienfesten zu tun hat und daß man es schließlich überall begehen könne. Vielleicht auf besondere Weise hier in unserer Situation. Ich bin mir nicht sicher, ob es ganz überzeugend herauskommt, was ich meine. Vermutlich entbehre ich heute das Familienfest ärger als er. Wie ich ihn aber ein wenig kühn frage, ob er Nr. 234 und Nr. 236 einen Gruß von mir hineinreichen wolle, nickt er, schließt herum und wandert abwartend vor unseren Zellen auf und ab. Was soll ich tun? Ich nehme ein Blatt Papier und schreibe darauf den alten Vers:

Was kann euch tun die Sünd und Tod?
Ihr habt mit euch den wahren Gott;
Laßt zürnen Teufel und die Höll,
Gotts Sohn ist worden euer Gesell.

Und weil es denn dazugehört, male ich darunter noch eine Kerze, einen Zweig und einen Stern. Das ist ein bißchen Spielerei. Aber an lastendem Ernst haben wir mehr als genug. Der Posten nimmt das Blatt an sich, und bald darauf höre ich durch die dicke Wand heftiges Klopfen. Wir haben uns verstanden. Wir sind nicht mehr allein. Und wenn es auch nur halb stimmt, wir zeigen das nicht mehr, sondern verhüllen es sorgfältig, weil wir einander nicht verletzen dürfen und die Abgründe in uns zu hüten haben. Zwischendurch empfinde ich ein großes Glück über diesen armseligen Weihnachtsabend.

Gottes Tisch in der Zelle

Die Passionszeit dringt auch in die hallenden Gänge des Gefängnisses. Eines Abends hat Rüdiger Schleicher seine Geige in der Zelle, und erschüttert hören wir das ›Erbarme dich um meiner Zähren willen‹. In der einen Stimme ist die ganze Matthäuspassion bei uns. Der Spieler ist schon zum Tode verurteilt. Doch genießt er noch die Gunst der Wachen.

Ich bin in diesen Tagen zum Kalfaktor befördert. Mancher Gefangene möchte es gern werden. Trotz der niederen Arbeiten hat er endlich etwas Bewegungsfreiheit auf den Fluren. Beim Essenausteilen sehe ich von der Schwelle aus in die Einzelzellen der anderen hinein. Klaus Bonhoeffer hat gerade die Grüne Passion (Dürers Kupferstiche) hereinbekommen. Jetzt stellt er sie auf den kleinen grauen Wandtisch, der die vielen Rillen und Kratzzeichen der Vorgänger trägt. Jeden Tag dreht er ein Blatt um, Station um Station des Kreuzweges. Man spricht es nicht gern aus, aber sehnt sich nach greifbaren, gegenwärtigen, tröstenden Zeichen Gottes. Wenn es Ihn gibt, muß Er wohl wirklich an und in dieser Welt leiden. Kann man beanspruchen, mit Ihm zu leiden?

Eines Tages bittet Hermann Lindemann um das Abendmahl. Es hatte sich herumgesprochen, daß ich Geistlicher bin. Schon früher, als meine Zellentür noch nicht offen stand, hatte mir ein jüdischer Kalfaktor beim Essenempfang einen Kassiber zugesteckt. Einer, der das Todesurteil erwartete, bat um das Sakrament. Man suchte Anträge zu stellen; aber niemand wagte, eine Entscheidung zu treffen, oder der Bittzettel verschwand. Kurz, es gelang nicht. Nun aber ist der Bittende selber ein Kalfaktor. Es ist streng verboten, daß sich mehrere Häftlinge in einer Zelle aufhalten. Aber Kalfaktoren finden vieleicht einen hinreichenden Grund. Er ist Sozialdemokrat und hatte während der schrecklichen Verhörzeit dreimal in diesem Gebäude versucht, sich das Leben zu nehmen. Nun bittet er um die Kommunion und drängt, daß wir es wagen sollen.

Doch wie kommen wir zu Brot und Wein? Auf unserem Flur liegt als Gefangener der Pater Rösch. Auch er arbeitet an der Lösung dieser Frage wie wir. Ein gutwilliger Wächter findet sich; der bringt ihm aus der Pfarrei in der Stadt die Oblaten. Wenn wir nachmittags einmal zum Spaziergang auf den runden Hof geführt werden, überholt der Pater mit eiligen Schritten – das wird immer wieder verboten – die Reihe der Gehenden und spricht im Flüsterton schnell mit seinen Pfarrkindern, wer wohl das Sakrament begehrt. Dann bittet er uns, Kassiber zu vermitteln: die schriftliche Beichte. Und des Morgens, wenn er unbemerkt seine Messe gelesen hat, tragen wir die geweihte Hostie in die angegebene Zelle. Seine Gemeinde wächst und wächst. Es ist selbstverständlich, daß er mir von seinen Oblaten gibt, als sich unsere Abendmahlsgemeinde bildet.

Auch zum Wein kommen wir. Ernst v. Harnack, zum

Tode verurteilt, wird verlegt. ›Verlegen‹ sagt man ihm und uns, die wir ihm die Sachen zusammensuchen helfen und heruntertragen. Man gibt sich Mühe, in der quälenden Stunde des Abschieds das zu glauben. Wie alle in dem ungleichen Kampf um das Leben hatte auch er die begehrlichen Wächter mit diesem und jenem, was seine Frau herantragen konnte, bestochen; dadurch konnte er wohl manche vorübergehende Erleichterung erfahren, aber doch nichts verhindern. So findet sich bei ihm eine Flasche Wein, und ehe sich die Wache mit dem Besitz des Toten eine unwürdige Szene machen kann, nehme ich sie für meine und des Paters Zwecke. Sie wird uns lange dienen.

Durch die allnächtlichen Fliegerangriffe kommt man sogar zu einigen Kerzen. Ein Holzkreuz ohne Ständer ist vorhanden. Die Bibel liegt auf dem numerierten geflickten Handtuch, das als Altardecke dienen muß. Endlich ist der armselige graue Tisch an der Zellenwand zum wahrhaftigen Tisch des Herrn geworden. Der leidende Gott vereinigt sich mit uns und unserem Leib, greifbar und gegenwärtig und tröstend.

Alles muß schnell gehen. Wir hatten gefürchtet, die Angst vor Entdeckung würde alle Sammlung und den würdigen Empfang empfindlich stören. Doch das Gegenteil tritt ein. Die überlieferten Worte, die alte Handlung werden in dieser Wirklichkeit neu und voll Gewalt.

Das war die erste Kommunion. Nun kommen die Tage, da die näherrückenden Fronten und die täglichen Angriffe die Spannung in den Zellen furchtbar steigern. Exekutionen oder nicht? Befreiung oder Liquidierung? Die Wachen scheiden sich in solche, die es für richtig halten, schärfer denn je gegen ihre Opfer vorzugehen, und solche, die von den zukünftigen Befreiten etwas erwarten, und endlich solche, deren Frömmigkeit an dem, was sie da sehen, wiedererwacht. Es gibt Gerüchte. So heißt es, zu Ostern würden wir im Keller einen Abendmahlsgottesdienst halten können. Aber die Angst bei den Verantwortlichen erreicht jetzt erst ihren Höhepunkt. So muß es bei unserer Heimlichkeit bleiben.

Doch nun ist es schwieriger als ehedem. Was soll man für einen Grund angeben, wenn zwei Häftlinge in der Zelle hinter verschlossener Tür gefunden werden? Wir müssen die Stunde abpassen, in der die gutgesinnte Wachablösung kommt.

Dann knien wir vor unserem grauen Wandtisch. Hinter der Bibel stehen jetzt ein paar Zweige der blühenden gelben Forsythie. Draußen hören wir den gleichmäßigen Schritt des Postens. Er beobachtet, ob die Kontrolle schon in unserem Flügel unterwegs ist. Ich teile das Sakrament aus. Die Kommunikanten sind zum Tode verurteilt. Der eine, Steltzer, wird die Freiheit in dieser Welt wiedersehen, der andere, Justus Perels, nicht mehr. Jetzt wissen wir davon noch nichts.

Verschont

Die letzten Tage in der Lehrter Straße 3

Diesen Bericht stellte ich mit dem Datum vom 14. Juli 1945 zusammen. Er erwuchs zunächst aus der Verpflichtung, das Ende Rüdiger Schleichers, meines Schwiegervaters, und Klaus Bonhoeffers, Dietrichs Bruder, beide Mithäftlinge der Lehrter Straße 3, zu erkunden und festzuhalten. Dies von dem Augenblick an, als wir uns am späten Abend des Sonntags auf den Montag, des 22. auf den 23. April 1945 zur Nachtruhe in unseren verschiedenen Kellerräumen der riesigen Haftanstalt verabschiedet hatten. Dazu wurde alsbald nötig, die ganzen Umstände und Vorgänge jener Tage und Nächte in der Lehrter Straße, d.h. möglichst aller Mitgefangenen, der Getöteten wie der Überlebenden, festzustellen.

So galten meine Notizen in erster Linie den eigenen Angehörigen und den Kameraden, die wie ich entronnen waren; und schließlich dann auch dem Archiv der Stiftung ›Hilfswerk 20. Juli 1944‹.

Das bedeutete: In diesen Bericht gehörte nichts direkt Autobiographisches, obwohl ihn natürlich nur das Miterleben ermöglicht hatte. Aber jeder, der dies zu lesen bekam, dazu beitrug und korrigierte, hatte mindestens so viel, ja oft mehr durchlebt als ich selbst. 1945 bestand noch kein Drang, unmittelbar Erlebtes mitzuteilen. Straße um Straße und Tag um Tag erfuhr jeder seinen Anteil unsäglicher Greuel. Jetzt war eine vielleicht später nachzuerlebende Episode, dieser Ausschnitt aus dem Widerstandskomplex der Nazizeit, so exakt wie möglich aufzuzeichnen. Wenn Gedanken an Autobiographisches und an Urheberschaft schon eine Rolle gespielt hätten, wären die allerersten Entdeckungen im Ulap-Gelände durch Heinz Haushofer, den Bruder von Albrecht H., ausdrücklich zu erwähnen gewesen und seine Notizen darüber, die er mir gab, sowie der durch ihn ermöglichte Kontakt zu dem überlebenden Herbert Kosney, der uns die Einzelheiten der Mordnacht schildern konnte.

Das Manuskript hat ohne Angabe des Verfassers im Archiv des ›Hilfswerks 20. Juli 1944‹ gelegen. Zum Gedenken an den 20. Juli ist es im Feuilleton der FAZ vom 18. Juli 1962 abgedruckt worden.

Die ehemalige Geheime Staatspolizei hatte seit dem 21. Juli 1944 im Gefängnis Lehrter Straße 3 (Zellengefängnis Moabit) eine Sonderabteilung für politische Gefangene eingerichtet, die in zwei Flügeln (B und D), am Schlusse in einem Flügel (B) untergebracht war. Die Gestapo stellte auch den Gefängniskommandanten, und zwar zunächst den SS-Untersturmführer Knuth, dann ab 6. März 1945 SS-Untersturmführer Albrecht. Das Büro der Sonderabteilung bestand weiterhin aus Untersturmführer Hein, Sturmscharführer Fatteroth (Schreibweise nicht genau bekannt) und Sturmscharführer Gutsche.

Die Zahl der politischen Häftlinge betrug etwa 240. Sie veränderte sich entsprechend der Abwicklung der Verfahren durch Exekutionen, Entlassungen und die Überstellungen an Konzentrationslager, Gefängnisse und Zuchthäuser sowie durch laufende Zugänge.

Unter den Gefangenen überwog nach der Errichtung der Sonderabteilung die Zahl derer, die im Zusammenhang mit dem 20. Juli verhaftet worden waren. Dann wurden jedoch auch Gefangene aus dem Gesamtbereich antifaschistischer Betätigung nach der Lehrter Straße überstellt, die neuen Untersuchungen unterworfen wurden, so unter anderen auch Insassen von Konzentrationslagern mit schon langen Lager- und Gefängniszeiten. Am Schluß wurden noch etwa 20 Angehörige der ›Deutschen Freiheitsbewegung‹ eingeliefert.

Die Hauptkampflinie rückt näher

Von den vor dem Beginn der Schlacht um Berlin vorhandenen Häftlingen hatten die meisten weder Haftbefehle noch Anklageschriften, noch war ein Verfahren vor dem Volksgerichtshof anhängig; bei einer weiteren Anzahl waren Verfahren angekündigt oder anhängig, der Rest war verurteilt, wobei zu einem Teil Wiederaufnahmeverfahren liefen, zum anderen Teil die Urteile rechtskräftig geworden waren. Vor der Auflösung der Sonderabteilung der Gestapo am 23. April waren die zum Tode verurteilten Häftlinge Andreas Hermes, Theodor Steltzer, Rüdiger Schleicher, Klaus Bonhoeffer, Hans John, Friedrich Justus Perels, Wilhelm zur Nieden, Carl Marks und Hans Ludwig Sierks noch in der Lehrter Straße anwesend.

Am 20. Februar wurden 18 politische Gefangene in das Konzentrationslager Sachsenhausen abgegeben. Es waren leichtere Fälle, unter anderem auch Sippenhäftlinge. Hierunter befanden sich: Georg Riebesch, Wladimir Frhr. von Kaulbars, Göhr, Graf Emilio Voli, Oberleutnant Jaeger, Tertsch. Am 21. April wurden die Insassen des Konzentrationslagers – etwa 25000, hauptsächlich Ausländer – in Gruppen zu 500 Mann zu Fuß auf den Weg über Neuruppin nach Schwerin geschickt. Unterbringung zunächst in Scheunen, später nur noch im Wald. 25 bis 30 Kilometer wurden je Tag zurückgelegt. Der Transport erfolgte unter sehr starker SS-Bewachung. In der Nacht vom 2. zum 3. Mai ist Kaulbars dann, wie viele andere Häftlinge, in der Nähe von Plate bei Schwerin geflohen.

Die Eroberung Berlins durch die Rote Armee wurde in den Tagen vom 16. bis 21. April für die Gefangenen zur Sicherheit. Am 21. April erhielt das Gebäude des Gefängnisses die ersten Artillerietreffer. Die Gefangenen lebten daraufhin im Kellergeschoß, dessen Zellen zu dauerndem Aufenthalt eingerichtet wurden. Obwohl die Hauptkampflinie stündlich näherrückte, wurden noch bis zum 21. April keine Vorbereitungen zur Entlassung getroffen. Die Lage wurde unter diesen Umständen für die Gefangenen bedrohlich, weil sie befürchteten, daß das Reichssicherheitshauptamt, insbesondere dessen stellv. Leiter, SS-Gruppenführer Müller, versuchen würde, sie noch in den letzten Stunden aus dem Wege zu räumen. Wie sehr diese Befürchtung berechtigt war, zeigten die folgenden Ereignisse in der Lehrter Straße ebenso wie die gleichzeitige Ermordung fast aller Gefangenen im Gefängnis des Reichssicherheitshauptamtes in der Prinz-Albrecht-Straße.

SS-Gruppenführer Müller fällt die Entscheidung

In der Zwischenzeit war den Gefangenen zur Kenntnis gekommen, daß in einer Anzahl von Gefängnissen bei Annäherung der Roten Armee beziehungsweise der alliierten Truppen die Gefangenen entlassen worden waren. Die Entlassung sollte auf eine grundsätzliche Weisung zurückgehen. Es gelang weiterhin einem Sprecher der Gefangenen (Dr. Hermann Schilling), mit dem Gefängniskommandanten, Untersturmführer Albrecht, in Verhandlungen zu treten und angesichts der bevorstehenden Befreiung durch die Rote Armee Druck auf ihn auszuüben.

Am 20. April wurden mehrere Häftlinge, darunter sämtliche zum Tode verurteilten, von der Sonderabteilung der Gestapo der Gefängnisverwaltung (Justiz) übergeben und in deren Flügel (A-Flügel) untergebracht. Dabei handelte es sich anscheinend lediglich um den ersten Schub. Offensichtlich hatte das Reichssicherheitshauptamt das Bestreben, die Gefangenen vor dem Zusammenbruch aus dem Gestapo-Gefängnis in das ordentliche Gefängnis zu überführen, um die Verantwortung für die politischen Gefangenen im letzten Augenblick abzuwälzen. Die Überführung der restlichen Häftlinge in die ordentliche Gefängnisverwaltung (Justiz) sollte im Laufe weniger Tage vorgenommen werden.

Am 20. April um 20 Uhr – nach Einsetzen des Beschusses – ordnete das Reichssicherheitshauptamt die Entlassung von 11 Häftlingen an, darunter Hermann Schilling, Walter Bauer, Arnold Bistrick, Holm Erttel, Walter Baensch, Eberhard Plewe, Ferdinand Zeh, Heinz Haushofer, Wilhelm Reutter, Robert Bernardis; es handelte sich mit Ausnahme von Plewe, Bistrick und Bauer anscheinend nur um Sippenhäftlinge, Freigesprochene oder solche Häftlinge, gegen die ein Verfahren eröffnet worden war.

Nach der Entlassung dieser 11 Häftlinge liegen hinsichtlich des weiteren Schicksals der Gefangenen zwei Versionen nebeneinander: seitens der Gestapo und seitens der eben entlassenen Gefangenen. Von seiten der Gestapo fand am 21. April nachmittags in der Wohnung des stellvertretenden Leiters des Reichssicherheitshauptamtes, SS-Gruppenführer Müller, eine Besprechung mit dem Gefängniskommandanten und anderen SS-Führern aus dem Reichssicherheitshauptamt und dem Büro der Lehrter Straße statt, in welcher zweifellos von Müller persönlich die Entscheidung über die einzelnen Gefangenen getroffen wurde. Wie die späteren Ereignisse bewiesen, war es die Entscheidung über Entlassung oder Ermordung.

Am Sonntag, dem 22. April, dem ersten Tag nach seiner Entlassung, sprach Walter Bauer Ministerialrat Dr. Eggensperger vom Reichsjustizministerium an, um ihn zu sofortiger Befreiung der politischen Häftlinge der Lehrter Straße zu bewegen. Bauer hatte mit Dr. Eggensperger auch während seiner Haft Verbindung unterhalten und wollte durch seine Aktion vorbeugen, daß noch in letzter Stunde politische Gefangene ›umgelegt‹ werden oder daß durch saumselige Öffnung des im Zentrum der Stadt gelegenen Gefängnisses bei den Kampfhandlungen sonstiges Unglück geschehe.

Bei der Besprechung stellte sich zunächst heraus, daß der Reichsjustizminister Thierack in der Nacht vom 20. auf den 21. April Berlin verlassen und den Ministerialdirigenten Hesse als Geschäftsträger im Reichsjustizministerium zurückgelassen hatte, dies jedoch mit der ausdrücklichen Weisung, in Begnadigungsangelegenheiten sei ausschließlich der Oberreichsanwalt beim Volksgerichtshof zuständig, soweit es sich um Volksgerichtshof-Verfahren handelte, im übrigen der Generalstaatsanwalt in Berlin (der letztere zugleich in seiner Eigenschaft als Justizbeauftragter des Reichsverteidigungskommissars).

Dr. Eggensperger gelang es, Ministerialdirigent Hesse am Nachmittag des 23. April zu bewegen, mit ihm zusammen in das Gefängnis Moabit zu fahren. Von dort aus wollte Eggensperger mit Hesse in die Lehrter Straße. In Moabit konnte Eggensperger im Beisein von Hesse durchsetzen, daß mit den Entlassungen der politischen Häftlinge unverzüglich begonnen wurde. Die anschließende Fahrt zum Gefängnis Lehrter Straße konnte nicht durchgeführt werden, weil inzwischen angeblich die Panzersperren auf den Zufahrtswegen geschlossen worden waren.

Das Todeslos für sechzehn Gefangene

Am Abend des 23. April, als die Gefangenen im Untersuchungsgefängnis Moabit die Freiheit erlangt hatten, rief Dr. Eggensperger den Generalstaatsanwalt Hanssen an und ersuchte unter Hinweis auf den Vorgang in Moabit, auch die politischen Gefangenen in der Lehrter Straße zu entlassen. Hanssen lehnte das schroff ab; alleiniger Träger der öffentlichen Gewalt sei der Reichsverteidigungskommissar. Er erfahre von den Entlassungen in Moabit erst jetzt, er werde darüber sofort dem Reichsverteidigungskommissar Goebbels Vortrag halten, der in diesen Dingen keinen Spaß verstehe. Wer in Moabit die Tore aufgemacht habe, hafte dafür mit Kopf und Kragen. Er werde augenblicklich sicherstellen, daß sich in der Lehrter Straße die ›Schweinerei‹ nicht wiederhole.

Am 22. April, 21 Uhr, erhielt eine zweite Gruppe von 10 Häftlingen ihre Entlassungspapiere und konnte das Gefängnis am 22. April abends und am 23. April morgens ungehindert verlassen. Hierunter waren: Wilhelm Rohloff, Hans Lukaschek, Kraft Frhr. von Palombini, Lothar Francke, Ferdinand Frhr. von Lüninck, Otto Kunze, Max Jochintke, Ernst Kretzschmar, Gerhard Wolf, Plenne Vermersch, Richard Drache. Gleichzeitig befahl Obersturmbannführer Stawitzky, der angeblich selbst das Gefängnis inspiziert hatte, die Herausgabe aller Wertsachen (Brieftaschen, Geld und so weiter), damit die bevorstehende Entlassung der Häftlinge schneller vonstatten ginge.

Am 22. April gegen 23 Uhr wurden weitere 16 Häftlinge

aufgerufen und in zwei Gruppen unterteilt. Den Häftlingen wurde angekündigt, daß sie nicht von der Lehrter Straße, sondern aus der Prinz-Albrecht- Straße entlassen würden. Sie wurden etwa um Mitternacht aus dem Gefängnis Lehrter Straße geführt. Die Gruppe der Gefangenen wurde auf der Lehrter Straße von einem SS-Detachement in Stärke von etwa 30 Mann unter Führung eines SS-Führers (Sturmführer) in Empfang genommen. Das Detachement bestand im wesentlichen aus schmächtigen, anscheinend jungen Burschen. Die Gefangenen mußten ihre eben empfangenen Papiere und Wertsachen wieder abgeben, ebenso wurde ihr Gepäck auf einen Kübelwagen verladen. Der Führer des Detachements teilte ihnen ferner mit, daß bei Fluchtversuch geschossen würde. Daraufhin wurde die Gruppe die Lehrter Straße entlang in die Invalidenstraße und schräg über diese hinweg zum Zwecke der angeblichen Abkürzung des Weges in das Ausstellungsgelände an der Invalidenstraße geführt. Die erste Gruppe, unter der sich Herbert Kosney mit sieben anderen Gefangenen befand, wurde in die zerstörte und teilweise wiederaufgebaute Betonpfeilerhalle an der Invalidenstraße geführt, wobei hinter jedem Gefangenen ein SS-Mann ging. Als sie an der Rückwand der Halle angelangt waren, wurden auf das Kommando »Fertig! Los!« des Führers die Gefangenen mit Genickschuß erschossen. Diejenigen am Boden Liegenden, die noch Lebenszeichen von sich gaben, erhielten weitere Schüsse. Kosney selbst hatte im letzten Augenblick den Kopf gewendet, der Schuß ging seitlich des Genicks hindurch und bei der Backe heraus. Er blieb bei Bewußtsein, stellte sich tot und wartete den Abmarsch des Detachements ab, der bald erfolgte mit den Worten: »Jetzt aber fort, wir haben in dieser Nacht noch mehr zu tun.«

Unter der zweiten Gruppe befanden sich sieben von den zum Tode Verurteilten, die früher aus dem Flügel der Gestapo in den Flügel der Justizverwaltung verlegt worden waren. Diese Häftlinge wurden in die etwa 100 bis 150 Meter entfernte, gleichfalls an der Invalidenstraße liegende zerstörte Halle eines Ausstellungsrestaurants geführt und dort fast gleichzeitig erschossen. Von dieser Gruppe kam keiner mit dem Leben davon, so daß Zeugen des Vorganges nicht vorhanden sind. Die Schüsse wurden jedoch in dem angrenzenden Ausländerlager gehört.

Spät identifiziert und beerdigt

Die erste Gruppe wurde erst am 12. Mai auf Grund der Angaben von Kosney gefunden. Sechs von den sieben Leichen konnten dabei von Dr. Heinz Haushofer auf Grund von noch vorhandenen Papieren oder Kleidungsstücken einwandfrei identifiziert werden. Oberstleutnant Ernst Munzinger, Oberst Wilhelm Staehle, Carlos Moll, Sergej Sossinow (russischer Kriegsgefangener), Hans Victor von Salviati, Prof. Albrecht Haushofer. Die siebente Leiche konnte nicht identifiziert werden. Nach Angaben von Kosney handelt es sich aber zuverlässig um den ihm bekannten Max Jennewein. Von diesen Leichen wurde Prof. Haushofer auf dem Friedhof der Johanniskirche in Moabit begraben, die übrigen sechs in einem Massengrab im Kleinen Tiergarten. Sämtliche Beerdigungen fanden am 13. Mai 1945 statt.

Die Leichen der zweiten Gruppe (Rüdiger Schleicher, Klaus Bonhoeffer, Friedrich Justus Perels, Hans John, Carl Marks, Hans-Ludwig Sierks, Wilhelm zur Nieden, Richard Kuenzer) lagen in eineinhalb Meter Abstand am Abhang des Schutthügels vor der Bierhalle rechts des Eingangs. Am 23. und 24. April befaßte sich eine Mordkommission der Kriminalpolizei mit dem Fund. Diese Kommission scheint während ihrer Arbeit an dem Fall über die Urheberschaft des Mordes durch den SD aufgeklärt worden zu sein.

Am 24. vormittags brachte man die Leichen in das Leichenschauhaus in der Hannoverschen Straße und achtete streng darauf, daß keine Indizien am Tatort zurückblieben. Der Leiter des Leichenschauhauses muß die Weisung bekommen haben, alle Sachen und Papiere dieser acht zu vernichten und jede Eintragung in die Bücher zu unterlassen. Die Toten lagen indessen mangels Arbeitern durch die Kampfhandlungen noch bis etwa 5. Mai im Keller des Schauhauses. Nach den Kampfhandlungen, ab 5. oder 6. Mai, gab dann der Leiter, ein Herr Ernst, den Befehl, die acht zu beerdigen. Indem er selbst mit Hand anlegte, ließ er sie ausziehen und in einem Bombentrichter hinter der Mauer auf dem Dorotheenstädtischen Friedhof in der Chausseestraße verscharren. Dies geschah nachts um zwei Uhr in höchster Eile. Anschließend ließ er die Sachen von ihnen auf dem Institutshof verbrennen. Eine Eintragung in die Bücher ließ er nicht machen. Nach seiner Verhaftung durch die Russen (dieses letzte Verbrechen war aber noch niemand bekannt und somit nicht Ursache der Verhaftung) wurden in dem gleichen Bombentrichter alle restlichen Leichen aus dem Schauhaus bestattet, so daß die acht jetzt zuunterst in dem Massengrab von 72 Toten liegen.

Am 23. April wurde die Sonderabteilung der Gestapo aufgelöst und der B-Flügel des Gefängnisses mit den noch vorhandenen politischen Häftlingen in die Hand der Justiz zurückgegeben. Die Justizbeamten sperrten die Häftlinge auf Anweisung des Gefängnisvorstehers wieder in Einzelhaft in die Zellen. Erst nach schwerem Beschuß und Treffern im Gefängnishof wurde das Aufsuchen der Keller wieder erlaubt. Von da an spielte sich bis zur endgültigen Entlassung aller politischen Häftlinge alles in den Kellern ab.

Ein fehlender Stempel verzögert die Entlassung

Eine zweite von seiten der Häftlinge laufende Aktion war der Versuch von Herrn von Lüninck, im Justizministerium einen Befehl zur Freilassung aller politischen Häftlinge der Lehrter Straße zu erwirken. Als Lüninck am 23. April in das Justizministerium kam, fand er dort nur noch eine Sekretärin vor. Er diktierte dieser eine Anordnung zur Freilassung in die Maschine auf Papier des Justizministeriums, setzte eine unleserliche Unterschrift darunter. Leider war ein Dienststempel nicht greifbar. Dann ging er zurück zur Lehrter Straße 3 und überbrachte Regierungsrat Berg, dem Direktor des Gefängnisses, dieses Schreiben. Berg glaubte nicht an die Richtigkeit, da kein Stempel aufgedrückt war und wahrscheinlich auch, da ein ehemaliger Häftling, den er noch kennen mußte, die Anordnung überbrachte. Auch fehlte ihm anscheinend die Zivilcourage menschlicher Verantwortung, das Schreiben als Dekkung für sich zu benutzen und die Häftlinge herauszulassen. Da der Abtransport der 16 Häftlinge, davon acht Gefangene, die seiner Abteilung (Justiz) unterstanden, schon in der Nacht vorher erfolgte, mußte Berg sich über die Linie klar sein.

Am 23. April gegen zehn Uhr wurden fünf bereits verurteilte Häftlinge nach Plötzensee verlegt. Die Urteile waren erst in den letzten Tagen (20. April) gefällt worden. Es waren dies: Kurt Sorge, Paulus von Husen, Heinrich Körner, Wilhelm Schmidt, Johannes Albers. Diese Häftlinge wurden in Plötzensee zum Teil wieder in Einzelhaft gesperrt und schließlich von der Roten Armee befreit.

Am 23. April um 14 Uhr wurde eine weitere Gruppe von fünf Häftlingen entlassen (Joachim Wrede, Carl Bassen, Paul Herpich, Hermann Moritz, Günther Harder und ein schwedischer Untersturmführer, dessen Name unbekannt ist). In der Nacht vom 23. zum 24. April gegen drei Uhr wurde durch ein SS-Kommando eine weitere Gruppe von drei Häftlingen (Albrecht Graf von Bernstorff, Karl Ludwig Frhr. von Guttenberg, Ernst Schneppenhorst) abgeholt, auch von ihnen fehlt jede Spur. Es ist zu vermuten, daß auch sie vom SD ermordet worden sind.

Am 25. April nachmittags, als die Front schon viel näher gekommen war, wurde eine Abordnung von Häftlingen (Gustav Noske, Friedrich Ernst, Andreas Hermes, Pater Augustin Rösch, Friedrich-Carl von Zitzewitz) zu Regierungsrat Berg geschickt. Berg wurde vor die Wahl gestellt, entweder die politischen Häftlinge binnen einer Stunde zu entlassen oder nach Erscheinen der Roten Armee aller Wahrscheinlichkeit nach mit seinen Beamten erschossen zu werden. Hier, im letzten Augenblick, entschied er, daß alle politischen Häftlinge um 16 Uhr zu entlassen seien.

Es waren dies Otto Armster, Eberhard Bethge, Helmuth Cords, Edmund Danecki, Justus Delbrück, Constantin von Dietze, Friedrich Ernst, Friedrich Erxleben, Otto Gimmler, Maximilian von Hagen, Franz Hartmann, Martin Hartung, Kurt Hassel, Andreas Hermes, Hans Heinrich von Holleuffer, Sydney Jessen, Adam Kaiser, Adolf Lange, Friedrich Leon, Fiszel Majnemer, Ludwig Münz, Gustav Noske, Hans-Dietrich Patermann, Oskar Graf von Pilati, Jesco von Puttkamer-Nippoglense, Hans-Joachim von Reclam-Schlee, Franz Rehrl, Helmuth Rhenius, Gerhard Ritter, Augustin Rösch, Hans von Scheliha, Hans-Joachim von Steinaecker, Theodor Steltzer, Viktor Schulz, Josef Sliwinski, Georg Stöhr, Willi Wiegand, Anton Welsburg, Hans-Detlof von Winterfeldt, Emil Woermann, Berengar von Zastrow, Friedrich-Carl von Zitzewitz-Muttrin.

Damit waren keine politischen Häftlinge mehr im Zellengefängnis Moabit, Lehrter Straße. Insgesamt waren 15 Häftlinge ermordet, drei Häftlinge aller Wahrscheinlichkeit nach ebenfalls ermordet, ein Häftling beim Mordversuch nur schwer verwundet, aber lebend herausgekommen, der Rest durch das überraschend schnelle Vordringen der Roten Armee entlassen.

Der am Leben Gebliebene sagt aus

Der entkommene Herbert Kosney (Berlin N 58, Hagenauer Straße 17, Prenzlauer Berg) gibt über die Vorgänge vor der Ermordung folgendes an:

Kosney, dessen Bruder am 22. April mit einigen anderen vom SD schon entlassen und für seine eigene Heimkehr aufs beste vertröstet worden war, hörte gegen 23 Uhr in seiner Luftschutzzelle, wie einige Namen aufgerufen wurden, und die Betreffenden zum Sachempfang nach vorn gingen. Er erinnert sich, Schleicher gehört zu haben. Es war die seit zwei Tagen vom SD bereits an die Justiz abgegebene Gruppe (Schleicher, Klaus Bonhoeffer, John, Perels, zur Nieden, Marks, Sierks, Kuenzer), aus der freilich mehrere, zum Beispiel Minister Hermes, Steltzer und andere nicht mit aufgerufen wurden. Diese bezeichneten acht haben dann im C-Flügel des Lehrter Zellengefängnisses ordnungsgemäß ihre Effekten erhalten, wie der diensttuende Kalfaktor Jonas (Berlin-Charlottenburg, Reichsstraße 26 oder 28) berichtet. Nach Jonas ist ihnen hier gesagt worden, sie würden nach Plötzensee verlegt. Etwas später, etwa gegen 23.30 Uhr, hörte Kosney mit einigen anderen seinen eigenen Namen. Es handelte sich um acht Personen aus den noch unter dem SD-Kommando befindlichen Häftlingen: Albrecht Haushofer, von Salviati, Moll, Munzinger, Staehle, Jennewein, Kosney und Sossinow aus Gomel, der mit Kosney usw. zusammengearbeitet hatte.

Sämtlichen Häftlingen beim SD waren in den Abendstunden des betreffenden Tages ihre persönlichen Papiere und Wertsachen ausgehändigt worden, was die allgemeine Freude auf die kommende Entlassung heftig angefacht hatte. Es wurde in den nächsten Tagen aber nicht entlassen, sondern der SD übergab das ganze Gefängnis am folgenden Tage an die Justiz. Kosney half Haushofer beim Packen der Sachen, und alle dachten an Entlassung.

Als Kosney nach vorn in den Zentralbau kam, stand dort schon rechts die zuerst gerufene Gruppe. Ein fremder Sturmführer war anwesend und fragte: »Welche nehmen wir zuerst heraus?« Worauf Kosneys Gruppe den Beginn machte und man sie zu zweit nebeneinander durch die Pforte in den langen, dunklen Gang zum Gefängnistor hinausließ. Kosney ging mit Jennewein vorn. In diesem Gang empfing sie ein zweiter Sturmführer, der offenbar das Kommando der ganzen Angelegenheit hatte und nach Kosneys Eindruck alle weiteren Befehle gab. Dieser Sturmführer sagte: »Ihr werdet alle verlegt, wer einen

Fluchtversuch macht, wird erschossen.« Bei dem Weg durch den langen Gang merkte Kosney, daß rechts und links je eine Reihe von SS-Leuten mit Stahlhelm und Maschinenpistole stand, die nun immer zwei Häftlinge zwischen sich nahm. Er schätzte 30 SS-Leute.

Auf der Straße angekommen, eröffnete man ihnen, daß der Weg zum Potsdamer Bahnhof gehe. Sie sollten ihre Koffer und sonstigen Sachen auf den bereitstehenden Kübelwagen legen, der zum Bahnhof vorausführe. Während dieser Aktion, meint Kosney, habe die gesamte Häftlingsgruppe aus etwa 20 Mann bestanden. Erkennen konnte er in der regnerischen Nacht niemand genauer, zumal er weiter an der Spitze ging. An der Ecke Lehrter und Invalidenstraße angelangt, hielt man wieder an und forderte die Häftlinge auf, alle bei sich geführten Wertsachen und Papiere abzugeben. Das kann nicht vollständig geschehen sein, da später an der Mordstelle Briefe, Bilder und Scheckhefte, zum Beispiel von Moll, Sossinow, gefunden wurden. Der neben Kosney gehende SS-Feldwebel nahm diesem die Uhr ab, welche zu diesem Zeitpunkt genau ein Uhr anzeigte. Als Jennewein darauf verwies, daß in seiner Brieftasche 1800 Mark lägen, meinte der Feldwebel, das würden sie bald in der Eisenbahn klären können. Dann rief der Feldwebel dem Sturmführer zu, man könne den Weg zum Potsdamer Bahnhof gut abkürzen, indem man gleich gegenüber durch das Tor und über die Trümmer des Ulap-Geländes gehe. Der Sturmführer gab den Befehl, so zu gehen.

Gleich hinter dem Tor wurde Kosney mit dem hinter ihm Gehenden nach links abgedrängt (vielleicht wurden die anderen acht, Schleicher und so weiter, unter Befehl des zweiten Sturmführers nach rechts geführt). Kosney hörte den Befehl des Sturmführers: »Fertigmachen, los!« Nach der Salve vernahm er, ganz stilliegend, noch weitere Schüsse, konnte aber Richtung und Entfernung nicht genau angeben. Vielleicht rührten sie von der zweiten Gruppe her. Er hörte den Sturmführer rufen: »Beeilen, wir haben noch mehr zu tun, sonst wird es hell!« Als die SS verschwunden war, meint Kosney noch fünf Minuten gewartet zu haben. Dann kroch er in der Richtung der Straße, verband sich selbst den Einschuß im Genick und gelangte nach Hause.

Seine sieben getöteten Mithäftlinge wurden später durch seine Angaben in dem dunklen Bau zwischen den Betonsäulen gefunden. Das Protokoll darüber fertigte Heinz Haushofer, der Bruder des erschossenen Albrecht Haushofer, an.

Mein 8. Mai und einige Folgen

Dieses Kapitel macht mir mehr Mühe als die vorangegangenen Stücke. Das liegt zum Teil an der spärlichen Quellenlage, die ein Stück weit selbstverschuldet ist. Es hat aber auch mit der Tiefe des Einschnitts zu tun. Die heiß ersehnte Freiheit kam als unentrinnbares Trümmer- und Totenfeld. Wie sollten neue Grundlegungen in Kirche, Politik und persönlichem Umkreis gelingen, während die Besten fehlten?

Zunächst brachten die Tage des Kriegsendes die Überlebenden an den äußersten Rand des Faßbaren. Jeder Tag kostete neue Verluste und Abschiede, dazu die Anstrengungen für ihre Aufklärung bei zusammengebrochenen Kommunikationsmitteln. Überleben bedeutete dabei die Nötigung zum ›Organisieren‹ alles Lebensnotwendigen wie Brot, Wasser, Holz und Dachziegel; bedeutete Orientierungsschwierigkeiten in einer Umwelt, in der Autoritäten vorerst noch anonymer geworden waren als zuvor, und Kampf um Berechtigungspapiere für Bewegungsfreiheit, Betätigungsmöglichkeit und Kauf von Lebensmitteln. Mein erstes Dokument war eine ›OdF‹-Bescheinigung[1] mit einer angehängten Übersetzung ins Russische, die mir die Frau von Prof. Zutt, einem Kollegen von Vater Bonhoeffer, angefertigt hatte. Überleben bedeutete aber auch, einen Glauben zu finden daran, daß die vollzogenen Opfer dereinst einen Sinn haben und Frucht bringen würden.

Dazu gehörte während der ersten Wochen und Monate, Papiere zu sichern, die so lange hatten verborgen bleiben müssen. Das galt vor allem für Dietrich Bonhoeffers Manuskripte. Letzteres wuchs sich dann aus zu meinem Los, wie ich es mir damals noch gar nicht ausdenken konnte. Heute weiß ich, daß und wie ich damit aber auch zugleich neue Fehlleistungen zustande gebracht habe. Ein Beispiel: Ich hielt damals – und nicht nur damals – alles, was der Zeit vor dem 8. Mai 1945 zugehört, für dokumentierens- und aufbewahrenswert. Allem, was danach passiert ist, gestand ich nur zweit- oder drittrangige Bedeutung zu. Das rächt sich nun. Jetzt machen mich jüngere Forscher nervös, wenn sie mich z.B. nach eigenen Aufzeichnungen und Erinnerungen an die erste EKD-Konferenz in Treysa vom August 1945 befragen: ich sei doch dabei gewesen. Ja, ich war dabei – und doch nicht dabei; ich habe nichts von dem festgehalten, woran die Nachfahren zwecks historischer Details besonders interessiert sind. Denn ich nutzte die damals beneidenswerte Möglichkeit, Bischof Dibelius in den sonst unerreichbaren Westen zu begleiten, kaum dazu, jene Konferenz der Tapferen wie der Versager zu protokollieren, sondern dazu, das noch kaum erhellte Schicksal Dietrich Bonhoeffers aufzuklären. Ich konnte und woll-

1 OdF = Opfer des Faschismus.

te also in Treysa ›dabei sein‹, wenn es dazu diente, bisher unbekannte Dinge aus der Zeit vor dem 8. Mai an den Tag zu bringen. Und das ging schon an die Grenze der körperlichen und seelischen Kräfte.

Von der Lehrter Straße 3 in die Marienburger Allee 50

So hart der 8. Mai ein Vorher und ein Nachher voneinander trennt, so deutlich ist mit diesem Einschnitt ein vielschichtiger Prozeß verknüpft gewesen. Eine unscheinbar wirkende, wichtige Quelle, die mir zu Hilfe kommt, ist das Losungsbüchlein für das Jahr 1945 mit ein paar handschriftlichen Notizen darin.

Auf dem Deckblatt steht in Renates Handschrift »Für Eberhard«. Zuvor hatte dort jedes Jahr Dietrich meinen Namen geschrieben; den ganzen Krieg hindurch hatten wir einander zu Weihnachten die ›Losungen‹ geschenkt. Jeder weiß von ihrer Bedeutung, wenn er sich an Bonhoeffers Notizen zur täglichen Losung während der reifenden Entscheidung zur Rückkehr aus den USA 1939 erinnert. Und noch in den Tegeler Briefen spielen sie 1944 ihre orientierende Rolle. Dietrichs Exemplar aus der Tegeler Zelle enthält Stichworte von Besuchen und Alarmen: »Maria«, »Eltern«, »Angriff auf Borsig«. Nun, während Dietrich und ich in getrennten Gefängnissen und ohne Möglichkeit zu Kontakten lebten, hatte mir Renate das Büchlein in das Paket zu Weihnachten 1944 gelegt. Ich weiß nicht, ob ihm seine Braut oder die Familie auch eines in die Kellerzelle der Prinz-Albrecht-Straße schicken konnten.

Aber nun enthält auch mein Losungsbüchlein über das erste halbe Jahr 1945 hin mit Bleistift eingetragene

Stichworte. Sie versetzen mich zu Daten zurück, die an Glücksmomente mitten in äußersten Anspannungen erinnern, aber noch viel mehr Tage lähmender Niederlagen markieren. Als ich dieses Büchlein in Gebrauch nahm, tobte noch die Ardennenschlacht, aber es hatte noch kein einziges Glied der großen, wahrlich heimgesuchten Familie von Renates Seite sein Leben lassen müssen. Der hartnäckige Kampf der Großeltern und der Frauen der Verhafteten um deren Überleben war noch voll im Gange, sei es mit Beeinflussungsversuchen bei Leuten an Schaltstellen, sei es mit Bestechungen oder gar mit Fluchtplänen. Und das mitten in der erbarmungslosen Abfolge der Exekutionen um uns herum – so vor den Todesurteilen und erst recht so nach ihnen, als die über Klaus Bonhoeffer und Rüdiger Schleicher gefällt waren. Aufgegeben hat niemand bis zum allerletzten Augenblick, weder Ursula Schleicher noch Christel von Dohnanyi noch Emmi Bonhoeffer noch Maria von Wedemeyer oder die Eltern.

Hier nun die Notizen.

Am Sonnabend, dem 20. Januar steht neben der Losung: »1. x Renate u. Dietr. gesprochen. Dietrich lief an meiner Hand u. hatte ganzes Zutrauen zu mir in der Zelle.« Das spielte sich in der Besucherzelle ab. Dietrich war fast ein Jahr alt.

Am 2. Februar: »Vater, Klaus Todesurteil.« Rüdiger Schleicher, Klaus Bonhoeffer, Friedrich Justus Perels und Hans John wurden an diesem Tage von Freisler zum Tode verurteilt. Wie er mich am Abend aufrichtete statt ich ihn, habe ich erzählt.

Am 3. Februar, dem Sonnabend (Geburtstag des kleinen Dietrich daheim), steht: »Beide in D-Flügel. Schwerster Tagesangriff.« In den D-Flügel wurden jeweils die Verurteilten aus unserem B-Flügel verlegt. Im Bombenhagel war in der Innenstadt auch der Todesrichter vom Vortag, Roland Freisler, ums Leben gekommen. Natürlich wußten wir das noch nicht. Einige von uns Häftlingen der Lehrter Straße 3 waren ziemlich heiter, als wir am Nachmittag zum ersten Mal in den Hof kommandiert wurden; wir mußten nach dem totalen Ausfall von Strom und Wasser Kloakengräben ausheben. Hanns Lilje bewährte sich als der einfallsreiche Unterhalter der Spatenkolonne, die zwei Stunden lang draußen unter dem dunkel verqualmten Himmel grub. Später erfuhr ich, daß die Eltern Bonhoeffer am selben Tag rauchgeschwärzt aus den Bunkern des Anhalter Bahnhofs gestiegen waren, gerade vergeblich unterwegs, um Dietrich zum Geburtstag ihre Grüße in die Prinz-Albrecht-Straße zu bringen, und daß der Bruder des Schwiegervaters, Dr. Rolf Schleicher, an eben diesem Morgen im Anhalter Bahnhof eingetroffen, um dem gerade Verurteilten und dessen Frau beizustehen, als Arzt herausgerufen worden war, um Freislers Tod festzustellen und zu bescheinigen.

Beim 10. Februar heißt es: »Renate u. Dietrich da zum 2. x; D. als Sittenrichter.« Daß jemand seine Mutter umarmte, hatte der Junge noch nicht erlebt und eifersüchtig reagiert.

Unter dem 19. Februar steht: »R. gesehen ante portas.« Da war ich zum Aufwischen der Flure vor unseren Zellen ausgeschlossen worden, heimlich zum Dach hinaufgestiegen und konnte aus einer Luke sehen, wie Renate in der Invalidenstraße zum Lehrter Bahnhof strebte, nachdem sie an der Außenpforte gute Dinge für uns alle abgegeben hatte.

Am 20. Februar dann gleich wieder: »Renate da.«

Am Sonntag, dem 4. März: »Renate lang gesprochen. Junge dabei.« Die Wächter verhielten sich sehr unterschiedlich, und das hatten wir bald herausgefunden.

Am 14. März: »Renate da!« Wie schwierig der Weg zur Lehrter Straße wegen der näherrückenden Front geworden war, hat sie mir erst später erzählt.

Unter dem 16. April steht: »Kleist-Schmenzin †«; so habe ich es damals eingetragen. Nach dem Eingangsbuch über Häftlinge der Lehrter Str. 3 war es der 9. April, also derselbe Todestag wie für Dietrich Bonhoeffer und Hans von Dohnanyi. Auf jeden Fall bin ich an seinem Hinrichtungstag, zur Hilfe beim Austeilen des Morgenkaffees ausgeschlossen, an seiner Zellentür gewesen und habe seine Grüße empfangen mit seinen goldenen Manschettenknöpfen, die ich beim nächsten Besuch Renate geben sollte, was auch geschehen ist. Renate hat sie zusammen mit eigenem Schmuck vergraben, wo alles nach der Kapitulation Plünderern in die Hände gefallen ist.

Am 20. April[2] lautet die Notiz: »Vater zur Justiz.« Was heißt das? Heute zeigt das erhalten gebliebene Häftlingsverzeichnis der Lehrter Str. 3, daß die Gestapo am 20. April angefangen hatte, uns an die Justizverwaltung zu übergeben, ungeachtet der noch danach vollzogenen Entscheidungen, etliche umzubringen, andere zu ent-

2 Vgl. ab hier die Angaben zu den einzelnen Tagen im vorhergehenden Kapitel »Die letzten Tage in der Lehrter Straße 3«.

lassen. Der bürokratische Vorgang des Umschreibens brauchte Tage.

Zum 21. April, einem warmen Sonnentag, heißt die Eintragung: »Renate letztes x im Gefängnis. Artillerie-Beschuß setzt ein.« Sie war die vorletzte aller besuchenden Frauen (die Frau von Gerhard Ritter kam noch nach ihr); sie berichtete, wie sie mit einem Ärzteausweis des Großvaters stückweise immer wieder S-Bahnen habe benutzen können, gefüllt mit frisch Verwundeten aus der Kampflinie im Osten der Stadt.

Beim 22. April steht: »Leben im Keller.« Das Leben in den Einzelzellen oben war vorüber. Doch auch jetzt noch sollten die Gefangenen zu Verhören und Volksgerichtsverhandlungen verwahrt bleiben. In zwei oder drei großen Kellerräumen lagen wir nun auf Strohsäcken in Gruppen zusammen. Friedrich Leon trug eine Arie vor, Albrecht Haushofer las aus seinem ›Scipio‹-Fragment und Helmut Cords, der erfinderische Leutnant, organisierte die Zusatzverpflegung aus dem Kartoffelkeller. Im Raum gegenüber lagen Rüdiger Schleicher, Klaus Bonhoeffer, Justus Perels mit anderen gleichfalls Verurteilten. Immer wieder gelangen uns Sprünge hinüber und herüber.

Montag, 23. April: »Vater fort. Haushofer. Alle zur Justiz. Treffer im C-Flügel.« In der ersten Nachthälfte waren sie, insgesamt 15 Mithäftlinge, herausgeholt worden. Ich hatte geschlafen. Mit der Eintragung »zur Justiz« war wohl gemeint, daß wir nun normalen Justizbeamten übergeben wurden; am nächsten Morgen fanden wir tatsächlich abgelegte SS-Uniformen in leeren Zellen.

24. April, Dienstag: »Nachts Guttenberg fort.« Abends am 23. war nochmals die SS gekommen und hatte Gut-

tenberg, Schneppenhorst und Graf Bernstorff in die Nacht weggeführt. Gewisses haben wir über diese drei nie mehr herausfinden können.

Mittwoch, den 25. April: »4 Uhr bringt Pater Rösch Entlassungsnachricht.« Seit dem Verschwinden der SS hatten wir mit den Vollzugsbeamten verhandelt, daß es für sie selber besser sei, wenn sie uns freigegeben hätten, ehe die Sowjets einträfen. Verängstigt hatten sie eingewilligt, daß sie die Tore in dem Augenblick aufschließen wollten, in welchem das Maschinengewehrfeuer der näherrückenden Kampflinie deutlich auszumachen sei. Wir hatten seitdem eine eigene Wache auf dem Dach unterhalten; mittags war Cords gekommen und hatte jenes MG- Geknatter gemeldet. Die Rückgabe unserer ›Effekten‹ begann, bis wir 45 Überlebenden endlich draußen auf der Straße unseren Heimweg antraten, in unserem Aufzug von den spärlichen Passanten staunend begafft. Am Abend gelang noch von der Marienburger Allee 42 aus der Telefonanruf in Sakrow bei Renate: Ich bin lebend zu Hause – freilich ohne den Vater und ohne Klaus.

Donnerstag, 26. April: »Vergeblicher Fahrversuch nach Sakrow.« Schon seit Tagen hatten die Sowjets zwischen Heerstraße und Sakrow die Verkehrsverbindung durchschnitten.

Freitag, den 27. April: »Granate ins Haus. Verschüttet.« Renates Großeltern und andere Angehörige, unter ihnen Theodor Steltzers Frau, lebten mit uns im Keller der Marienburger Allee 42. Ich war gerade oben, als nach einem Granateneinschlag im Dach ein Balkenkreuz über meinem Kopf verklemmt stecken blieb. Ich war unverletzt. Kundig ließ mich Großvater Bonhoeffer die geschluckte Staubmenge aushusten.

Sonnabend, 28. April: »11 Uhr die ersten 2 Russen.« Ich hatte noch am Mittwoch vor dem Gefängnis unseren jüdischen Mitgefangenen, einen russischen Arzt Dr. Majnemer, den die Stapo aus Sachsenhausen zur Verrichtung der schmutzigsten Arbeit in die Lehrter Str. 3 geholt hatte, mit in die Marienburger Allee genommen. Nun trat er den beiden Rotarmisten entgegen und klärte sie auf: »Alle Antifacisti!« – und so ist in unserem Keller auch nichts Schlimmes passiert. Wir hatten allerdings kurz zuvor die bisher aufgesparten Alkoholika weggeschüttet.

Sonntag, 29. April: »Stab bei Großeltern. 6 Uhr Räumungsbefehl.« Was würde nun mit ihrem Haus geschehen, das bisher relativ verschont geblieben war?

Mittwoch, 2. Mai: »Berlin kapituliert.« Waffenruhe in den Trümmern.

Freitag, 4. Mai: »2. Fahrversuch. Brandenburger.« Diesmal kam ich zwar schon weiter. Aber dann tauchten mit einem Mal lauter ehemalige Haftkameraden auf, ein paar Wochen zuvor ins Gefängnis auf dem Brandenburger Görden verlegt, dort ebenfalls befreit und jetzt auf dem Weg in die Stadt. Sie überzeugten mich, daß noch kein Durchkommen nach Sakrow möglich sei; statt dessen feierten wir Entlassenen im Garten der Marienburger Allee 42 das Wiedersehen und die Freiheit, überschattet vom Gedanken an die, welche nicht dabei waren.

Sonnabend, den 5. Mai: »Renate wiedergesehen.« Endlich war ich nach Sakrow und ans Ziel gekommen.

Sonntag, den 27. Mai: »In die Marienburger Allee 50 gezogen.« Dazu später mehr. Renate und ich fühlten uns verpflichtet, in der Nähe der Mutter und der Großeltern verfügbar zu sein. Es war sonst kein jüngerer Mann mehr in der Familie vorhanden.

Am 31. Mai, Donnerstag, lautet die Eintragung: »Gewißheit über Vater, Klaus usw.« Täglich mit dem Fahrrad unterwegs, hatte ich Heinz Haushofer, den Bruder von Albrecht H. und ehemaligen Mitgefangenen, vor allem aber auch Herbert Kosney, den Arbeiter vom Prenzlauer Berg, ausfindig machen können, der die Exekution in den Ulap-Trümmern am 23. April überlebt hatte. Mit ihrer Hilfe wurden die Einzelheiten des Mordens klar, darüber hinaus auch die Etappen des verdunkelnden Beiseiteschaffens der Getöteten über das Leichenschauhaus zum Massengrab im Bombenkrater innerhalb des Dorotheenstädtischen Friedhofes.

Sonnabend, 2. Juni: »Grab gefunden.«

Montag, 11. Juni: »Trauerfeier für Klaus, Vater usw.« Ursula Schleicher hatte die unendlichen Schwierigkeiten überwunden, um dieses Grab angemessen herzurichten, bald darauf sogar mit dem großen Stein, der bis heute an jedem 20. Juli Blumen von Angehörigen, von Freunden wie auch von Unbekannten trägt. Der Grabstein nennt auch die Namen von Dietrich Bonhoeffer, Hans von Dohnanyi und Justus Delbrück, von denen es kein Grab gibt.

Die Trauerfeier zu halten, fiel mir zu. Ich erinnere mich an die Erregung, welche die ungewohnte Aufgabe verursachte. Ich tat es gern, und gleichzeitig war ich sehr unsicher; denn die Ausbildung zum Pfarramt hatte solche Situationen keineswegs mitbedacht, nämlich vom Evangelium her den politischen Widerstand dieser Toten zu benennen und zu deuten.

Heute sehe ich in dieser Feier den Beginn meiner ›nebenamtlichen‹ Lebensaufgabe. Tatsächlich hat sie meinen eigentlichen Beruf von da an immer bestimmender begleitet, wenn nicht gar verändert. Ihre Elemente sind von drei Feldern bestimmt, auf denen mit dem Widerstand und deren Trägern umzugehen ist: der Beteiligung am Erforschen der Motive, Abläufe und Ziele von geleistetem oder verweigertem Widerstand; der Teilnahme am Vermitteln von Namen und Taten an die Nachgeborenen; und schließlich dem Mitwirken beim engagierten und engagierenden Gedenken, wie es von mir hier an diesem 11. Juni 1945 auf dem Dorotheenstädtischen Friedhof zum ersten Mal zu vollziehen war.

Das war für mich damals noch keineswegs so klar entfaltet; aber die Elemente waren vorhanden. Heute beherrschen diese Beteiligungen Renates und meinen Ruhestand, einschließlich der entsprechenden Kontroversen. Aber sie haben uns zugleich mehr und mehr in eine überraschend weltweite Arbeitsgemeinschaft eingegliedert.

Zu Otto Dibelius

Aber solche Perspektiven eilen den Ereignissen und dem Bewußtsein in jenem Frühsommer 1945 weit voraus. Jetzt füllten die bereits erwähnten Selbstverständlichkeiten im Chaos des eroberten Berlins den Tag; dazu kam jetzt mein Bemühen, den neuen beruflichen Anschluß seit dem Abbruch meiner Tätigkeit bei der Gossner Mission 1943 zu finden. Hier nun erwies sich mein halbes Jahr in der Lehrter Straße als unvergleichlich vorteilhaft. Ich war unmittelbar aus der Haft nach Hause gekommen; von den befreundeten Kampf- und Jahrgangsgefährten ließ sich noch kaum einer in Berlin finden. Ich muß wohl bald Hans Lokies, meinen Vorgesetzten in der Gossner Mission während der ersten Kriegsjahre, aufgesucht haben, der mir erzählte, eine vorläufige Leitung der Berlin-Brandenburger Kirche habe sich dank der Initiative von Otto Dibelius sogleich im Burckhardthaus in Dahlem eingerichtet, dort sollte ich mich melden. Das habe ich während meiner Erkundungsradfahrten in der zweiten Maihälfte getan.

Dort traf ich weder Martin Albertz, den geliebten und entschiedenen ›Vater‹ der Illegalen im Bruderrat, noch Hans Böhm, der mir durch Bonhoeffer als der für die Ökumene Zuständige in der VKL ganz gut bekannt war, und natürlich auch nicht Kurt Scharf, der damals noch als Kriegsgefangener in Italien war. Kegel, der Herr Oberkonsistorialrat, welcher unter der Hand manch einem mit mir befreundeten Illegalen innerhalb des Konsistoriums Schutz und Förderung hatte verschaffen können, war mir damals noch unbekannt. Der, dem ich aber unvermittelt gegenüberstand, war Otto Dibelius. Er empfing mich interessiert und sehr zugewandt. Er muß sich wohl meine Geschichte und ihre jüngste Wendung angehört haben, jedenfalls machte er ohne Umschweife den Vorschlag: »Bruder Bethge, Sie bleiben gleich bei mir und werden mich, wo immer nötig, begleiten.« Ich erinnere mich an keine Einzelheiten, doch daran, daß ich alsbald mit guten Gefühlen einwilligte. Denn es war klar, daß er mir alle erdenkliche Freiheit gab, die familiär bedingten Wohnentscheidungen und den Zeitaufwand für die ›nebenamtlichen‹ Aufgaben wahrzunehmen. Daran hat sich Dibelius in der Tat gehalten; später gestand er mir sogar eine Sekretärin zu.

Ich gehörte zu jener Gruppe von Illegalen, die schon seit Jahren bereit waren zu vergessen, u.a. wie Otto Dibelius Karl Barth 1931 entgegengetreten war – ich freilich damals ein ahnungsloses viertes Semester: was er im März 1933 positiv zu Hitlers Machtergreifung gesagt und geschrieben hatte – ich damals sicher noch seiner Meinung und weniger der meiner späteren Finkenwalder Freunde aus Berlin; und was den heute öfter gegen ihn ins Feld geführten Antisemitismus betrifft, den er schon 1927 seinen Pfarrern offen mitteilte, dafür besaß unsereins noch kein Sensorium. Dafür hatten wir uns gemerkt, daß und wie er als einziger unter den Berliner Generalsuperintendenten zu keinem Kompromiß bereit gewesen war und sich sofort 1933 hatte absetzen lassen, sich trotzig in eine armselige Wohnung zurückgezogen und jahrelang ohne große Ansprüche im Berliner Bruderrat mitgearbeitet hatte. Ich hatte ihn etwas näher kennengelernt, als er im Winter 1938 plötzlich als Visitator im Sammelvikariat von Groß-Schlönwitz auftauchte – Bonhoeffer war gerade abwesend – und von mir alles Erdenkliche über die Seminaristen, die Hausverwaltung, den Lehrplan und die feste Zugehörigkeit zum altpreußischen Bruderrat wissen wollte, um darüber Wilhelm Niesel, dem Chef der BK-Ausbildung in Berlin, Bericht zu erstatten. Wir hatten jenen Besuch jedenfalls als bemerkenswert und stärkend empfunden. Daß späterhin – bald auch innerhalb der Berliner BK wie innerhalb der neuen Kirchenleitung – nach den ersten Bekenntnissynoden vom Sommer und Herbst 1945 heftige Meinungsverschiedenheiten aufbrechen und alt-neue Parteiungen entstehen sollten, daran war bei meiner Bestallung ins Vorzimmer von Dibelius Ende Mai 1945 wahrhaftig noch nicht zu denken. Hatte nicht auch Dietrich Bonhoeffer, den Dibelius trotz theologischer Bedenken als entscheidungsfähigen Charakter geschätzt hat, noch in einem seiner Tegeler Testamente vorgeschlagen, daß im Falle seines Todes das Begräbnis u.a. von Dibelius versehen werden könnte?[3] Und schließlich: war Dibelius nicht auch einmal mit Bonhoeffers Vernehmungen 1943 in Verbindung geraten?[4] Durch wen sollte er nun wohl Näheres über Bonhoeffers Schicksal erfahren als durch mich und meine noch bevorstehenden Erkundungen? Gleichgültig war ihm das jedenfalls nicht.

Aber was mag ihn bewogen haben, diese schnelle Entscheidung für mich ohne weitere Bedenkzeit herbeizuführen? Ich denke mir, daß es für Dibelius schon eine Rolle spielte, einen Assistenten Bonhoeffers bei sich zu haben, zumal er auch von familiären Bindungen einiges hielt. Ob es ein Bekenntnis zur Linie der konsequenten Illegalen einschloß, darin bin ich mir nicht ganz so sicher, auch wenn seine spätere Personalpolitik durchaus solche auf wichtige Plätze schob, was man z.B. am Berufsweg alter Finkenwalder wie Albrecht Schönherr oder Klaus Block zeigen könnte. Der persönliche Einsatz in der Illegalität zählte bei Dibelius ohne Zweifel, auch wenn er wenig von unserer kirchenpolitischen Erfahrung, von unseren volkskirchlichen Rechts- und Finanzauffassungen hielt. Wahrscheinlich spielte es für ihn aber auch eine Rolle, nun mit mir ein anerkanntes ›OdF‹ in seiner nächsten Nähe zu haben, wenn die Alliierten aus West und Ost zu besuchen, zu empfangen und

3 WEN 129.
4 WEN 74 und 82.

zu ›behandeln‹ waren. So begleitete ich ihn zu Semjonow und zu General Robertson. Tatsächlich wurde ich während der kommenden Jahre zu seinem Verbindungsmann, der wöchentlich bei den Religionsoffizieren der westlichen Militärregierungen über anfallende Probleme seitens der Berliner Kirche oder umgekehrt seitens der Militärbehörden vorzusprechen hatte.

Eine seltsame Aufzählung von Besprechungspunkten beim amerikanischen Religionsoffizier enthält mein schwer entzifferbares Notizbuch von 1945/46; vielleicht war es damals einer der Gesprächstermine mit dem besonders verständnisvollen Vertreter der OMGUS[5] Education and Religious Affairs Branch, Dr. Otto Hoiberg, der später im Herbst 1947 unserem Baby das Leben rettete, indem er auf schnellstem Wege das für Deutsche sonst unerreichbare Penicillin beschaffte und so die ausgebrochene Meningitis gestoppt werden konnte.
Die Notiz lautet:
1. Kinderstatistik für Rote Kreuz-Hilfe
2. Krankenuntersuchung für Erholung
3. Stipendienanträge einreichen zur Befürwortung (die Kirchliche Hochschule sollte ihre Arbeit aufnehmen, EB)
4. Aussicht auf Kartoffelflocken
5. Schuhbesohlaktion
6. Zigaretten für Männer, Seife für Frauen, Rasierseife für Männer.

Entnazifizierungsprobleme, Anstellungsgenehmigungen, Zuzugsanträge, Fragebogenquerelen, Schwierigkeiten mit dem Religionsunterricht, Reiseanträge, Benzingutscheine, Pressemöglichkeiten – dergleichen spielte bei dieser Besprechung noch nicht die Rolle, wie sie in meinem nächsten Notizbuch zutage tritt. Für die Reise zu einer EKD-Ratssitzung im Juni 1946, der auch je eine Zusammenkunft der landeskirchlichen Juristen und Finanzreferenten angeschlossen werden sollte, schien den Besatzungsinstanzen der Fragebogen für die Fahrkarte von Berlin nach Frankfurt für den Bischof in Ordnung zu sein; nicht so für den obersten Juristen der Berliner Kirche, Dr. Benn, und nicht so für den obersten Finanzde-

5 OMGUS = Office of Military Government for Germany.

zernenten, Dr. Gefaeller, die beide nicht der Bekennenden Kirche angehört hatten, deren Kompetenz jedoch den Leitungsgremien schwer verzichtbar erschien. So sagen meine Stichworte am 4. 6. 46: »Nur geprüfte Fragebogen können fahren! Das dauert Wochen. Benn – Fragebogen, Gefaeller – Fragebogen schwierig.«

Weiterhin dachte Dibelius auch sofort an mich, als die Sowjets gegen Ende 1945 wissen ließen, an der Humboldt-Universität dürften alle Aktivitäten, die die Nazis einst unterbunden hatten, wieder aufgenommen werden, also auch die Tätigkeit einer Studentengemeinde und eines Studentenpfarrers. So wurde ich Studentenpfarrer an der Humboldt-Universität unter Beibehaltung meines Vorzimmers mit Sekretärin beim Bischof (nunmehr in der Jebensstraße).

Ich merkte schon im Mai 1945, daß Dibelius annahm, der Assistent und Freund Bonhoeffers müßte doch wohl an dessen ökumenischen Verbindungen ein wenig partizipiert haben – Dibelius war schon immer ein versierter Ökumeniker gewesen (und darin zunächst wohl auch allen anderen damaligen Kirchenführern einfach überlegen) –, und er sollte dementsprechend auch Englisch können. Bei letzterem irrte er sich freilich. Bonhoeffer war immer schon unzufrieden damit gewesen, daß ich nicht Schach spielte und kein Englisch sprach. In dieser Hinsicht habe ich Dibelius freilich keinen reinen Wein eingeschenkt, sondern sogleich Privatstunden bei einer Lehrerin der Dohnanyis genommen. Die westlichen Alliierten waren übrigens noch nicht gleich vorhanden. Obwohl wir in der Lehrter Straße merkwürdigerweise schon im Winter 1944 ziemlich genau wußten, in welchem zukünftigen Sektor unsere Familien leben würden (wir also im englischen), hatten wir bis zum Juli zweifelnd warten müssen, bis endlich die Engländer, Amerikaner und Franzosen einrückten und damit auch neue Perspektiven für die Neuordnung der Kirchen erschlossen. Sodann habe ich mich sprachlich vorerst schlecht und recht durchgemogelt. Georges Casalis, seit 1946 unser Gegenüber bei den Franzosen, konnte gut deutsch; Mary Bailey bei den Engländern, über Jahre hin die treue Vermittlerin zu den Leibholzens in Oxford, ebenfalls, während sich der später zuständige amerikanische Vertreter, Major Thompson, zunächst auf keine ausführliche Konversation einließ; er war an Kirche und Theologie eigentlich nicht interessiert und liebte im Gegensatz zu seinen französischen und englischen Kollegen sein OMGUS-Ghetto mehr als uns. Dennoch verdanke ich gerade ihm die späteren drei Monate einer ›reeducation‹-Reise durch Universitäten in den USA im Jahr 1949, nach welcher mein Englisch schließlich passieren konnte.

Doch zurück zu Dibelius. Was er auch erwartet haben, bei welchen Gelegenheiten ich ihn auch enttäuscht haben mag bzw. ihm ein nicht allzu präsenter Gehilfe gewesen sein muß (wie z.B. auch in Stuttgart im Oktober 1945, als ich sicher nicht im voraus wußte, was sich mit dem Auftauchen der ökumenischen Delegation ereignen würde; während dieser Ratssitzung suchte ich mein eigenes Erkundungs- und Besuchsprogramm zu absolvieren, mit Aufträgen der Familien Bonhoeffer und Schleicher in Form von Zetteln mit Namen und Adressen versehen), die von ihm ermöglichten Jahre nach dem großen Einschnitt bedeuten mir im Rückblick keine Zeit der Enge oder Gängelung. Eher das Gegenteil. Freilich, ob wir die Stunde erkannt haben und zu rechten Weichenstellungen helfen konnten, das ist mir zweifelhaft. Davor möchte ich jedoch sagen, daß ich den eingefleischten alten Preußen als einen sehr großzügigen und weitherzigen Mann erfahren habe. Dem scheint zu widersprechen, wenn ich mich an die erste Assistenz beim monatlichen Gottesdienst in der Marienkirche erinnere. »Bruder Bethge, Sie teilen das Brot (an der langen Schranke vor dem Altar) von rechts nach links aus; Sie, Bruder George[6], kommen mit dem Kelch von links zur Mitte, und ich fange von rechts an.«

Beim zweiten Gottesdienst hatten die Gemeindeglieder geschaltet, daß man den Wein aus bischöflichen Händen gereicht bekam, wenn man sich an jener Seite anstellte; und alsbald drängte sich dort die wartende Menge, während Bruder George mit seinem Kelch ohne Kommunikanten dastand. Das nächste Mal faßte ich mir in der Sakristei ein Herz und bemerkte: »Das geht doch nicht, wir sollten das ändern.« Darauf der Bischof: »Das bleibt, wie es ist.«

Zu seinem Geburtstag im Mai 1946 baten uns die Töchter, früh um sieben Uhr mit ihnen vor seinem Schlafzimmer einen Bach-Choral zu singen; Friedrich Smend Baß, ich Tenor, Renate Alt und die beiden Töchter Sopran. Am nächsten Tag kam Dibelius durch das Vorzimmer geschritten, legte mir einen Umschlag mit 150 Mark auf den Tisch und sagte: »Bruder Bethge, nehmen Sie Gesangsstunde!« Es hatte uns übrigens Eindruck gemacht, hierbei gesehen zu haben, in welchen kellerartigen Räumen der Bischof damals noch lebte. Den späteren Palast im Dahlemer Faradayweg hatte *er* nicht nötig, aber *sein Amt* erforderte ihn. Heutzutage

6 Damals Hilfsprediger bei Propst Grüber an der Marienkirche.

wirkt das wie eine versunkene Welt: ohne Aufhebens spartanisch zu verzichten, wenn der Protest und das Bekenntnis es forderten, und seine Seele nicht zu verkaufen, dem Dienst dagegen Leistung, Würde und Repräsentation zukommen zu lassen. Jahre später in London lud er uns regelmäßig zum Dinner in sein Hotel ein und klagte, er könne nicht in den Ruhestand gehen, weil in Berlin keiner anständig zu predigen verstünde.

Jetzt im Juni 1945 ging es um die Beschaffung eines Wagens. Die Sowjets hatten endlich einen Opel P4 (damals eine Art hochbeiniger Kleinst-Volkswagen) zur Verfügung gestellt. Sofort erklärte sich Dibelius damit einverstanden, daß ich damit meine Mutter im 80 bis 90 Kilometer entfernten Kade besuchte. Von dort brachte ich die bei ihr versteckten Briefe und Papiere Bonhoeffers heim nach Berlin, ohne daß Dibelius wohl schon eine Ahnung hatte, was dieser Nachlaß in sich barg. Aber hatte ich denn selber schon eine Vorstellung davon? Die entwickelte sich eigentlich erst, als sich eine Reihe ehemaliger Illegaler in ihrer Besorgnis um den Sieg des ›BdM‹[7] in der Berliner Kirche im Unterwegskreis sammelte und dort u.a. der amerikanische Ökumeniker Charles West, gerade aus dem kommunistischen China nach Berlin gekommen, unbedingt wissen wollte, was dieser Bonhoeffer denn eigentlich von einer religionslos gewordenen Welt und der Rolle Christi in ihr gesagt ha-

7 Vgl. S. 77, Anm. 1; bereits im Kirchenkampf vor allem auf die zahlreichen ›Konfessionalisten‹ bezogen, die sich weder für die ›Deutschen Christen‹ noch für die Bekennende Kirche entschieden und jetzt mit den intakten lutherischen Landeskirchen als Rückhalt kirchenpolitisches Gewicht erhielten.

be. Das war um 1949/50 das erste Mal, daß ich darüber vorzutragen hatte, zaghaft und unsicher.

Ich fuhr jeden Donnerstag vormittag nach der Sitzung der Kirchenleitung, wo ich Dibelius verfügbar sein mußte, so bald wie möglich nach Nikolassee (ein Auto hatte mir inzwischen Mary Bailey aus einem Pool schadhafter Karossen der Armee verschafft) zum Unterwegskreis. Dibelius hat mich kein einziges Mal daran gehindert oder davor gewarnt, obwohl ihm wie uns immer deutlicher geworden sein muß, wie wenig unsere Ansichten und Aktivitäten in Richtung einer Zukunft jenseits der preußischen Vergangenheit noch etwas miteinander zu tun hatten.

Dennoch kann es keinen Zweifel geben: Im Mai 1945 war niemand so alert wie Otto Dibelius, so entscheidungsstark in den Tagen des totalen Vakuums, ohne Skrupel um die spätere Legalisierung von geschaffenen Tatsachen oder interimistischen Lösungen der Kirchengestaltung. Die große Mehrheit der Betroffenen in der Amtskirche war dankbar für die energisch ordnende Hand, auch die BKler beugten sich vorerst gern seiner merkwürdig wirksamen Autorität. Dazu kam, daß Dibelius eben auch in ökumenischen Maßstäben dachte und belebende Ausweitungen unseres so lange eingeengten Beziehungsgeflechts zu schaffen versprach.

Mitten im Zusammenbruch schien mit der Ökumene eine neue Welt erlebbar zu werden. Bald gingen Ökumeniker in irgendwelchen Uniformen bei uns aus und ein. Schon im August 1945 war Stewart Herman, ein Lutheraner mit allerhand deutschen Vorkenntnisssen, in der Marienburger Allee 50 und eröffnete eine lange Reihe solcher Besuche mit ihren befruchtenden Perspektiven.

Guy Clutton-Brock, britischer Major und zugleich Abgesandter von Bischof Bell, der bald seinen Dienst in Kritik an der englischen Besatzungspolitik quittierte, um in Afrika mit gleichberechtigten Eingeborenen das berühmte Experiment der Faith-Farm zu beginnen, hinterließ einen tiefen Eindruck mit solchen uns damals völlig neuen Ideen und Schritten. Es ergäbe eine eigene Studie, zusammenzustellen, wen die Berliner Kirche in den Notdürftigkeiten nach dem 8. Mai alles zu Besuch gehabt hat, interessiert auch an Experimenten wie etwa denjenigen des Gossner-Hauses mit Günther Schultz und Horst Symanowski.

Legalisierung

Mit letzterem ist bereits angedeutet, daß das Regiment Dibelius nicht alles war. Es gab alsbald Ebenen, auf denen sich alte Konflikte erneuerten und verschärften, und andererseits Probleme, die merkwürdig selbstverständlich und (zu) schnell ihre folgenreiche Erledigung fanden.

Hier denke ich z.B. an den allzu glatten Verlauf unserer Legalisierung, um die und wider die wir zuvor jahrelang protestiert, geschrieben, gemahnt, gebetet und Opfer zu bringen behauptet hatten. Die alt-neuen Kirchenleitungen erledigten diese Sache mit einem Federstrich; im Handumdrehen waren wir volkskirchlich beamtete, gesicherte Pastoren und merkten kaum, daß wir einen historischen Schritt vertan hatten.

Mit Befriedigung und Stolz ließen wir uns die sofortige Verleihung unserer Rechte wie eine Belohnung fürs Durchhalten gefallen. Ich erinnere mich an keinen befreundeten Mit-Illegalen, der diesen Akt der Legalisierung jetzt noch mit Bedenken begleitet oder hinausgezögert hätte. Und ich weiß auch von keinem Bruderrat, der in dieser Frage eine hellsichtige oder gar visionäre Anrede an die gerichtet hätte, die ihm so lange Sorgen und Kopfschmerzen über ihren Status und Unterhalt bereitet hatten. Kürzlich ist Wilhelm Niesel zu Grabe getragen worden; die Nachreden enthielten alles von seiner Tapferkeit in vielen Ermittlungsverfahren und Gefängnisaufenthalten, aber kein Wort darüber, daß er von 1933–1945 als Ausbildungsreferent des altpreußischen Bruderrats die ganze Verantwortung für die illegale Existenz von mehr als tausend jungen Geistlichen durchgehalten hat.

Nun war Anfang 1946 Georges Casalis als Beauftragter der französischen Militärregierung für kirchliche Angelegenheiten bei uns in Berlin, und wir hörten gespannt, was er uns von den Arbeiterpriestern in seinem Lande berichtete. Zudem hatten wir wie noch nie zuvor in und durch die Besatzungsinstanzen mit Christen westlicher Freikirchen zu tun, die unsere ererbten Vorrechte eines ›ministers‹ mit staatsverwandtem Beamtenstatus kaum verstehen noch nachvollziehen konnten. Wie sollten wir ihnen deutlich machen, daß wir keine Staatskirche mehr seien: Volkskirche mit Kirchensteuern, Betreuungskirche statt einer Kirche der Beteiligten? Wir merkten erst sehr spät, in welchem Maße wir so bald die Bekennende Kirche samt ihren neuen Erfahrungen aufgegeben hatten. Das Problem, von dem einmal die Illegalen ein Stück demonstriert hatten, als sie dem Predigtamt eine höhere Autorität als dem Pfarramt zumaßen, schien wieder der Vergessenheit anheimgegeben. Aber abgetan war es nicht und ist es auch heute nicht. Es meldete sich etwa im Anwachsen der sog. Funktionspfarrämter im Unterschied zu den parochialen, im Entstehen evangelischer Kommunitäten oder in Experimenten wie den Industrieseminaren und Betriebspraktika, die Horst Symanowski und andere schon damals bei Gossners begannen. Dieses Phänomen bereitete den volkskirchlichen Leitungsinstanzen freilich viel Kopfzerbrechen und ließ sie an Eindämmungsmaßnahmen denken. Wir, 1945 aus Illegalen plötzlich wieder zu Kirchenbeamten geworden, hatten zunächst sicher – aus Naivität oder aus Müdigkeit – viel zu wenig Ahnung und Leidenschaft für neue Gestaltungsmöglichkeiten. Es ging uns alles um die Frage nach rechter oder falscher Theologie – wenn nur ›Barmen‹ in die neuen Ordnungen mit einging! – und wenig darum, ob man es so oder anders macht. Und was unsere theologischen Prämissen betraf, so meinten wir nun erst einmal einiges einzubringen zu haben, wenn man uns an Ämter und Posten heranließ.

Die beiden Spandauer Bekenntnissynoden

Das Aufregendste war für uns in Berlin die schon Ende Juli stattfindende ›Erste Synode der Bekennenden Kirche von Berlin nach dem Kriege‹ (29.–31. 7. 45) im Spandauer Johannesstift, welche die gerade eingezogene britische Kommandantur erstaunlicherweise erlaubte, dazu auch alle notwendige technische Hilfe leistete. Hier hielt Dibelius die Predigt; aber Präses war Hans Böhm als der derzeitige Vorsitzende des Berliner Bruderrats.

Ein Grußwort sprach der britische Armeeoberpfarrer

Wingfield-Digby, der nur wenige Tage zuvor seine Residenz in der Marienburger Allee bezogen, sofort mit den Bonhoeffers die Verbindung aufgenommen und den ersten brieflichen Kontakt mit den Leibholzens in Oxford hergestellt hatte. Dies waren auch die Tage, in denen uns die ersten gewissen Nachrichten von Dietrichs Tod erreichten. Das geschah auf zwei Wegen. Zuerst hörten die Eltern Bonhoeffer vom BBC die Übertragung aus der Londoner Kings Chapel vom Gedenkgottesdienst für den am 9. April im KZ Flossenbürg Ermordeten, den der Bischof von Chichester zusammen mit Franz Hildebrandt und Julius Rieger am 27. Juli hielt[8]. Kurz darauf tauchte aus der Schweiz Hans Bernd Gisevius zum ersten Mal wieder in Berlin auf – damals war der tiefe Riß zwischen ihm und den Dohnanyis noch nicht an die Oberfläche gedrungen –, und er wußte zu berichten, wie die Genfer um Visser 't Hooft und Leibholzens in Oxford bereits seit Wochen über Datum und Hergang der Ermordung ins Bild gesetzt waren[9].

Die Spandauer Juli-Synode war vermutlich die geschlossenste, die zu jener Zeit stattgefunden hat; die späteren Risse, wie sie dann in Treysa aufbrachen zwischen intakten und zerstörten Kirchen, zwischen lutherischen Konfessionalisten und Unions-BKlern, waren hier noch verdeckt und ihre jeweiligen Berliner Parteigänger noch nicht hervorgetreten. Die Synode erteilte der neuen Kirchenleitung die Legitimation für ihre seit Anfang Mai getroffenen Maßnahmen. Herren der alten

8 Nachzulesen in: Bonhoeffer Gedenkheft, hg. von E. Bethge, Berlin 1947, mit den Reden der Gottesdienste in London am 27. Juli 1945 und in Dahlem am 9. April 1946.
9 Siehe DB 1041f.

Behörden begrüßten den neuen Aufbruch artig und mit allem Respekt vor den bewährten »Aufbaukräften« in der Bekennenden Kirche (so Konsistorialpräsident Dr. Tröger vom Evang. Oberkirchenrat) und mit Bewunderung vor der »fast völligen Verschmelzung von Bekennender Kirche und Kirchenbehörde« (so der kommissarische Präsident des Evang. Konsistoriums, Dr. von Arnim)[10]. Die Synode verwendete viel Zeit auf eine neue Einschärfung der Barmer Theologischen Erklärung. Dibelius setzte in seiner Predigt einen Ton, der lange Jahre danach so kaum mehr von offizieller Seite zu hören war:

»Zwei von unseren Brüdern sind noch in letzter Stunde der Gewalt zum Opfer gefallen, nachdem sie so lange gefangen gewesen waren – gefangen, weil sie für die Zeit nach dem Kriege eine große Botschaft vorbereitet hatten, mit der eine Bekenntnissynode vor das deutsche Volk hintreten sollte[11]: Dietrich Bonhoeffer und Justus Perels. Wie könnten wir Synode halten, ohne dieser beiden in Liebe und Dankbarkeit vor Gott zu gedenken!

Dietrich Bonhoeffer, der Theologe, der wissenschaftliche Leistung und seelsorgerliche Begabung in seltener Harmonie verband, der geliebte Lehrer vieler junger Brüder, die durch unser Finkenwalder Seminar gegangen sind. Wieviel Hoffnungen hatten wir für diese erste Zeit nach dem Kriege gerade auf ihn gesetzt, der uns jetzt die evangelische Ethik schenken wollte, auf die wir so lange warten, auf ihn, der mit seiner innerlich vornehmen Natur in der ökumenischen Welt ebenso großes Vertrauen genoß wie in den Kreisen derer, die das eigene Volk zu führen berufen gewesen wären!

Und Justus Perels, der Jurist, der unermüdliche Helfer des alt-

10 Beide Zitate in: Spandauer Synode. Erste Synode der Bekennenden Kirche von Berlin nach dem Krieg 29.–31. Juli 1945. Beschlüsse und Ansprachen, hg. im Auftrag des Bruderrates der Bekennenden Kirche von Berlin von Propst Dr. Böhm, Berlin 1946, 63f.

11 Hier hat Dibelius vermutlich an Bonhoeffers Initiative und Mitarbeit an der ›Freiburger Denkschrift‹ gedacht; vgl. DB 871ff.

preußischen Bruderrats, der Mann, dem nie ein Weg zu viel und eine Reise zu beschwerlich war, wenn es galt, einem bedrängten Bruder beizustehen; der uns mit unbestechlichem Urteil immer wieder auf den eigentlichen Weg der Bekennenden Kirche zurückrief und uns zugleich den Zusammenhang mit dem großen Geschehen im Raum der Welt zu wahren wußte.

Es ist uns bitter schwer, daß wir diese beiden, nachdem wir sie schon gerettet glaubten, nun doch nicht mehr unter uns sehen sollen.«[12]

Auch Hans Böhm erwähnte bei seiner Begrüßung der Synode und im Rechenschaftsbericht die Umgebrachten: neben Weißler und Sylten, Perels und Bonhoeffer, und ließ erkennen, daß die Gewißheit über Bonhoeffers Tod tatsächlich erst allerneuesten Datums war:

»Die Berliner Kirche wird dieser ihrer Märtyrer stets in tiefer Dankbarkeit gedenken und ihre Opfer ehren ...

Wir gedenken des Wortes, das der Bischof von Chichester im Jahre 1939 an die Bekennende Kirche gerichtet hat[13], in dem er angesichts des Krieges uns versicherte, daß die englischen Christen auch in dem kommenden Kriege das Band zu uns im Gebet aufrecht erhalten werden, und wir haben *erst gestern*[14] dafür ein Zeugnis bekommen, daß er sein Wort gehalten hat und hält! Wir haben gehört, daß er aus Anlaß des Todes unseres Bruders Bonhoeffer in London einen deutsch-englischen Gottesdienst gehalten hat, in dem unsere Brüder Hildebrandt und Rieger mit dem Herrn Bischof gemeinsam amtiert haben.«[15]

So haben Dibelius und Böhm am 29. Juli zur Synode gesprochen. Um so erstaunlicher, daß nur etliche Tage zuvor die Berliner Kirchenleitung, zu der diese beiden Sprecher gehörten, eine Kanzelabkündigung zum ersten

12 Spandauer Synode, aaO. 45f.
13 Siehe DB 748.
14 Hervorhebung von EB.
15 Spandauer Synode, aaO. 54 und 60.

Jahrestag des 20. Juli an die Gemeinden ausgehen ließ, in welcher – genannt wird nur der ›wahre‹ Märtyrer um Christi willen, Paul Schneider – eine strikte Distanz zu den ›politischen‹ Opfern betont wird[16]. Sie klingt fast so wie eine etwas spätere Aussage von Hans Meiser, die ich mir in meinem Kalender notiert habe: »Manche machen es uns zum Vorwurf, daß wir uns nicht an den Versuchen zum Tyrannenmord beteiligt haben. Ich frage, was war frömmer, dem Geiste Christi gemäßer: das Verhalten der Hugenotten oder das der Salzburger Emigranten?«[17]

Zur Beurteilung der Diskrepanz zwischen jenem Wort der Kirchenleitung und der durchaus solidarisch wirkenden Stellungnahme auf der Synode wenige Tage danach muß man sich klar machen, daß die Verfasser der Abkündigung zum 20. Juli noch nichts von Bonhoeffers Schicksal gewußt hatten, und vor allem, daß sie noch keine Vorstellung von der tatsächlichen Verwicklung Bonhoeffers und Perels' in den Komplex des 20. Juli haben konnten. Genau besehen enthalten die guten Worte auf der Synode ja auch noch keine Analyse oder Andeutung der Probleme einer Konspiration unter Hitler bzw. des Hintergrundes, der zu dem »gedenken ... und ehren« gehörte. Es bedurfte erst noch langer Jahre, bis man sich in diesen Kreisen mit Fakten identifizieren konnte, die es in der eigenen Kirchengeschichte so noch nicht gegeben hat. So dauerte es ja auch bis zum 50jährigen Gedenken an die Barmer Bekenntnissynode, daß

16 Siehe DB 1042.
17 Vor der bayerischen Landessynode in Ansbach, April 1947.

man sich auf die Gegenüberstellung von ›Barmen‹ und 20. Juli einließ[18].

Die hier angerührte Problematik zeigte sich, wie ich mich erinnere, noch an einem anderen Punkt, an dem ich beteiligt war, nämlich bei der Formulierungsarbeit an einer ›Botschaft der Bekenntnissynode‹ für die Gemeinden und die Öffentlichkeit[19]. Ich war in einem Stadium der Endredaktion zusammengespannt mit dem gleich mir aus Magdeburg stammenden Alt-Illegalen Martin Fischer – Primus des Domgymnasiums, 1927/28 Kumpan bei den Hebräisch-Kursen von Propst Bruhns, wo er viel und ich wenig lernte, später (zusammen mit Horst Bannach im Westen und Johannes Hamel im Osten) der Organisator und Inspirator der Studentengemeinden und damit auch für mich unter den Studentenpfarrern ein stets anregender und Maßstäbe setzender Partner.

Hier in Spandau haben wir Sätze und Akzente ins Plenum einbringen können, um Schuld angemessen auszusagen und eben auch Anklängen an den ›20. Juli‹ Raum zu geben, andererseits der verfestigten Sprache der Bekennenden Kirche zu entgehen. Ich finde noch heute den folgenden Abschnitt für diesen frühen Zeitpunkt nicht abgegriffen oder klischeehaft:

»Längst ehe die Scheinordnung des Reiches zerbrach, war das Recht verfälscht. Längst ehe man Menschen mordete, waren Menschen gottverloren und daher nichtig. Wessen Leben nichtig ist, dem fällt es nicht schwer, zu vernichten. Wer die Liebe verachtet,

18 E. Bethge, Barmen und die Juden – eine nicht geschriebene These?, in: H.-U. Stephan (Hg.), Das eine Wort für alle, Barmen 1934–1984. Eine Dokumentation, Neukirchen 1986, 114–133.
19 Spandauer Synode, aaO. 7f.

kämpft nicht um das Recht. Er kümmert sich nicht um Verführung von Menschen und hört nicht die Stimmen der Qual. Er schreibt und predigt, wie wenn dergleichen nicht geschähe. Er scheut die Verantwortung, wie es unzählige Christen getan haben. Lügen sind unser Tod geworden. Feigheit vor dem Leiden hat das maßlose Leid über uns gebracht.

Aber mitten in den Versäumnissen der Kirche und des Volkes gab Gott Männern und Frauen aus allen Bekenntnissen, Schichten und Parteien Kraft, aufzustehen wider Unrecht und Willkür, zu leiden und zu sterben. Die Bekennende Kirche rief zu den Geboten Gottes, nannte Rechtsbruch und Frevel, die Schuld in Konzentrationslagern, die Mißhandlung und Beseitigung von Juden und Kranken bei Namen . . .«[20]

Zu diesem Vorgang besitzt Hartmut Ludwig je einen Brief von Martin Fischer und von mir aus dem Jahr 1972. Da wird eine nicht ganz so friedliche Zusammenarbeit zwischen Martin Fischer und mir offenbar, ein wenig schärfer, als sie mir in Erinnerung war.

Martin Fischer schrieb an H. Ludwig am 30. 5. 72, wobei er zunächst schildert, wie er zwei oder drei Tage vor der Synode gerade erst zu Fuß aus Magdeburg in Berlin eingetroffen sei, um ganz kurzfristig am Entwurf der Spandauer Botschaft zu arbeiten. Er fährt dann fort:

»Ich weiß zufällig noch, daß neben meinem kleinen Entwurf ein konkurrierender Entwurf von Eberhard Bethge vorlag und Bethge bei der kleinen Schlußkommission beteiligt war. Vielleicht können Sie ihn noch nach Näherem fragen. Mein eigener Entwurf hat sich im wesentlichen durchgesetzt. Natürlich besitze ich ihn nicht mehr.«

H. Ludwig hat mich daraufhin konsultiert, und ich antwortete ihm am 26. 6. 72, nachdem ich ihm ausführlich dargelegt hatte, wie meine ganze Energie in jenem Sommer der Aufklärung des Schicksals der Toten unserer Familie und der Lehrter Straße sowie der Sicherung von deren Nachlaß gegolten hatte und eben nicht der Aufbewahrung von Papieren des neuen Anfangs, ich also kaum Belege zu bieten hätte:

»Das heißt aber nicht, daß ich mich nicht deutlich erinnere, wie

20 Spandauer Synode, aaO. 7.

Martin Fischer und ich (ja, und wer noch?) um die Botschaft gestritten haben. Zwar arbeiteten wir zusammen, aber wir sind ja Schulgenossen aus der Magdeburger Zeit, und er war immer der erfolgreiche, und ich konnte mich schwer durchsetzen. So auch hier. Nun kam aber noch ein Faktum hinzu, was Sie mit Sicherheit in Ihre Erwägungen mit einbeziehen können. Im Sommer 1945 kannte ja noch niemand wirklich irgendwelche Einzelheiten von dem, was Bonhoeffer seit 1940 im Widerstand getan hatte, was im Gefängnis passiert war und wie seine Verwicklung in den 20. Juli aussah mit all den dazu gehörigen inneren Problemen. Niemand kannte die Gefängnisbriefe ... niemand kannte die ›Ethik‹, in der ja allerhand Dinge von der Schuld der Kirche stehen, siehe Bonhoeffers Schuldbekenntnis von 1940. Aber ich kannte diese Dinge genau, und zwar als einziger. Aber ich war nicht fähig, diese Texte und die dahinterstehenden Tatbestände schon überzeugend zu vertreten. Andererseits konnte ich in dem, was ich evtl. eingebracht haben mag, kaum von dem absehen, was mich ganz besaß und beschäftigte. Ich weiß noch, wie auch in späteren Jahren, in der gemeinsamen Arbeit in der Studentengemeinde in Berlin-Zehlendorf ziemlich oft eine gewisse Resignation über mich kam, weil ich meine Dinge nicht verständlich machen konnte. Das hat noch 10 weitere Jahre gedauert, bis die Veröffentlichungen da waren und allmählich eindrangen in das Wissen der anderen, was heute für gängig gilt ...

Sie haben sicher recht, daß sich Martin Fischers Entwurf im wesentlichen durchgesetzt hat ... Sie müssen natürlich auch noch bedenken, daß wir 1945 unter dem Drang eines großen Nachholbedarfs standen, da wir jahrelang nichts von dem hatten äußern, drucken oder verbreiten können, was wirklich getan worden war, vor allem in der Breslauer Synode 1943. So ist auch in den Spandauer Worten mit diesem Drang, endlich sich selbst darstellen zu können, zu rechnen. Sicherlich bin ich durch meine Nähe zum Problemkreis Bonhoeffer schon damals kritischer gewesen gegen diese Selbstdarstellung.«

In einem zweiten Wort der Spandauer Synode »An die Pfarrer und Gemeinden« steht gleichfalls lapidar: »Leider ist auch die Bekennende Kirche nicht ohne Schuld geblieben ... Auch unter uns machen sich viele den Vorwurf, gegenüber dem Terror zu Zeiten geschwiegen zu haben, wo sie hätten reden müssen ... Wir müßten weit zurückgehen in der Geschichte des deutschen Geistes, um darzutun, warum wir uns so leicht haben verführen lassen.«[21]

Ich finde, hier ist manches schon gesehen und angedeutet, was drei Monate später im Stuttgarter Schuldbekenntnis fehlt oder undeutlicher gesagt worden ist. Natürlich, auch wir haben in jenen letzten Julitagen in Spandau etwas zu schnell und zu selbstgewiß gedacht und geredet, was wir mit der Denkschrift von 1936 und der Breslauer Synodalbotschaft von 1943 doch schon alles geleistet hätten. Eine wirkliche Analyse, worauf die »Verführung« zurückgeht, wie sie dann 1947 im ›Darmstädter Wort‹ gelungen ist, davon ist hier fast noch nichts zu lesen, geschweige denn von einer ›Theologie nach der Schoa‹, wie sie uns 30 Jahre später in den Blick kommen sollte.

Die dann endlich, ebenfalls in Spandau, vom 22.–24. Oktober auch möglich gewordene ›Bekenntnissynode der Mark Brandenburg‹ erhielt ihre bewegenden Höhepunkte durch zwei nun wieder aufgetauchte Schlüsselfiguren des Kirchenkampfes: Kurt Scharf, der frühere und immer noch junge Präses, war kurz zuvor aus der Kriegsgefangenschaft zurückgekehrt und konnte sich den Bitten, gleich wieder die Leitung der Synode zu übernehmen, nicht entziehen. Und dann öffnete sich bei einer der ersten Sitzungen die Tür, und herein kam Martin Niemöller mit seiner Frau unter nicht endendem Jubel

21 Spandauer Synode, aaO. 9.

der Synodalen. Er hielt eine nun schon von den Rissen seit Treysa belastete, aber auch hellsichtige Begrüßungsansprache und nach kurzer Mitarbeit in der Synode eben auch schon wieder seine Rede zum Abschied von Berlin, mit dem sich unsere Altersgruppe der Illegalen schwer tat und den sie fast wie ein Im-Stich-gelassen-Werden empfand. Wir hatten zwar Heinrich Vogel, Erich Andler, Kurt Scharf, Martin Albertz, Günther Harder, Lothar Kreysig (Günter Jakob war noch nicht zurück), und Siegfried Righandt ritt zum ersten Mal eine scharfe Attacke gegen Dibelius' laxe Haltung gegenüber ›Dahlem‹; aber wer besaß schon Niemöllers Namen und Autorität? Eben erst hatte er zur Verabschiedung der Stuttgarter Schulderklärung das Entscheidende beigetragen. Niemöller sagte bei seinem Abschied:

»Sie (d.h. die Schwierigkeiten der Entscheidungen von Treysa) kommen von dem Rest der legalen Intaktheit. Ich habe es in Treysa sehr schwer empfunden, daß – leider Gottes – noch ein paar Kirchen stehen geblieben und nicht alle Pfarrhäuser verschwunden sind und die fliehende Kirchenleitung noch 200 000 Mark mitgenommen hat; und deshalb ist die Freiheit immer noch an ein paar irdische Werte gebunden, den Rest von angeblicher Legalität herüber zu nehmen in die kirchliche Übergangslösung . . . Lassen Sie sich . . . gesagt sein, daß als tragbar die Mitnahme solcher alten Legalität nur zu rechtfertigen ist, wenn man das Neugebildete einwickelt in die Verantwortung der Bekennenden Kirche . . . es scheint mir unabdingbar, daß das Wirken der neuen Kirchenleitung nur dann eine innere Autorität haben kann bei der Reinigung von Irrlehren, wenn nicht dort der Eindruck entsteht, wenn man Pg oder DC gewesen ist, dann hindert das einen wohl daran, ein Lebensmittelgeschäft zu betreiben, aber nicht in der Leitung der Kirche zu sitzen.«[22]

22 Bekenntnissynode der Mark Brandenburg vom 22.–24. Okt. 1945 in Berlin-Spandau Evgl. Johannisstift, Berlin 1946, 39f.

Heinrich Vogel legte mit großer Kraft die Linien fest für ein Wort der Synode zum Bußtag – und fragte mit einer damals seltenen Deutlichkeit: »Was hat die Kirche heute zu sagen? ... Was angesichts der Anklage, die aus den Gaskammern von Auschwitz wider ein Volk aufsteigt, in dessen Mitte die Politik des Unmenschlichen werden konnte?«[23] Und etwas später: »Daß die deutsche Frage in der Tat zur Judenfrage wurde, daß wir an Israel schuldig wurden wie noch kein Volk der Weltgeschichte vor uns, das sollte uns ein unüberhörbares Zeichen und Signal geworden sein!«[24] Das ›Wort der Brandenburgischen Bekenntnissynode zum Bußtag 1945‹ ist trotz seiner Nähe zu den chaotischen, verzweifelten Verhältnissen in der Provinz mit Hungersnot und Flüchtlingselend nicht frei von einem gewissen Pathos, jedenfalls für unsere Ohren heute; es ist dennoch deutlich wie das der vorangegangenen Berliner Synode, wenn es sagt:

> »Zu ihm schreit wider uns all das unschuldig vergossene Blut, all die Lästerung seines heiligen Namens und all die Unmenschlichkeiten, die in unserer Mitte geschahen, sonderlich an den Juden.«[25]

Wiederum: Wie war es möglich, daß entgegen den beiden Spandauer Synoden die Verlautbarungen von Treysa und Stuttgart ohne die Erinnerung an Auschwitz ausgekommen sind?

Frankfurt und Treysa

Die Tage nach der Spandauer Juli-Synode müssen ausgefüllt gewesen sein mit der Vorbereitung der allerer-

23 Bekenntnissynode, aaO. 41.
24 Bekenntnissynode, aaO. 46.
25 Bekenntnissynode, aaO. 71.

sten Reise in den Westen, zur Tagung in Frankfurt vom 21.–23. August, einberufen von der Konferenz der Landesbruderräte, mit dem bewegenden Zusammentreffen von Niemöller, Karl Barth und vielen anderen; und zur Konferenz der Kirchenführer in Treysa vom 27.–31. August, die Bischof Wurm initiiert hatte und zu deren Vorbereitung auch die Frankfurter Tagung dienen sollte.

Die Durchquerung der sowjetisch besetzten Zone machte Stewart Herman möglich, der unermüdlich zwischen der Genfer Zentrale, den deutschen einander mißtrauenden kirchlichen Gruppen sowie den Behörden der Besatzungsmächte vermittelte und in diesem Fall für mich die Benutzung des alliierten Schnellzuges (eher einer Art Bummelzug) erwirkte. An eine spätere Reise im Abteil mit Dibelius und Theodor Heuss erinnere ich mich lebhaft wegen des unbekümmerten Schwäbelns des letzteren. Es war dann auch am Vorabend der Stuttgarter Ratssitzung vom 18./19. Oktober, daß die US-Fahrer, die uns in der Nacht nur bis Frankfurt bringen konnten, ehe es am nächsten Tag nach Stuttgart ging, und den Bischof und mich kurzerhand in einem der von der Militärregierung beschlagnahmten Hotels in einem Ehebett unterbrachten, wo er sich schnell auf die Seite drehte und fest schlief; fortan wußte ich, warum Dibelius eine so unvergleichliche Leistungskraft besaß. Aber jetzt bei der ersten Westreise fuhr ich allein voraus; der Bischof kam später direkt nach Treysa.

Warum er mich nach Frankfurt delegiert hat, ist mir nicht mehr deutlich. Jedenfalls war ich der einzige aus Berlin, der dorthin durchgedrungen war, und muß wohl ziemlich präsent gewesen sein; denn eine Verhandlungsmitschrift weist aus, daß und wie ausführlich ich etwa über die Situation der Berliner Kirche wie auch der im ganzen Osten berichtet habe, von den Personalveränderungen, von der Zusammenarbeit mit dem Magistrat und von allerhand weiteren Vorgängen:

»Die Konsistorialen sind die wandelnden Akten, weil die vernichtet sind; darum notwendig ... Hossenfelder, Hermenau zunächst in den Wartestand versetzt. DC entfernt. Sie müssen zunächst mit Knak reden. Albertz Superintendent, Jacobi – Superintendent geworden. Die jungen Theologen der BK sind legalisiert worden ... In Berlin darf kein Geld vom Konto abgehoben werden ... [Universität:] Spranger Rektor. Dilschneider: Dekan der theologischen [Fakultät] ... Kirchliche Hochschule von Albertz und Vogel gefordert. Jacobi und Dibelius wollen nicht. Wird noch geklärt ... Typhus tritt sehr schwer auf ... Stalin hat befohlen: keine Abtreibungen. Die Ärzte und die Kirche haben es dennoch befürwortet ... Justus Perels erschossen am Lehrter Bahnhof und Dietrich Bonhoeffer erhängt.«[26]

In Frankfurt muß ich dann auch über die Spandauer Synode berichtet, vor allem aber unsere Spandauer ›Botschaft‹ vorgetragen haben. Sie fand offensichtlich breitere Zustimmung. Kröhnert notierte:

»Niemöller: Die Spandauer Erklärung kann für das Wort an die Gemeinden[27] übernommen werden; zum Teil[28]. Asmussen: Nie-

26 Mitschrift der Beratungen der Konferenz der Landesbruderräte Frankfurt/Main 21.–24. 8. 45 von Otto Kröhnert, Hilfsprediger der BK-Ostpreußen. Übertragung des Stenogramms Juli 1978. Manuskript ZA 152/1986.
27 So wie es die Frankfurter BK-Delegation eine Woche später in Treysa der Konferenz vorschlagen sollte.
28 Was wohl heißt, daß die Teile der Botschaft, die speziell auf die Berliner Synode und deren Situation bezogen waren, auf das breitere Auditorium in Treysa hin umformuliert werden müssen, damit auch dort das Wesentliche zur Geltung käme.

möller, Iwand, Dürr, Schmidt sollen prüfen, wie weit Spandauer Erklärung als Wort an die Gemeinden.«[29]

Im offiziellen Protokoll, das wohl Asmussen verantwortete, ist vermerkt, daß ich »mit Ehlers und vier anderen in einer Arbeitsgruppe« das Wort an die Gemeinden »unter Verwendung eines entsprechenden Wortes der Bekenntnissynode in Berlin (Spandau) im Juli« überarbeitet und abgefaßt habe. So hat es die Versammlung in Treysa auch tatsächlich angenommen, »so geändert, daß Wurm es auch unterzeichnen kann«[30]. Keine Einigung gab es im Blick auf ein besonderes Wort an die Pfarrer, weder in Frankfurt noch in Treysa. Über das Amtsverständnis, mancherlei sakramentale und apokalyptische Artikulation kam es zu heftigen Kontroversen, während in Treysa die Zuständigkeit dieser bekenntnismäßig nicht eindeutig festgelegten Versammlung strittig wurde. Barth meinte in Frankfurt: »Das Wort an die Gemeinden auch für die Pfarrer gelten lassen und das Wort an die Brüder fallen lassen, denn der umgearbeitete Asmussen bleibt Asmussen.«[31]

Die Frankfurter Tage waren von einer unvergleichlichen Bewegung des Wiedersehens getragen, nach den belasteten Jahren der brüchig gewordenen Kommunikation, des Auseinanderdriftens in verworrenen Zuständen, des Mißtrauens gegenüber Lösungen, denen man sich hier und da unterworfen und theologische Argumente dafür gesucht hatte. Jetzt sah man die Leitfiguren wieder, und es war überwältigend: die Überlebenden la-

29 Mitschrift, aaO. 37.
30 Mitschrift, aaO. 45.
31 Mitschrift, aaO. 50.

gen sich in den Armen, Niemöller und Barth und Asmussen. Protokoll und Mitschrift lassen durchaus Differenzen spüren, die es schon früher etwa zwischen Asmussen und Barth gegeben hatte. Aber zunächst überwog die Bereitschaft, einander anzuhören, gemeinsame Lösungen anzustreben, um sie anschließend in Treysa gemeinsam zu vertreten. Die Mehrzahl von uns Anwesenden – wie auch ich – wollten den gemeinsamen Weg. Ich erinnere mich noch gut, wie wir in einem Auto, das Asmussen beschafft hatte, abends in unser Quartier nach Wiesbaden hinüberfuhren, wobei Niemöller, Asmussen und Barth mit ihren Witzen und entspanntem Gelächter die ganze Fuhre in Gefahr brachten. Gleichwohl waren die Schwierigkeiten, wenn in Treysa die Instanzen der Landeskirchenführerkonferenz, des Wurm'schen Einigungswerkes und der Bruderratsabordnung aufeinandertreffen und die Möglichkeit einer Neuordnung der Evangelischen Kirche in Deutschland aushandeln würden, einem jeden bewußt.

Ich habe in jenen Augusttagen sowohl von Frankfurt als auch von Treysa aus Kontakte gesucht und wahrgenommen, um Dietrich Bonhoeffers Schicksal genauer aufzuklären. Ich traf seine Braut, Maria von Wedemeyer; sie trug sich gerade mit Überlegungen zum Studium, die verwirklicht werden konnten, sobald die Göttinger Universität wieder ihre Tore öffnete. In Frankfurt ließ ich mir von Reinhard Goerdeler, dem Sohn des Widerstandskämpfers, ausführlich die Tage zwischen Regensburg und Schönberg schildern, wo die Goerdelers mit Bonhoeffer zusammengetroffen waren und dieser ihnen noch von seiner Begegnung mit dem Vater im Kellergefängnis der Prinz-Albrecht-Straße berichten konnte. Ich sah Gisevius, auch Frau Strünck, die Witwe des mit Bonhoeffer in Flossenbürg Ermordeten. Die Stichworte im vergilbten Notizbuch aus jenen Tagen bildeten die Grundlage meines späteren Berichts ›Die letzten Tage‹[32].

Über Treysa – wo indessen Dibelius, Böhm und Albertz eingetroffen waren – finde ich in jenem Notizbuch nichts, und meine Akten enthalten nur den pflichtgemäßen Bericht über diese historisch bedeutsame Versammlung, den ich für das Berliner Sonntagsblatt ›Die Kirche‹ (sicher von Dibelius beauftragt) geschrieben habe, moderat ihr Gelingen bekundend. Erinnern kann ich mich nur noch an die Reise von Wiesbaden nach Treysa auf der Laderampe eines US Militärlastwagens und an die Rückreise im unterwegs extra für uns gestoppten Schnellzug der Alliierten.

Eben kommen mir wieder die beiden Nummern der ›Kirche‹ vom 2. und 9. September 1945 in die Hände, mit dem Bericht ›Die kirchliche Neuordnung‹ auf der ersten Seite. Hans Böhm, bis zum Ende des Kirchenkampfes unverdrossener ›Dahlemit‹, ja zum Schluß noch Häftling in der Prinz-Albrecht-Straße und nunmehr Propst, zugleich der zweite Mann in der neuen Kirchenleitung, schildert da deren neue Struktur samt ihren Verzweigungen. Nachdenklich macht mich jetzt sein Schluß:

»Die gesamte Neuordnung der Kirche in Deutschland vollzieht sich unter der Mitwirkung der Bekennenden Kirche. Die Bekennende Kirche, die in den Jahren der nationalsozialistischen Herrschaft gegen die Vergewaltigung der Kirche seitens des Staates gekämpft und um eine echte Erneuerung der Kirche gerungen hat,

32 Siehe den Anhang zu ›Widerstand und Ergebung‹, GTB Siebenstern, 214–221.

trägt nun ein wesentliches Stück der Verantwortung in den neuen Kirchenleitungen und damit am Neuaufbau unserer Kirche mit.«

In welchem Maße ist diese ›Mitwirkung‹ der Bekennenden Kirche tatsächlich wirksam geworden? Wir Illegalen, die ewigen ›jungen Brüder‹, hatten zweifellos mehr erwartet, so daß ihr die Führungsrolle hätte zufallen sollen, daß die Erfahrungen von Bruderräten, Laienkonventen und eigenverantwortlichen Gemeinden für die ›Neuordnung‹ unverzichtbar gewesen wären. Den Realitäten gegenüber, mit denen wir es nach und nach zu tun bekamen, mußten solche Hoffnungen bald irreal erscheinen. Heute kann man sehen, was sich eigentlich vollzog: Die Barmer Erklärung wurde zur bloßen Präambel der munteren volkskirchlichen Fortschreibungen und beruhigte das Gewissen, während man realiter wieder bei der Zeit vor dem Kirchenkampf anknüpfte. Das Lebenselixier unserer Gruppe, nämlich der unverzichtbare Folgeschritt der Dahlemer Beschlüsse mit ihrer ersten Konkretion aus den Barmer Erkenntnissen, das war uns bereits entzogen; wir konnten es nur noch nicht ganz begreifen.

Der Nachlaß

In der zweiten Maihälfte waren, wie schon erwähnt, Renate und ich in die Marienburger Allee 50 gezogen, drei Häuser von den Großeltern Bonhoeffer und der Schwiegermutter entfernt. Freunde der Schleicher-Kinder hatten darin gewohnt, waren aber in Westdeutschland geblieben. Damit schafften wir uns die erste dauerhafte Wohnstatt. Möbel und Bilder füllten sie allmählich, deren vormoderner Stil unsere Neigungen nach einem behaglichen Hauswesen bis heute befriedigt.

Dieser Einzug verknüpft sich aber mit etwas noch Einschneidenderem: der immer endgültiger werdenden Gewißheit, daß Dietrich Bonhoeffer nicht wiederkehren würde. Damit begann die Verteilung seiner Sachen aus seinem Zimmer im Elternhaus. Einzelne Stücke seines Besitzes an Bildern und Kunstschätzen von den Reisen, die Remington-Schreibmaschine, auf der so viele Rundbriefe entstanden waren, und bestimmte Bücher gingen zu Geschwistern oder gemäß seinem Testament an Maria von Wedemeyer, an Patenkinder und Freunde. Währenddessen verdoppelte sich bei uns die Bibliothek; Dietrichs Restbibliothek samt den von Herrn Zacharias, einem kommunistischen Handwerker aus Moabit, 1941 gezimmerten dicken Regalbrettern füllte fortan für alle Zukunft unsere Zimmer, die Bücher damals noch leichtsinnig vermischt mit den meinen.

Vor allem übergaben mir Dietrichs Eltern die Menge der Manuskripte, zum Teil einst von mir selbst von seinem Schreibtisch abgeräumt. Indessen ahnte ich noch kaum, was ihnen eines Tages an Bedeutung zukommen würde, wenn andere Leute sich zu interessieren begannen, was es wohl noch von dem Mann gäbe, den sie bisher nur als den Verfasser der ›Nachfolge‹ und vom ›Gemeinsamen Leben‹ kannten.

Mein erster Fleiß galt den Briefen, die ich selber von ihm bekommen hatte. Etwa im Juni hatte ich sie erstmals alle beieinander, als mir Dibelius jene Fahrt mit dem Opel P4 nach Kade ermöglicht hatte. Ich numerierte Seite um Seite und lochte sie gar, purer Laie in Archivalien, der ich war.

An eine Veröffentlichung aus diesen Briefen dachten wir überhaupt noch nicht. Renate und ich fertigten zu Weihnachten 1945 aus Stoffresten eine schöne Mappe für die Eltern Bonhoeffer an mit Auszügen aus den Briefen, die Beobachtungen und Erfahrungen mit der großen Familie enthielten, und das waren nicht wenige.

Eine erste Druckschrift mit teilweise schon veröffentlichten Stücken, aber auch mit bisher sonst unbekannten Texten aus der Tegeler Zeit kam um die Weihnachtszeit in der Schweiz heraus: ›Das Zeugnis eines Boten. Zum Gedächtnis von Dietrich Bonhoeffer‹[33]. Visser 't Hooft beschrieb in dem schmalen Bändchen seine Begegnungen mit Bonhoeffer seit dem ersten Treffen 1939 auf der Paddington Station in London und Fabian von Schlabrendorff die seinen mit ihm im Gefängnis: beide Berichte noch mit fehlerhaften Erinnerungen, die damals noch kaum korrigierbar waren. Die Inhaltsverteilung ist interessant: die erste Hälfte der 58 Seiten füllen noch Auszüge aus ›Nachfolge‹ und ›Gemeinsames Leben‹. Die andere besteht aus ›Nächtliche Stimmen‹, ›Christen und Heiden‹, ›Wer bin ich?‹, ›Der Tod des Mose‹ (kurzer Auszug), ›Von guten Mächten‹, Abschnitten aus ›Nach zehn Jahren‹ und aus dem Taufbrief vom Mai 1944; aus der späteren Tegeler Korrespondenz gab es nur ein Stück, den Brief vom Tag nach dem gescheiterten Putsch, vom 21. Juli 1944 mit der Überschrift ›Diesseitigkeit des Christentums‹; die neue Hälfte also noch fast ohne Einführung oder Kommentar im Blick auf die je-

33 Herausgegeben von der ›Oekumenischen Kommission für die Pastoration der Kriegsgefangenen, 17, Route de Malagnou, Genf 1945‹. Roulet & Fils à Genève druckte ins Impressum: En Janvier 1946.

weilige Entstehungssituation. Aber die Verbreitung in Kriegsgefangenenlagern und darüber hinaus in Gemeinden war beträchtlich und machte das Heft zu einem begehrten Objekt. Es wies auf den damals in Kreisen der Bekennenden Kirche bekannten Mann hin und öffnete einen ersten Blick in die noch ganz unbekannte letzte Lebensperiode. Das Material, die Gedichte, ›Nach zehn Jahren‹ und die beiden Briefe hatte ich Visser 't Hooft übergeben, als ich ihn während der Stuttgarter Tage im Oktober 1945 getroffen hatte; genaue Daten zu diesen Stücken konnte er sich in Genf bei den damaligen Postverhältnissen noch nicht beschaffen. Und er hatte auch noch keine Kenntnis von unserem Briefbestand. Das Buch ›Widerstand und Ergebung‹ ist erst sieben Jahre später erschienen.

Für das schrittweise Vertrautwerden mit Bonhoeffers Gedankengut ist es bezeichnend, daß Leute der Ökumene als erste Zeugnisse aus der ungewöhnlichen Endphase aufgegriffen haben. Ihnen folgten alsbald Redakteure einer Tageszeitung. Natürlich spielten die technischen Möglichkeiten in Genf wie bei der Berliner neuerstandenen Presse eine Rolle; aber doch nicht allein, gab es in Berlin seit dem Sommer 1945 doch schon das Kirchenblatt ›Die Kirche‹. Dort dachte man noch lange nicht daran, sich mit Bonhoeffer zu befassen. Jetzt aber erbat die Ost-Berliner ›Neue Zeit‹ einen Artikel von mir, der mit der Überschrift ›Leben ohne Ausflucht. Zur Erinnerung an Dietrich Bonhoeffer‹ am 4. Februar 1946 erschien. Darin berichtete ich vom Gedenkgottesdienst in London Ende Juli 1945, von Reinhold Niebuhrs Gruß, in dessen Augen Bonhoeffer gelernt habe, »den schicksalhaften Irrtum des deutschen Protestantismus zu überwinden: die vollständige Spaltung zwischen Glauben und politischem Leben«, und erzählte zum ersten Mal öffentlich von der Konspiration, von der unabgeschlossenen ›Ethik‹, die »der ordnenden Hand« warte, und meldete schließlich: »Neben mir liegt ein kostbarer Schatz: ein Band von Briefen, die in der Tegeler Zeit ein verschwiegener Wächter sicher hinausbeförderte«, und erwähnte dabei auch die Gedichte.

Charakteristisch ist dieser Anfang, weil für ein Kirchenblatt wie ›Die Kirche‹ der Angehörige des politischen Widerstands ganz selbstverständlich zur anderen Seite, also zur politischen Zeitung gehört; und ebenso charakteristisch, daß die Genfer wie auch der Bischof in London wenig Schwierigkeiten zeigten, den Bonhoeffer der ›Nachfolge‹ und den der Konspiration als Einheit zu verstehen.

Gegenüber der hübschen Genfer Broschüre druckte indessen auf sehr viel minderwertigerem Papier der Verlag Haus und Schule, den Hans Lokies ziemlich bald wieder hatte beleben können, das Heft ›Dietrich Bonhoeffer, Auf dem Wege zur Freiheit. Gedichte aus Tegel, herausgegeben von Eberhard Bethge‹, hinten mit dem Vermerk, der damals für solche Erzeugnisse lebensnotwendig war: »Genehmigt unter NO B 219 der Nachrichtenkontrolle der Amerikanischen Militärregierung in Berlin 4.46«. Ein sehr knapp orientierendes Nachwort zu den Gedichten trägt das Datum des ersten Jahrestages seines Todes: »Berlin, zum 9. April 1946«. ›Der Tod des Mose‹ erfuhr hier noch keine Kürzung, wie das später öfter geschah: das Liebesgedicht ›Vergangenheit‹ wagte ich noch nicht hereinzunehmen. Zu Weihnachten 1946 fanden wir einen kunstfertigen Buchbinder, der die karglichen Druckseiten in einen noch heute ansehnlichen Lederdeckel für die Eltern einband. Die Ausgabe erfuhr viele Neuauflagen bis in die sechziger Jahre, erweitert um die einzigartigen Abschiedsbriefe des Bruders Klaus an die Eltern und Kinder aus dem Gefängnis. Der Verlag hieß nun Lettner-Verlag, der Untertitel ›Gedichte und Briefe aus der Haft‹.

Bis zu einem Wagnis, mit der mehrseitigen Darstellung von ›Dietrich Bonhoeffers politischem Entschluß‹ an die Öffentlichkeit zu treten, dauerte es fast zwei ganze Jahre. Und das geschah noch nicht im Organ des Unterwegskreises, sondern in einer neuen, ihr Glück versuchenden Vierteljahreszeitschrift ›Die Schöpfung. Schriften der Besinnung‹ (Folge 1, Berlin 1946/47), deren Umschlag der Johannes von Peter Vischer aus St. Sebald in Nürnberg zierte. Lizenz- und Verlagsträgerin war Lieselotte Bessert. Der in Öffentlichkeitsfragen versierte Otto Dibelius hatte sie zu seiner Pressereferentin gemacht und Georges Casalis ihr bei der Französischen Militärregierung die Lizenz verschaffen können. Claus Westermann, damals noch Pastor an der Kaiser-Wilhelm-Gedächtniskirche, und ich waren von ihr um Hilfe gebeten[34]. In meinem Beitrag versuchte ich mit viel Zitieren aus den sonst noch niemandem zugänglichen Quellen zu zeigen, wie Bonhoeffers Tat aus seinem Glauben erwachsen war, wie er sich schon zuvor artikuliert hatte, und schloß etwas pathetisch: »Heute gehört Dietrich

34 Interessant ist die Liste der Autoren in den erschienenen zwei Heften. Erste Folge: Jacobi, Barth, Heinrich Bornkamm, Ehlers, Heinrich Albertz (noch als ›Flüchtlingspfarrer‹ in Celle), Friedrich Smend, Heinrich Vogel, Westermann u.a. Zweite Folge: Vogel, Müller-Gangloff, Thielicke, Reinhold Schneider, Maechler.

Bonhoeffer schon zu den Gestalten, die in der Welt die Anklage gegen das besudelte Deutschland auffangen und es ermutigen, sich nicht selbst aufzugeben.« In das Heft gaben wir dann auch den Brief vom 21. Juli 1944 hinein und veröffentlichten ein Faksimile der drei Strophen ›Christen und Heiden‹, noch ohne einen Kommentar.

Die zweite Folge erschien 1948. Dort brachten wir eine Szene aus dem literarischen Nachlaß: ›Der Nachbar. Dritte Szene aus dem Fragment eines Dramas von Dietrich Bonhoeffer‹, das unheimliche Gespräch zwischen dem Proletarier Heinrich und dem Fremden, dem Agenten des Todes, wiederum ohne jede Interpretation, setzten davor jedoch ein kurzes Stück aus der ›Ethik‹ über den Tod. Winfried Maechler muß beim Entstehen dieser zweiten Folge mindestens schon die Druckfahnen der ›Ethik‹ besessen haben; von ihm findet sich in diesem Heft die allererste Besprechung mit besonderem Augenmerk für die »Wirklichkeit«, das »Gebot« und die »freie Verantwortung«, eine Rezension, der zunächst kaum weitere gefolgt sind. Die ›Schöpfung‹ war sehr anspruchsvoll aufgezogen, fand aber kaum rechte Verbreitung und endete in dem großen Zeitschriftensterben nach der Währungsreform. Inzwischen machte ›Unterwegs‹, weniger ästhetisch als scharf und bissig, seinen Weg.

Mit dem Heft 6 des ersten Jahrgangs 1947 von ›Unterwegs‹ (zugelassen von der französischen Militärregierung, Chefredakteur Wolf-Dieter Zimmermann) entstand eine erste Heimat für das noch unbekannte Material aus Bonhoeffers letzten Jahren. Es begann mit einem Aufsatz ›Die Tat der freien Verantwortung. Zum Thema

Dietrich Bonhoeffer‹[35], aus einem Vortrag entstanden, den ich erstmals im vorangegangenen Sommer vor der Berliner Studentengemeinde gehalten hatte und dem man anmerkt, daß ich an der Arbeit zum Lesbarmachen der Ethik-Fragmente saß. Wolf-Dieter Zimmermann wollte auch gleich auf den folgenden Seiten das Tegeler Fragment ›Was heißt die Wahrheit sagen?‹ haben und versah es mit einer Einleitung, die das Stück in die neu entbrannte Auseinandersetzung mit den Lutheranern stellte, »die ›Unterwegs‹ Intentionalismus, also christlichen Opportunismus vorwerfen«[36]. Ehe dann ›Widerstand und Ergebung‹ erschien, standen fast in jedem Jahrgang Bonhoeffersche Texte. Zimmermann, Maechler, Günther Schultz und ich als die Finkenwalder im Unterwegskreis saßen immer wieder zusammen, um geeignete Abschnitte für die Zeitschrift auszuwählen.

Die eigentliche Formierungszeit für den Unterwegskreis in Berlin ist nach meiner Erinnerung das Jahr 1946. Zu den stützenden Kräften gehörten Mary Bailey und Georges Casalis, die allerhand Türen zu öffnen vermochten. Nach Mary's pointierter Definition befanden sich die Büros der Alliierten für die kirchlichen Angelegenheiten mit Entnazifizierungsproblemen, Bau-, Druck- und Reiselizenzen »bei den Amerikanern in der Wohlfahrtsabteilung, bei den Franzosen innerhalb der kulturellen und künstlerischen Angelegenheiten, bei den Engländern in der Erziehung (Mary Bailey kam daher) und bei den Russen in der politischen Abteilung«[37].

35 Unterwegs, aaO. 5–10.
36 Unterwegs, aaO. 11.
37 Bericht von Mary Bailey, ›Berlin 1945–1950‹ (Manuskript).

Mary vermittelte bedeutende englische Kirchenmänner nach Berlin, Georges französische und Schweizer Gäste. Höhepunkt war 1946 Karl Barths und Eduard Thurneysens Besuch, mit denen unser Freundeskreis mehrmals zusammentraf, auch in der Wohnung von Casalis.

Gemeinsam traten wir nach außen auf, als im Laufe des Jahres 1946 aus mehreren Landstrichen Aktivitäten lutherischer Kreise bekannt wurden, so aus dem Rheinland und aus Westfalen, meist mit regen Kontakten zu den bayrischen Lutheranern. Propst Böhm veröffentlichte im September 1946 einen alarmierenden Artikel in der Zeitung ›Neue Zeit‹ mit dem Titel ›Kirchenspaltung?‹ und berichtete vom Plan für eine lutherische Kirche innerhalb des deutschen Gesamtprotestantismus. Dazu hatte sich im Juli 1946 nun auch ein Kreis Berliner Überzeugungslutheraner mit einem ›Wort zur kirchlichen Lage‹ bekannt, unterschrieben von ›milden‹ BK-Leuten und solchen aus der ehemaligen Mitte im Kirchenkampf: Walter Dreß, Siegfried Knak, Erich Ohagen, Johannes Pfeiffer, Siehe, Oskar Söhngen und Theodor Wenzel. Daraufhin setzten wir Freunde uns zusammen und verfaßten im September 1946 ein Flugblatt ›Antwort an den lutherischen Arbeitskreis‹, unterschrieben: »Ein evangelischer Arbeitskreis« mit den Namen Eberhard Bethge, Walter Bressani, Heinz Crönert, Karl-Albrecht Denstaedt, Otto Dudzus, Horst Dzubba, Martin Fischer, Helmut Linke, Winfried Maechler, Lore Schlunk, Günther Schultz, Horst Symanowski, Rudolf Weckerling, Ruth Wendtland, Claus Westermann, Wolf-Dieter Zimmermann.

Es liest sich ganz lebhaft, was wir da vorbrachten:

»Sind all die bösen Sünden, die sich die altpreußische Kirche mit der Union auflud, in den lutherischen Landeskirchen, die den ›inneren Kompaß des lutherischen Bewußtseins‹ (so im Wort des luth. Arbeitskreises, EB) doch behielten, nicht begangen worden? . . . als unsere Brüder und Schwestern um ihrer Rasse willen in die Gaskammern getrieben oder um ihrer Krankheit willen für lebensunwert erachtet oder um ihrer politischen Einstellung willen zu Tode gemartert wurden?«

Im Schlußabsatz steht:

»Es heißt in dem Aufruf: ›Wir ringen und beten, daß uns Gott in Deutschland die einheitliche lutherische Kirche schenken möge.‹ . . . wir beten anders . . . Wir beten, indem wir auf das Gebet des Herrn Christus in Joh 17 horchen: ut omnes unum sint. Wir beten nicht für eine Kirche, die uns von den Brüdern trennt, mit denen uns Gott in der Bekennenden Kirche zusammengetan hat . . .«

Dieses Zirkular brachte mir eine unerwartete Prominenz ein. Wenn ich mich recht erinnere, spielten bei den Entwürfen und der Endredaktion Horst Symanowski und Rudolf Weckerling die Hauptrolle; aber dem Alphabet entsprechend stand mein Name vornan. Und so wurde ich zum Adressat einer erbosten und dennoch brüderlichen Antwort von Bischof Wurm, die belegt, wie schwierig wir uns damals verständigen konnten. Er schrieb:

»Lieber Bruder Bethge!
In der auch von Ihnen unterzeichneten Antwort an den lutherischen Arbeitskreis heißt es: Sind die lutherischen Kirchen von Hannover, Bayern und Württemberg mit ihrer klaren Stellung zu ›Abendmahl und Verfassung‹ weniger lau, unsicher und gelähmt gewesen als die altpreußische Union, als es in den vergangenen Jahren zu bekennen galt?

Ich muß diese Frage für die württembergische und die bayrische Kirche mit Entschiedenheit zurückweisen. Daß die Kirche von

Hannover sich in ihrer Haltung nicht wesentlich von der der Altpreußischen Union unterschied, wird man zugeben müssen. Aber dasselbe von Bayern und Württemberg zu sagen, ist eine krause Verkennung der geschichtlichen Wahrheit, die nicht dadurch legitimiert wird, daß sie von Karl Barth ausgesprochen und von Hermann Diem nachgesprochen wurde. Im Unterschied von der Staats- und Parteihörigkeit der altpreußischen Kirchenregierung standen die beiden süddeutschen Kirchenleitungen in beständigen Auseinandersetzungen mit den staatlichen und Parteistellen über zentrale und periphere Dinge und haben oft genug öffentliche Erklärungen erlassen. Bitte legen Sie sich nur die Frage vor: Warum wagte der Kirchenminister diesen beiden Landeskirchen nicht eine Finanzabteilung aufzunötigen wie den norddeutschen Kirchen und der badischen? Warum konnte Württemberg einer ganzen Reihe vertriebener BK-Brüder Zuflucht und Anstellung gewähren? Daß wir nicht in allem den Kurs des preußischen Bruderrats mitgemacht haben, berechtigt nicht zu einer so falschen Darstellung. Ich muß es mir entschieden verbitten, mit Herrn Hymmen oder Herrn Hosemann auf eine Linie gestellt zu werden, die das Einigungswerk ablehnten, weil es eine Anerkennung der BK bedeutete und vom RKM aufs höchste mißbilligt wurde.

Darin hat Ihre Antwort recht, daß sie das konfessionelle Element als sekundär für die Entscheidungen im Kirchenkampf ansieht. Die Widerstandskraft Bayerns beruhte darauf, die Widerstandskraft Württembergs auf biblischer Tradition von Bengel über Beck bis zu Schlatter. Ich habe den hannoverschen und bayrischen Brüdern immer gesagt, daß es zu billig sei, die Schwächen der altpreußischen Kirche lediglich aus der Union von 1817 herzuleiten. Ihre schlimmste Belastung kommt her von ihrem Byzantinismus, über den ich mich schon als junger Kandidat vor einem halben Jahrhundert entsetzte, von ihrem Servilismus gegen politische Größen, den sie unbesehen auch auf die Repräsentanten des Hitlerregimes übertrugen und von der ganzen verdorbenen Berliner Atmosphäre mit ihren Intrigen und ihrer Gerüchtemacherei, die uns immer tief unglücklich machte, weil die Größe der Sache, um die es ging, dadurch verdunkelt wurde.

In der Sorge darum, daß durch die Erörterungen über das lutherische Problem unsere Aufmerksamkeit von Lebensfragen anderer

Art abgelenkt werde, weiß ich mich mit den Unterzeichnern der Erklärung einig.

In der Hoffnung, daß Sie einige schwäbische Grobheiten nicht allzu tragisch nehmen, verbleibe ich in brüderlicher Verbundenheit

Ihr Th. Wurm.«[38]

Die Hauptsache aber – neben den täglichen Besorgungen zum Überleben und den beruflichen Terminen – war für die ersten Jahre nach der Befreiung eindeutig die Beschäftigung mit den handgeschriebenen, unfertigen und doch auch schon weit vorangetriebenen Kapiteln von Bonhoeffers ›Ethik‹. Sie war zu entziffern, zu sortieren, zu studieren, ihre Datierung und endlich eine Veröffentlichungsgestalt waren zu finden. Daß ich damit – und zunächst wirklich nur hier – eine Pflicht gegenüber der Hoffnung des Freundes, mit diesem vorzeitig abgebrochenen Entwurf in Neuland vorzustoßen, erfüllen müßte, daran gab es von vornherein keinen Zweifel. Zehn Jahre später bedurfte es des Anstoßes durch Paul Lehmann bei einer Reise via London, um die ›Gesammelten Schriften‹ in Angriff zu nehmen. Aber hier war es selbstverständlich, daß ich mit niemand anderem zu rechnen hatte bzw. erst noch auf ein Gespann hätte warten sollen. Erst später erlebte ich wie ein kleines Wunder, was Kooperation bei den ›Gesammelten Schriften‹ und anderen Neuausgaben durch den selbstlosesten aller Mitarbeiter, Otto Dudzus, bedeutete.

Mich trug ein fast ungeduldiges Grundgefühl: Wenn nur bald die Freunde und die theologische Welt zu lesen bekommen, was Bonhoeffer unter den besonderen Be-

38 Brief aus Stuttgart, 26. 10. 46.

dingungen der Nazizeit und des Zusammenbruchs von Kirche und Bürgertum weitergedacht und in erste Formeln gebracht hatte! Der Partner beim Chr. Kaiser Verlag – dort waren in den dreißiger Jahren ›Schöpfung und Fall‹, ›Nachfolge‹ und ›Gemeinsames Leben‹ erschienen – war der junge Fritz Bissinger. Ich habe ihn erstmals in Treysa im August 1945 getroffen. Um den neuen Start des Verlages im Januar 1946 vorzubereiten, war er, von Harald Poelchau beraten, zur Aufnahme von Kontakten dorthin getrampt. Die Überlegungen zur Bonhoeffer-Publikation nahmen so ihren Anfang.

So betont als Solistenrolle habe ich den Beginn freilich damals nicht empfunden; bewußt ist sie mir erst geworden, seit mit dem Projekt der neuen Gesamtausgabe die weltweit gewachsene Gemeinschaft von Mitarbeitern an dem Erbe, darunter nun eben auch versierter Experten im Archiv- und Editionsgeschäft, spürbar und wirksam geworden ist, insbesondere an der Hinterlassenschaft der ›Ethik‹. Damals wußte niemand außerhalb der Marienburger Allee von diesen Manuskripten. Auch den allmählich heimkehrenden Finkenwaldern war zunächst nur der Bonhoeffer der frühen Berliner und der Kirchenkampfjahre bekannt mit der ›Nachfolge‹ als Höhepunkt. Um so spannender und befriedigender ging es zu, als die Mannschaft der Überlebenden, wie Kanitz, Schönherr, Maechler (der bald eine Pfarrstelle ganz in der Nähe in Charlottenburg übernahm), Dudzus, Zimmermann und Koch Bonhoeffers Nachlaßwerk aufnahm, mittrug und zu interpretieren begann. In diesem Kreis teilte man bald meine Erwartungen, und ich fühlte mich nun auch wichtiger unter ihnen als zuvor.

Von Anfang an waren allerdings Dietrichs Eltern sehr

interessiert daran, daß die Fragmente der ›Ethik‹ zusammengestellt und lesbar werden sollten, wobei mich die erwartungsvolle Aufmerksamkeit des Vaters besonders beeindruckte. Immer wieder fragten sie beide, wie weit ich denn sei. Sie wußten sehr wohl, wie wichtig Dietrich seine ›Ethik‹ gewesen und wie jede freiere Periode seiner Existenz im Kriege dieser Arbeit gewidmet war.

Zu einem entscheidenden Datum wurde der Besuch Bischof Bells in Berlin während der letzten Oktobertage 1945. Er predigte in einem großen Gottesdienst in der Marienkirche, lenkte aber seine ersten Schritte nach der Ankunft in die Marienburger Allee, um die alten Eltern und die Familie zu sehen. Dabei wurde ihm übrigens Dietrichs Exemplar der ›Imitatio Christi‹ des Thomas a Kempis, das er in der Tegeler Zelle gehabt hatte, von den Eltern mit ihrer Widmung übergeben[39]. Aufgrund dieses Besuchs brachte Bell bei seinem Treffen mit Dibelius auch vor, dieser möchte seinem Referenten doch Zeit zugestehen, an der Herausgabe der Ethik-Manuskripte zu arbeiten. Und so geschah es in den nächsten zwei Jahren immer wieder einmal, daß der Bischof mich anredete: »Na, wie weit sind Sie denn nun? Chichester hat mich in seinem letzten Brief schon wieder danach gefragt.«

In dergleichen Editionsvorbereitungen und ihren Regeln gänzlich unerfahren, bahnte ich mir einen Weg. Im Konsistorium konnte ich die kluge ehemalige Sekretärin meines Schwiegervaters im Institut für Luftrecht, Frau Pasewald, anstellen, die nach ihrer Hilfe beim Ord-

39 Es liegt jetzt in der Dietrich Bonhoeffer-Kirche in Forest Hill, der es nach dem Tod des Bischofs von dessen Witwe übereignet worden ist.

nen des Nachlasses von Rüdiger Schleicher und etlichen Arbeiten für Karl Bonhoeffer für meine Zwecke wie ein Himmelsgeschenk erschien und uns erhalten geblieben ist, bis sie 1952 einer Embolie erlag. Bei der enormen Entzifferungsarbeit an den großen Konzeptseiten in deutscher Schrift und an der Fülle von Notizzetteln, einschließlich des Versuchs, diese den entsprechenden Themenfeldern bzw. Kapiteln zuzuordnen, half eine scharfäugige, fähige Frau, die früher wohl in ganz anderen Ämtern gearbeitet hatte: Frau Anni Lindner. Ich habe mich vielleicht zu oft auf ihr Urteil verlassen, um Zeit zu sparen. Nun ist hier und da die wissenschaftliche Welt auf das angewiesen, was sie herausfand und einordnete – oder auch nicht herausfand.

Im Sommer 1948 konnte der Band erscheinen. Ich atmete auf, die Freundespflicht erfüllt zu haben. Aber das blieb nur für eine begrenzte Zeit wahr; vor allem kam zunächst eine gewisse Enttäuschung, daß dem Buch weder von der Fachwelt (kaum Besprechungen!) noch von den Leserkreisen die Beachtung zuteil wurde, mit der ich gerechnet hatte. Aber auch das ist nur für eine begrenzte Zeit wahr geblieben.

Nachweise

Warchau. Geschrieben 1983 in den Tiroler Ferien.
Der Vater. Entstanden im Spätsommer 1944 in S. Polo d'Enza mit dem Titel ›Der Namensgroßvater. Zum 26. Oktober 1944 für Dietrich. Italien, Juli–August 1944‹. Der 26. Oktober war der 19. Geburtstag von Renate Bethge, geb. Schleicher; mit Dietrich war der Erstgeborene gemeint, geb. 3. 2. 44.
Die Mutter. Entstanden 1989.
Karl (Körner). Für meine Frau im Winter 1944/45 im Zellengefängnis Lehrter Str. 3 verfaßt.
Bernhard (Riemer). Ebenso.
Gerhard (Vibrans). Ebenso.
In Zitz gab es keine Juden. Entstanden als Stück eines Vortrags in den USA 1976; dann Teil des Aufsatzes ›Kirchenkampf und Antisemitismus. Ein autobiographischer Beitrag‹ (1978), in: E. Bethge, Am gegebenen Ort. Aufsätze und Reden, München 1979, 227–230.
Auszug aus Wittenberg. Entstanden 1984 als Teil des Vortrags ›Zwischen Bekenntnis und Widerstand. Erfahrungen in der Altpreußischen Union‹, in: E. Bethge, Bekennen und Widerstehen, München 1984, 141–145.
Zingst. Zu Bonhoeffers 40. Todestag 1985 von der Greifs-

walder Kirchenzeitung erbeten; abgedruckt in: Pommersche Heimatkirche, 35. Jg., III/1985.

1. Mai 1935. Aus dem Vortrag ›Der Weg vom Pazifismus in den Widerstand‹ (1980), in: E. Bethge, Bekennen und Widerstehen, aaO. 87–90.

2. Dezember 1935. Aus dem Beitrag ›Glaubensgehorsam, der quer steht zur Obrigkeit‹, in: K. Schlunk und R. Walter (Hg.), Anstiftung zur Zivilcourage, Herder-Taschenbuch, Freiburg 1983, 41–47.

Die neue Welt. Entstanden 1989.

17. Juni 1940. Siehe oben ›Der Weg vom Pazifismus . . .‹, hier 105f.

Drei Kriegsjahre bei der Gossner Mission. Beitrag, erbeten für ›Wegemarken. 1836–1986. 150 Jahre Gossner Mission‹, Selbstverlag, Berlin 1986, 76–85.

Wie die Tegeler Briefe überlebten. Beitrag zur Festschrift für G. Th. Rothuizen, ›Het Leven is meer dan Ethik‹, Kampen 1987, 118–133.

Rüdiger Schleicher. Aufzeichnung für die Schwiegermutter zu Weihnachten 1945.

Friedrich Justus Perels. Aufzeichnung für Frau Helga Perels, im November 1945.

Heilig Abend 1944. Aufzeichnung 1945/46.

Gottes Tisch in der Zelle. Beitrag, erbeten für ein Verteilblatt zu Ostern 1946, hg. von Hans Lokies im Verlag Haus und Schule, Berlin, 3f.

Die letzten Tage in der Lehrter Straße 3. Abgeschlossen am 14. 7. 45. Veröffentlicht in: Frankfurter Allgemeine Zeitung, 18. 7. 62. Die Schreibweise von Namen wurde anhand des inzwischen aufgefundenen Häftlingsverzeichnisses der Lehrter Str. 3 korrigiert bzw. ergänzt.

Mein 8. Mai und einige Folgen. Entstanden 1988/89.

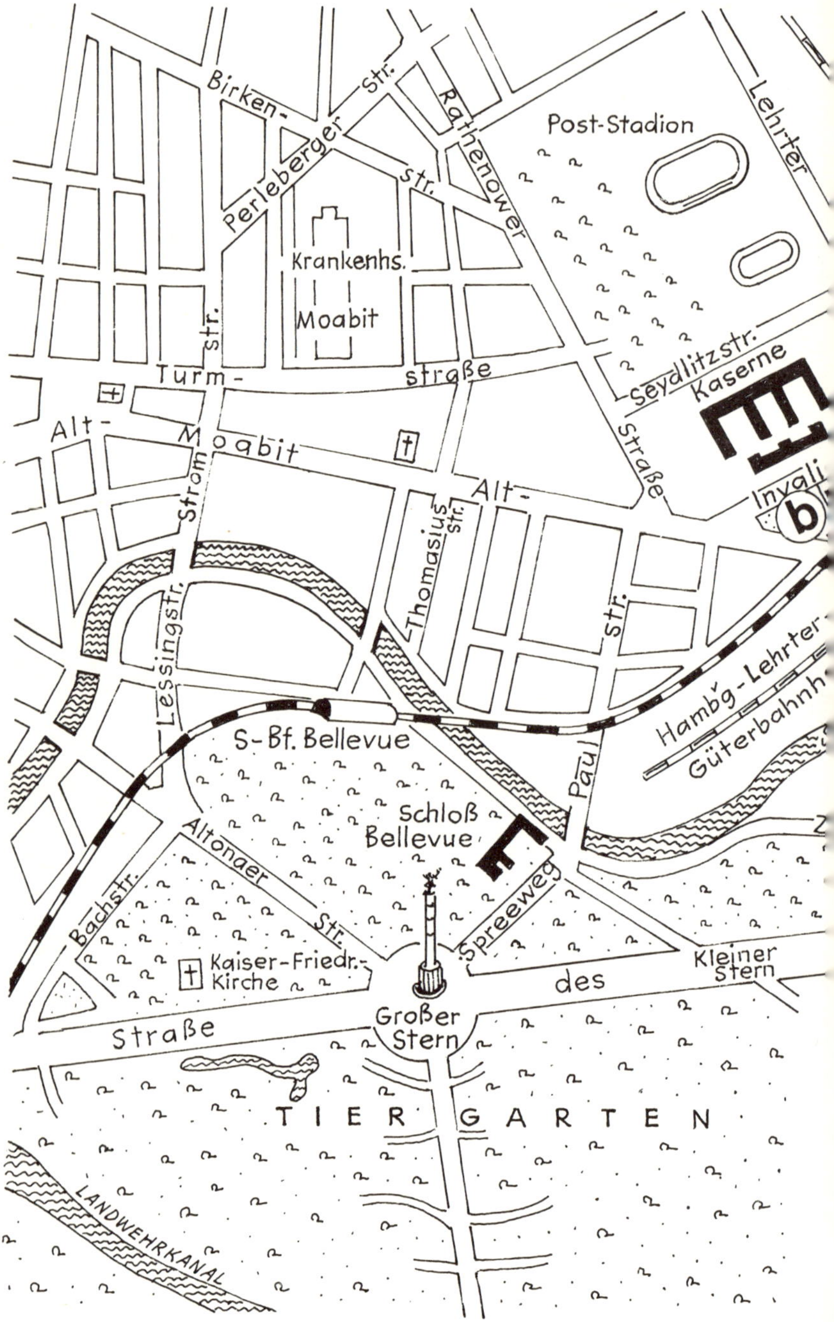
Birken-
Str.
Perleberger
Str.
Rathenower
Post-Stadion
Lehrter
Krankenhs.
Moabit
Strom
str.
Turm-
straße
Seydlitzstr.
Kaserne
Alt-
Moabit
Straße
Alt-
Invali
b
Thomasius
str.
Lessingstr.
str.
Hambg.-Lehrter-
Güterbahnh
S-Bf. Bellevue
Paul
Schloß
Bellevue
Altonaer
Str.
Bachstr.
Spreeweg
Kaiser-Friedr.-
Kirche
Kleiner
Stern
des
Straße
Großer
Stern
TIER GARTEN
LANDWEHRKANAL